THE
MONK
OF
MOKHA

THE MONK OF MOKHA
by Dave Eggers

이 도서의 국립중앙도서관 출판예정도서목록(CIP)은
서지정보유통지원시스템 홈페이지(http://seoji.nl.go.kr)와
국가자료공동목록시스템(http://www.nl.go.kr/kolisnet)에서 이용하실 수 있습니다.
(CIP제어번호: CIP2019019834)

THE
MONK
OF
MOKHA

전쟁 말고 커피

데이브 에거스 지음 | 강동혁 옮김

문학동네

그렇다면 왜? 그건 전 세계가 어떤 개념들을 자신에게 새겨넣는 걸 그가 방치했기 때문이다. 예를 들면? 글쎄, 예를 들어, 인간으로서 존재한다는 것의 의미를 말이다. 도시에서. 특정한 세기에. 과도기에. 대중으로서. 과학으로 인한 변화를 겪으며. 조직화된 권력의 영향하에. 어마어마한 통제를 받으며. 기계화로 비롯된 조건 속에서. 급진적 희망들의 최근의 좌절 이후. 공동체라고는 할 수 없으며 인간의 가치를 헤아리지 않는 사회에서. 자아를 무시 가능한 수준으로 만들어버리는 숫자들의 불어난 힘에 기인한 사회에서. 해외의 적에게 수십억의 군비를 지출하면서도 국내의 치안에는 한푼도 쓰지 않으려는 그런 숫자의 힘. 자국의 위대한 도시들에서 벌어지는 잔혹성과 야만성을 허용한 힘. 동시에, 노력과 생각의 연결이 무엇을 해낼 수 있는지 발견해낸 수백만 인류의 추진력이기도 한 힘. 몇 메가톤급의 물이 심해에서는 생명체를 만들어내듯이. 연이어 밀려오는 파도가 돌을 매끈하게 닦아내듯이. 바람이 절벽에 구멍을 내듯이. 헤아릴 수 없이 많은 인류의 새로운 인생을 열어가는, 아름다운 기계 이상의 기계.

_솔 벨로, 『허조그』

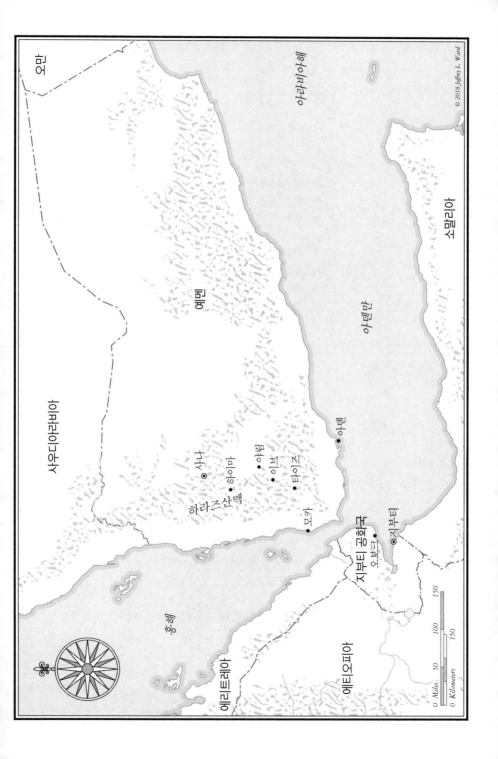

오만

아라비아해

소말리아

예멘

아덴만

사우디아라비아

아비

홍해

하자

카타바

즈이아

마이즈

모카

에리트레아

하라즈산맥

지부티 공화국
오보크
지부티

에티오피아

© 2018 Jeffrey L. Ward

0 Miles   50   100   150

0 Kilometers   150

THE
MONK
OF
MOKHA

차례

일러두기

1. 주석은 모두 옮긴이주이다.
2. 본문 중 고딕체는 원서에서 이탤릭체로 강조한 부분이고, 볼드체는 원서에서 대문자로
강조한 부분이다.
3. 장편소설과 단행본은 『 』, 연속간행물과 영화 제목은 〈 〉로 표시했다.

프롤로그

목타르 알칸샬리와 나는 오클랜드에서 만나기로 한다. 그는 이제 막 예멘에서 구사일생으로 돌아온 참이다. 그는 미국 시민이지만 정부에게서 버림받아 사우디의 폭격과 후티 반군*으로부터 알아서 탈출해야 했다. 그에게는 예멘을 벗어날 방도가 없었다. 공항은 파괴되었고 그 나라를 빠져나올 수 있는 모든 길이 폐쇄되었다. 대피 계획은 없었고 아무런 원조도 제공되지 않았다. 발이 묶인 예멘계 미국인 수천 명을 미국 국무부가 그대로 방치했기에 이들은 기습 공격에서 도망칠 자신만의 수단을—사우디 공군이 미제 폭탄 수만 개를 예멘에 투하하는 와중에—강구해낼 수밖에 없었다.

나는 잭 런던 광장의 블루보틀 커피 매장 밖에서 목타르('목'에

---

* 1994년 예멘의 정치인 알후티가 창단한 반제국주의, 반시온주의 시아파 무장단체.

강세를 둔 **목**-타르)를 기다린다. 같은 시각, 미국 곳곳에서 여러 가지 상황이 벌어지고 있다. 보스턴에서는 보스턴 마라톤 연쇄 폭탄 테러로 아홉 명을 죽게 하고 수백 명에게 부상을 입혔다는 혐의를 받아 젊은 형제 두 사람이 기소되어 재판이 진행중이다. 오클랜드 상공에서는 경찰 헬리콥터가 맴돌며 그곳 항구에서 벌어지는 부두 노동자들의 파업을 감시하고 있다. 때는 2015년, 9.11 테러 발발로부터 십사 년이 지나고, 버락 오바마 행정부 집권으로부터는 칠 년이 지난 해이다. 국가적 차원에서 미국은 극심한 편집증에 시달리던 부시 재임기보다 진보했고, 이슬람교도 미국인들에 대한 실질적 괴롭힘은 어느 정도 완화된 상태였다. 그러나 이슬람교도 미국인이 범죄를 저지르기라도 하면 그게 곧 이슬람공포증의 불씨를 부채질하게 되는 현상은 이후로도 몇 달 동안 지속됐다.

약속 장소에 도착한 목타르는 지난번 만났을 때보다 나이들어 보이고 좀더 침착한 모습이다. 차에서 내리는 그는 카키색 바지와 보라색 스웨터 조끼를 입고 있다. 짧은 머리카락에는 젤을 발랐고 염소수염은 깔끔하게 다듬어놓았다. 초자연적일 정도로 침착한 걸음걸이다. 두 다리는 길을 건너 노변의 우리 테이블까지 오는데 상체는 거의 움직이지 않는다. 우리는 악수를 나눈다. 그의 오른손에서 거미줄처럼 섬세한 무늬가 들어간, 빨간 루비 같은 커다란 보석이 박힌 굵은 은반지가 눈에 띈다.

그는 재빨리 블루보틀로 들어가더니 안에서 일하는 친구들에게 인사를 하고 내게 에티오피아산 커피 한 잔을 가져다준다. 그러고는, 커피는 식을 때까지 기다렸다가 마셔야 한다고 고집이다. 커피란 너무 뜨거울 때 즐기는 음료가 아니란다. 너무 뜨거우면 열기 때문에 미뢰가 움츠러들어 맛이 가려진다는 얘기다. 우리가 자리를 찾아 앉는 사이 커피도 식는다. 그런 뒤에야 그는 예멘에 갇혔다가 풀려난 이야기며 샌프란시스코의 텐더로인 지역—여러 모로 샌프란시스코에서 가장 골치 아픈 동네—에서 보낸 어린 시절 이야기, 시내의 고급 아파트에서 수위로 일하는 동안 커피라는 소명을 발견한 이야기를 시작한다.

목타르는 말이 빠르다. 아주 유머러스하고 대단히 성실하다. 그는 스마트폰으로 찍어온 사진들을 보여주며 이야기를 풀어낸다. 가끔은 당시에 듣던 음악을 재생하기도 하고 가끔은 한숨도 쉰다. 이따금 그는 자신의 존재에 대해서, 자신의 행운에 대해서 의아해한다. 텐더로인에서 가난한 어린 시절을 보내던 자신이 지금은 괄목할 만한 성공을 거둔 커피 수입상이라는 사실을 신기해한다. 때로는 사우디군의 사나 폭격을 겪은 일이나 예멘 내전 발발 후 양쪽 세력에 번갈아 포로로 잡혔던 일을 생각하면 죽지 않고 살아남았다는 것만으로도 경이롭다며 웃는다. 하지만 그가 주로 하고 싶어하는 건 커피 이야기다. 그는 커피나무와 커피 농부들이 담긴 사진을 보여주고 싶어한다. 커피의 역사를, 커피가 전 세계 생산성의 연료 역할을 상당 부분 떠맡으며 700억 달러 규모의 상품으로 성장한 지금에 이르기까지 어떤 모험과 대담한 시도들이 겹겹이 중첩되어왔는지 이야기하고자 한다. 그가 말을 늦추는 때는 예멘에 갇혀 친구들과 가족들에게 걱정을 끼쳤던 일을 얘기할 때뿐이다. 그럴 때면 그의 커다란 두 눈에 눈물이 고인다. 잠시 말을 멈추고 핸드폰 사진들을 바라본 뒤에야 마음을 가라앉히고 그는 이야기를 이어나간다.

이 책을 마무리하는 지금은 그날, 오클랜드에서의 만남 이후 삼 년이 흐른 뒤다. 이 프로젝트를 시작하기 전에 나는 커피를 일상적인 소모품으로만 여겼을 뿐 명품 커피에 대해서는 매우 회의적이었다. 명품 커피가 너무 비싸다고 생각했고 커피 내리는 방법이나 원산지에 너무 신경을 쓰는 사람, 혹은 특정한 방법으로 만들어진 특정한 커피를 마시려고 줄을 서서 기다리는 사람들은 허영심 가득한 바보들이라고 생각했다.

하지만 코스타리카에서 에티오피아까지, 전 세계의 커피 농장과 농부들을 방문하면서 나는 배웠다. 목타르가 가르쳐주었다. 우린 캘리포니아의 센트럴밸리로 가서 그의 가족을 만났고 북아메리카의 유일한 커피 농장인 샌타바버라에서 커피 열매를 땄다. 하라르*에서는 카트**를 씹었으며, 그 도시 언덕에 있는 지구상에서 가장 오래된 커피나무들 사이를 걸었다. 지부티***에서는 목타르의 발자취를 따라가며 함께 오보크 해안 전초기지 인근의 희망 없는 황량한 난민캠프를 방문했고, 내전통에 도망치는 바람에 아무것도, 심지어 신분증조차 없던 젊은 예멘 치대생의 여권을 되찾아주려 분투하는 목타르를 지켜보았다. 예멘의 가장 외진 언덕에서 그

---

* 에티오피아 동부의 도시.
** 아라비아와 아프리카에서 나는 마약류 식물.
*** 지부티공화국의 수도.

와 나는 식물학자들, 족장들과 함께 설탕이 많이 들어간 차를 마셨으며 내전과는 아무 이해관계 없이 그저 평화만을 바라는 사람들의 한탄을 들었다.

이 모든 일이 있고 나서 미국인 유권자들은, 그들의 표현대로라면 "무슨 일이 벌어지고 있는지 알아내기 전까지" 모든 이슬람교도들을 입국심사 대상에서 배제시키겠다고 약속한 남자를 대통령으로 선출했다―혹은, 선거인단이 그 일을 가능하게 만들었다. 취임식 이후 그자는 국민 대다수가 이슬람교도인 일곱 개 국가 국민들의 미국 여행을 막는 두 가지 조치를 취했다. 그 일곱 나라의 목록에는 예멘도 포함되었는데, 아마 예멘은 어느 나라보다도 심한 오해를 받은 국가였을 것이다. 선거가 끝난 뒤 목타르는 내게 "선거 캠프에 와이파이라도 있었으면 좋았겠네요"라고 말했다. 미국 이슬람교도 공동체에서 돌고 있는 우울한 농담이었는데, 트럼프가 기회만 있으면―예컨대 이슬람교도가 선동을 위해 미국 내에서 테러를 저지른다든지―즉시 이슬람교도 미국인들을 상대로 등록제를, 심지어 억류까지 시도할 거라는 가정에 기초한 것이었다. 이 농담을 말할 때 목타르는 **전쟁 말고 커피**라고 쓰인 티셔츠를 입고 있었다.

목타르는 모든 말과 행동에 유머감각이 넘쳐흐른다. 난 이 책이 그의 유머감각을, 또 가장 위태로울 때조차 그가 세계를 보는 방식에 그 유머감각이 어떤 영향을 끼쳤는지를 포착해냈기 바란다. 예멘 내전중 목타르는 아덴의 민병대에 생포되어 감금당한 적이 있다. 미국에서 어린 시절을 보내 미국 대중문화에 깊이 젖어 있던

그는 자기를 억류한 사람 중 한 명이 '베스트 키드*'와 닮았다고 생
각했고 이 일화를 내게 전할 때 그 사람을 오직 '베스트 키드'라고
만 불렀다. 이런 별명을 쓴다고 해서 목타르가 처했던 위험을 평가
절하하려는 의도는 아니라는 얘기다. 다만 심지가 유달리 굳은 사
람, 대부분의 위험을 그보다 중요한 관심사, 즉 예멘 커피를 발굴
해 로스팅하고 수입하는 일과 농부들의 권익 증진을 위한 싸움을
방해하는 일시적 장애물이라고만 생각한 한 남자의 시각을 드러내
는 게 중요하다고 느낄 뿐이다. 그를 억류한 사람이 실제로 1980
년대 초반의 랠프 마치오와 닮았을 거라는 생각도 들고.

　목타르는 그가 살고 있는 역사 앞에 겸손하며 그 역사에서 본인
이 차지하는 위치를 대수롭지 않게 여긴다. 하지만 그의 이야기는
고전이라 할 만하다. 이 이야기는 주로 아메리칸드림에 관한 것이
다. 아직도 생생히 살아 있지만 엄청나게 위협받고 있는 그 아메리
칸드림 말이다. 이 이야기는 또한 커피에 관한 것이며, 오백 년 전
최초로 커피 재배를 시작했던 예멘의 커피산업 역량을 증진시키려
고 기울인 그의 노력에 관한 것이기도 하다. 샌프란시스코 텐더로
인 인근, 그러니까 어마어마하게 부유한 도시 속 절망의 골짜기에
관한 것이기도, 비록 그곳에 살지만 안전하고 품위 있게 살려고 아
등바등 애쓰는 가족들에 관한 이야기이기도 하다. 캘리포니아의
주류 판매점은 대체로 예멘 사람이 운영한다는 기이한 사실과 센

* 미국 영화 〈베스트 키드〉(1984)의 주인공 대니얼. 미국 배우 랠프 마치오가 연기
했다.

트럴밸리 예멘인들의 예기치 못한 역사에 관한 이야기, 예멘인들이 캘리포니아에서 하는 일이 예멘의 기나긴 농경의 역사를 반영한다는 사실에 대한 이야기, 직접무역이 농부들에게 주체성과 입지를 부여함으로써 그들의 삶을 바꾸어놓을 수 있다는 사실에 대한 이야기이기도 하다. 목타르 알칸샬리 같은 미국인들―조상의 나라에 강한 유대감을 유지하며 사업가적 열정과 끈덕진 노력을 통해 선진국과 개발도상국 사이에, 소비하는 국가와 생산하는 국가 사이에 필수적인 교량을 만들어내는 미국 시민들―에 관한 이야기, 이런 교량 건설자들이 이 나라, 즉 근본적 기회와 끝없는 환대를 제공하는 공간의 존재 이유를 얼마나 아름답고 용감하게 체현하는지에 관한 이야기이기도 하다. 또한 이 나라의 모든 장점들 중 그것이 가장 중요하다는 사실을 잊는다면 미국인들은 자기 자신을 잊는 것과 마찬가지라는 점에 대한 이야기이기도 하다. 사실 미국은 정체停滯와 비겁함과 공포가 아니라 분별없는 활기, 일상적인 세계적 진취성, 앞으로, 언제나 앞으로 밀고 나가는 일에 내재된 올바름, 매이지도 굴하지도 않는 용기에서 힘을 얻는 다양한 사람들의 혼합체이다.

이 책에 관한 메모. 이 책은 목타르 알칸샬리가 목격하고 체험한 사건들을 담은 논픽션이다. 이 책을 쓰기 위해 사전조사를 하면서 나는 목타르와 거의 삼 년에 걸쳐 수백 시간 인터뷰를 했다. 목타르와 함께 있던 다른 사람들이나 역사적 기록의 도움을 최대한 받아 목타르의 기억들을 보완할 수 있었다. 이 책에 담긴 모든 대화는 목타르와 다른 당사자들이 기억하는 그대로다. 몇몇 이름들은 바꿔넣었다. 대화가 예멘에서 이뤄진 경우에는 사용된 언어가 아랍어라고 상정해야 한다. 나는 목타르의 도움을 받아 그 대화들의 분위기와 느낌을 영어에 정확히 반영하고자 최선을 다했다.

제 1 편

THE
MONK
OF
MOKHA

1
가방

미리엄은 목타르에게 이런저런 물건들을 건넸다. 보통은 책이
었다. 그녀는 그에게 『자본론』을 줬다. 놈 촘스키도 줬다. 미리엄
은 목타르에게 마음의 양식을 줬다. 그의 열정에 연료를 댔다. 둘은
일 년 정도 사귀었지만 잘될 가능성은 거의 없었다. 목타르는 예멘
계 이슬람교도 미국인이었고 미리엄은 팔레스타인과 그리스 혼혈
의 기독교도였다. 하지만 그녀는 아름답고 치열했으며 목타르를 위
해서라면 그보다도 열심히 싸웠다. 목타르가 끝내 학사학위를 따고
로스쿨에 가고 싶다고 말했을 때 미리엄은 그에게 가방을 사주었
다. 변호사들이 들고 다닐 법한 그라나다산의 각진 여행용 손가방
은 가장 부드러운 가죽으로 공들여 만든 수공예품이었다. 황동 리
벳과 버클이 달렸고 안쪽에는 근사하게 공간 분할도 되어 있었다.
미리엄은 그 물건이 어쩌면 꿈을 추진하는 힘이 될지도 모른다고

생각했다.

목타르는 일이 착착 맞아 돌아간다고 생각했다. 그는 마침내 샌프란시스코 시티 컬리지 등록금을 모두 모았고 가을학기부터는 학교에 다닐 예정이었다. 이 년간 시티 컬리지를 다니고 나면 샌프란시스코주립대학 이 년 과정을 더 밟은 다음 삼 년간 로스쿨에 다닐 생각이었다. 공부를 마치면 서른 살이 된다. 이상적이지는 않지만 기준으로 삼을 만한 계획표였다. 그는 학생이 된 이래 처음으로 명확성과 탄력 같은 것을 느꼈다.

대학에 다니려면 노트북이 필요했으므로, 그는 동생 월리드에게 돈을 빌려달라고 부탁했다. 월리드와는 터울이 일 년도 지지 않았지만—그들은 서로를 아일랜드 쌍둥이*라고 불렀다—월리드는 이미 자기 앞가림을 하고 있었다. 그는 인피니티라는 주거용 고층 빌딩에서 수위로 여러 해 일한 끝에 캘리포니아대학교 데이비스 캠퍼스에 등록했다. 목타르의 노트북값을 내주기에 충분한 돈도 저축했다. 월리드가 신용카드로 신형 맥북 에어를 결제해줬고 목타르는 할부금 1100달러를 갚겠다고 약속했다. 목타르는 노트북을 미리엄이 사준 가방에 넣었다. 완벽하게 어울렸다. 변호사다워 보였다.

목타르는 가방을 가지고 소말리아인을 위한 기금모금 행사에 갔다. 때는 2012년, 소말리아 사람들은 이미 수십만 명의 목숨을 앗

---

* 연년생 형제자매를 뜻한다. 아일랜드 사람들이 아이를 연달아 많이 낳는다는 고정관념에 기인한 표현.

야간 기근으로 고통받고 있었고 그와 친구들은 소말리아인들을 위해 샌프란시스코에서 기금모금 행사를 마련했다. 모금 행사는 라마단* 기간에 열렸다. 어쨌거나 모두가 잘 먹고 나서 소말리아계 미국인 연사들이 조국 동포들의 곤경에 관해 하는 연설을 들었다. 3000달러 대부분이 현금으로 모금되었다. 목타르는 그 돈을 가방에 넣었다. 정장을 입고 새 노트북과 모든 단위의 지폐로 구성된 현금 다발을 가죽가방에 넣어 들고 있으니 행동력과 목표의식을 모두 갖춘 사람이 된 기분이 들었다.

천성이 충동적인데다가 잔뜩 바람까지 들어간 그는 함께 행사를 준비한 일행 중 사예드 다르우시에게 바로 그날 밤에, 행사가 끝난 직후에 돈을 가지고 남쪽으로 한 시간 거리에 있는 샌타클래라까지 차를 몰고 가자고 설득했다. 그들은 샌타클래라의 모스크**로 가서 세계적인 비영리 소말리아 구호단체인 이슬람구호단 대표에게 그 돈을 전달할 생각이었다. 행사팀 한 명이 목타르에게 우유와 장미수로 만든 파키스탄의 핑크색 음료, 루 아프자 남은 것이 가득 담긴 커다란 아이스박스를 가져가달라고 부탁했다. "꼭 오늘밤에 가야 해?" 제러미가 물었다. 제러미는 목타르가 너무 많은 일을, 너무 성급하게 떠맡는다는 생각을 자주 했다.

"난 괜찮아." 목타르가 말했다. 속으로 한 생각은 오늘밤이어야만 해, 였다.

---

* 이슬람교에서 일출과 일몰 사이에 모든 음식과 흡연, 성교를 금하는 달.
** 이슬람교의 예배당.

그래서 사예드가 운전대를 잡았다. 그들은 101번 고속도로를 따라 내려가는 내내 그날 밤 명백하게 확인된 관대함을 곱씹어보았다. 목타르는 아이디어를 내고 그것이 실현되는 모습을 지켜보는 게 얼마나 기분좋은 일인지 생각했다. 또 법학 학위를 딴다면, 미국의 알칸샬리 가문 사람 중 처음으로 법학 박사학위를 가진 사람이 된다면 어떤 느낌일지도 생각했다. 졸업한 뒤 망명 신청자들과 출입국 심사 문제를 겪고 있는 다른 아랍계 미국인들을 변호한다면 어떨까. 어쩌면, 언젠가 공직에 출마한다면.

샌타클래라로 반 정도 갔을 때쯤 목타르는 피로감에 맥을 못 추었다. 행사 준비에 몇 주가 걸린 터였다. 몸이 이제는 휴식을 원했다. 그는 창문에 머리를 기댔다. "그냥 눈만 감는 거야." 그가 말했다.

깨어보니 샌타클래라 모스크 주차장이었다. 사예드가 그의 어깨를 흔들었다. "일어나." 그가 말했다. 몇 분 후면 기도가 시작될 시간이었다.

목타르는 비몽사몽간에 차에서 내렸다. 그들은 루 아프자를 트렁크에서 꺼내 서둘러 모스크로 들어갔다.

목타르가 가방을 밖에 두고 왔다는 걸 깨달은 건 기도가 끝난 다음이었다. 맨바닥에, 차 옆에. 3000달러의 현금과 1100달러짜리 새 노트북이 들어 있는 가방을 자정에, 주차장에 놔두고 온 것이다.

그는 자동차로 달려갔다. 가방은 사라지고 없었다.

그들은 주차장을 뒤졌다. 아무것도 없었다.

모스크에서는 뭔가 본 사람이 아무도 없었다. 목타르와 사예드는 밤새도록 찾았다. 목타르는 잠도 자지 못했다. 사예드는 아침에 집으로 돌아갔다. 목타르는 샌타클래라에 남았다.

계속 그 자리에 있어봐야 별 의미는 없었지만 집으로 돌아갈 수가 없었다.

그는 제러미에게 전화를 걸었다. "가방을 잃어버렸어. 그 빌어먹을 핑크색 우유 때문에 3000달러랑 노트북을 잃어버렸다고. 사람들한테 뭐라고 하지?"

소말리아의 기아를 구호하겠다고 기부한 수백 명에게 그 돈이 사라졌다고 말할 수는 없었다. 미리엄에게도 얘기할 수 없었다. 미리엄이 가방값으로 얼마를 냈는지, 그녀가 자기를 어떻게 생각할지 생각도 하기 싫었다. 단 한 순간에 가지고 있던 모든 걸 잃어버리다니. 부모님에게도 말씀드릴 수 없었다. 월리드에게 앞으로 절대 쓸 일 없는 노트북값 1100달러를 갚게 될 거라는 얘기도 할 도리가 없었다.

가방을 잃어버리고 이틀 후, 그의 다른 친구인 이브라힘 아흐마드 이브라힘이 '아랍의 봄*'이 어떻게 됐는지 보려고 이집트로 갈 예정이었다. 목타르는 그의 차를 얻어 타고 공항으로 갔다. 공항은 부모님의 집으로 돌아가는 길 중간에 있었다. 이브라힘은 캘리포니아대학교 버클리 캠퍼스를 졸업할 예정으로 몇 달 후면 학위를 딸 터였다. 그는 목타르에게 할말을 떠올리지 못했다. 걱정 마 같은 말로는 충분하지 않을 듯했다. 그는 보안검색대 줄로 사라져 카이로로 날아가버렸다.

---

* 2010년 12월 튀니지에서 촉발되어 서아시아와 북아프리카로 확산된 반정부 시위.

목타르는 공항 아트리움의 검은 가죽의자에 몇 시간 동안 앉아 있었다. 사람들이 떠나는 모습을 지켜보았다. 집을 떠나거나 집으로 돌아가는 가족들. 포트폴리오와 비전을 품은 사업가들. 이동을 기리는 기념관인 국제선 터미널에서, 그는 몸을 떨며 어디로도 가지 않고 가만히 앉아 있었다.

2
인피니티의 수위

목타르는 수위가 되었다. 아니다. 로비 대사大使가 되었다. 그게
인피니티에서 더 좋아하는 이름이었다. 어쨌든 수위라는 뜻이었
다. 파이살과 부시라 알칸샬리의 맏아들이자 월리드, 사바, 칼리
드, 아프라, 포와즈, 무함마드의 형이자 오빠이며, 이브*의 사자이
자 바킬족 연합의 주요 지파인 알샤난족의 자손 하무드 알칸샬리
와 자프란 알에시말리의 손자, 목타르 알칸샬리는 수위였다.
  인피니티는 주거용 빌딩 네 채로 이루어진 단지로서, 각각의 건
물은 샌프란시스코만과 태양빛으로 표백된 도시, 이스트 베이의
언덕들을 위압적으로 내려다보고 있었다. 인피니티 타워들에는 의
사들과 첨단기술로 돈을 번 백만장자들, 프로 운동선수들과 은퇴

---

* 예멘 남서부 산악지대의 도시.

한 부자들이 살았다. 그들 모두가 번쩍이는 인피니티의 로비를 드나들었고 목타르는 그들이 쓸데없이 힘을 쓰지 않고 지나갈 수 있도록 문을 열어주었다.

시티 컬리지는 더이상 선택지에 없었다. 가방을 잃어버린 목타르는 전일제 일자리를 구해야 했다. 가족의 친구인 오마르 가잘리가 이슬람구호단에 기부하라며 3000달러를 빌려주었지만 그건 오마르에게 갚아야 하는 빚이었다. 윌리드에게 빚진 1100달러까지 있었으니 대학은 무한정 미뤄졌다.

윌리드가 수위 자리를 구하도록 도와줬다. 윌리드가 몇 년 전에 일했던 바로 그 자리였다. 윌리드는 시간당 22달러를 벌었지만 이제 형 목타르는 18달러를 벌었다. 윌리드가 다닐 때는 인피티니에 노동조합이 있었지만 지금은 사라져버렸고 건물은 마리아라는 이름의 우아한 페루 사람이 운영했다. 반짝이는 바닥을 또각또각 하이힐 소리를 내며 걸어다니는 그녀는 목타르의 단정한 스타일이 마음에 든다며 일자리를 주었다. 캘리포니아의 최저임금이 8.25달러인데 시간당 18달러를 벌게 해준다니 불평할 수는 없었다.

목타르는 대학생도 아니었고, 이제는 대학 갈 길이 선명하게 보이지도 않았다. 그는 인피니티 B동 로비에서 주민들이며 그들에게 음식을 배달하고 마사지를 해주는 서비스산업의 다양한 구성원들, 조그만 개들을 산책시키는 사람들, 아파트를 청소하고 새 샹들리에를 설치하는 사람들 대신 문을 열어주며 하루하루를 보냈다. 목타르는 항상 책을 가져왔지만—『자본론』을 읽으려고 애쓰는 중이었다—로비 대사에게 독서는 거의 불가능했다. 방해는 끊임없었고 소음은 점점 심해졌다. 로비는 거리와 같은 층에 있었고 이웃에서는 변화가 한창이었다. 한 달에 한 채씩 새로운 건물이 들어서 사우스 오브 마켓 지역을 일종의 소형 맨해튼으로 바꾸어놓고 있었던 것이다. 불규칙한 공사 소음이 목타르의 신경을 뒤흔들어놓았다.

소음도 소음이었지만 뭐든 읽거나 생각하지 못하도록 하는 가장 큰 장애물은 문 그 자체였다. 로비는 일종의 유리 상자, 투명한 육각형이었고, 거리로 난 이중문을 향해 온갖 사람들이 모든 각도에서 다가왔다. 로비 대사는 그들 모두를 주시해야 했다. 다가오는 사람들은 대부분 아는 사람들—주민, 인피니티 시설관리자, 택배 기사—이었지만 손님, 헬스트레이너, 부동산중개인, 테라피스트, 수리공 등 비정기적인 방문자들도 있었다. 목타르는 준비를 하고 있다가 그 누구든 문을 향해 다가오면 벌떡 일어나야 했다.

그 사람이 택배 기사라면 서두르지 않고 일어나 미소를 지으며 문을 열어줄 수 있었다. 하지만 주민이라면, 목타르는 일이 초 만에 프런트 뒤에서 벌떡 일어나 문으로 달려가—절박하게 달리는 티는 내지 않으면서—문을 열고 웃는 얼굴로 맞이해야 했다. 목타르보다 그들이 먼저 문에 손을 대면 좋지 못한 일이었다. 그는 먼저 가서 문을 휙 열고 활짝 미소를 지으며, 밝고 꾸밈없는 표정으로 던질 질문도 준비해놓아야 했다. 잘 다녀오셨습니까, 아거월 씨?

이 모든 게 새로운 방침이었다. 마리아가 한 일이었다. 건물에 노동조합이 있고 월리드가 로비 대사이던 시절에는 앉아 있는 자리라고 불리던 일자리다. 그 말은, 누가 들고 날 때마다 로비 대사도 자리에서 일어날 필요는 없었다는 뜻이다. 하지만 마리아가 와서 그 모든 걸 바꿔버렸다. 이제 이 일에는 지속적인 주시가, 우아하고 민첩하게 벌떡 일어나 로비를 가로지르는 능력이 필요했다.

문이야 누구든 쉽게 열 수 있지만 그런 건 신경쓰지 말라고 했다. 중요한 건 그게 아니라고 했다. 중요한 건 개인적인 접촉이었다. 깔끔한 파란색 정장 차림으로 미소를 지으며 문을 열어주는 사람이 건물에 있다는 것은 호화스러움과 소박한 배려를 모두 증명했다. 그걸 통해 주민들은 이 건물이 분명히 다르다는 걸 알 수 있었다. 로비에 있는 이 용모단정하고 사려 깊은 남자가 짐을 받아주고 손님들을 확실히 환영해주고 불청객들은 막거나 쫓아낼 뿐만 아니라, 대신 문을 열어주며 좋은 아침입니다, 즐거운 오후 되세요, 평안한 저녁 되세요, 비가 오나보네요, 옷 따뜻하게 챙겨 입으세요, 경기 재미있게 보십시오, 콘서트 재미있게 보세요, 산책 잘 다녀오십시오, 라고 말할 만큼 자신들에게 신경을 쓴다는 걸 알 수 있었다. 이 매력적인 남자는 주민이 키우는 개에게도, 손자와 손녀에게도, 새 여자친구에게도, 저녁식사를 하는 동안 연주를 하도록 고용된 객원 하프 연주자에게도 인사를 할 터였다.

진짜다. 진짜 그런 사람이 있었다. '샌프란시스코에 하프를 두고 왔어요'라는 회사를 운영하는 하프 연주자가 진짜 있었다. 목타르는 그와 친해졌다. 몇백 달러를 주면, 그는 사람들이 식사를 하고 술을 마시는 동안 직접 가져온 하프를 연주했다. 건물 높은 층에 사는 어떤 부부가 한 달에 한 번씩 그를 불렀다. 하프 연주자는 친절했다. 샹들리에 수리공도 그랬다. 그는 불가리아 사람이었으며 자주 들러 목타르와 이야기를 나누었다. 반려동물 영양사는 머리카락에 파란색 블리치를 넣고 한쪽 팔에는 은 장신구들을 한가득 짤랑거리는 사근사근한 여자였다. 매일매일 만화경 속 행렬이 문을 드나들었다. 개인 트레이너들은 대략 열 명 정도 됐는데, 목타르는 그들 모두를 알아야 했다. 그중 누가 어느 주민의 건강과 장수를 위해 힘쓰고 있는지 말이다. 미술품 자문가와 개인 쇼핑도우미, 유모, 목수, 왕진 의사들도 있었다. 오토바이를 타고 오는 중국 음식 배달부와 차를 타고 오는 피자 배달부, 걸어서 오는 세탁부도 있었다.

하지만 주로 오는 사람은 택배 기사들이었다. 페덱스 기사, UPS 기사, DHL 기사, 자포스와 Bodybuilding.com, diapers.com에서 상자들을 가져오는 기사. 말하기를 좋아하는 사람들도 있었고, 항상 늦었다며 시간에 쫓겨 그냥 빨리 사인만 해달라는 사람들도 있었다. 고마워요, 아저씨. 몇몇은 목타르의 이름을 알았고 몇몇은 신경쓰지 않았다. 몇몇은 수다를 떨고 불평하고 험담하길 좋아했다. 그리고 문으로 들어오는 짐의 양은—믿기 어려웠다.

오늘은 뭐예요? 목타르는 그렇게 묻곤 했다.

오리건산 캐슈넛요. 기사는 그렇게 말하곤 했다.

네브래스카산 스테이크요. 빨리 냉장고에 넣어야 됩니다.

런던에서 온 셔츠예요.

목타르는 클립보드에 사인하고 택배물을 프런트 뒤의 창고로 가져다 뒀다가 해당 주민이 로비를 가로지르면 손가락을 들어올리고 기쁜 듯 눈썹을 치켜뜨며 택배가 왔다고 말했다. 기쁨은 상호적이었다. 한번은 나이든 주민 제임스 블랙번이 상자를 열어 목타르에게 새 몽블랑 펜 한 쌍을 보여주었다.

세상에서 제일 좋은 펜이야. 블랙번 씨가 말했다.

언제나 예의바른 목타르는 펜을 보고 감탄하며 한두 가지 질문을 던졌다. 몇 달 뒤 크리스마스 때, 그는 프런트에 선물이 놓여 있는 걸 보았다. 풀어보니 바로 그 펜이 들어 있었다. 블랙번 씨가 보낸 선물이었다.

주민들은 대부분 최근에 부자가 된 사람들로 인피니티에서의 삶에 적응해가는 중이었다. 그들이 보다 형식적인 관계를 원하면 목타르는 그렇게 협조해줄 수 있었다. 얘기를 나누고 싶어하면 얘기를 나눠줄 수도 있었다. 대화를 나눌 시간과 의지가 모두 있는 경우도 종종 있었다. 주민들이 자동차를 기다리며 로비에 있을 때처럼 말이다. 목타르는 자리에서 일어나 문 근처에 서서 차가 도착할 때를 대비해야 했으므로 그와 주민이 모두 거리를 빤히 바라보고 있는 어색한 몇 분이 생기곤 했다.

오늘 바쁘세요? 주민이 그렇게 물을 때도 있었다.

그렇게 바쁘지는 않습니다. 목타르는 그렇게 말하곤 했다. 절대로 허둥대지 않는 듯 보이는 게 중요했다. 로비 대사는 침착하고 유능한 분위기를 풍겨야 했다.

자이언츠의 새 투수가 B동으로 이사왔다는 얘기 들었어요? 주민이 그렇게 물을 때도 있었다. 그런 얘기는 자동차가 도착하면 그냥 그렇게 끝나곤 했다.

하지만 가끔은 대화가 더 깊이 이어졌다. 제임스 블랙번과는 대화가 깊어졌다. 몽블랑 펜 사건이 있기 전부터 그는 목타르에게 흥미를 보였다. 자넨 똑똑한 친구야, 목타르. 장래 계획은 뭔가?

목타르는 그가 무슨 마음인지 알 것 같았다. 육십대의 은퇴한 백인 제임스는 교양 있는 사람이었고 목타르와의 만남은 그에게도 어색한 일이었다. 목타르가 프런트에 앉아 있다가 문을 열어주는 것보다 나은 일자리를 원할 거라고 가정하고 말한다면 그의 현재 직업을 깎아내리는 짓이 될 터였다. 제임스가 아는 한 이 직업은 목타르에게 최고의 일자리여야 했다. 반면, 이게 정말로 목타르에게 최고의 일자리라고 가정한다면 더욱 곤란한 일련의 가정이 따르기 마련이었다.

대부분의 주민들은 묻지 않았다. 알고 싶어하지 않았다. 이 일자리나 그 자리에 있는 목타르의 존재는 유리 탑에 사람이 살고, 그들 대신 문을 열어주는 사람이 있다는 사실만 상기시켜줄 뿐이었다. 목타르가 『대지의 저주받은 사람들』*을 읽는 걸 주민들이 보았을까? 아마 그랬을 것이다. 그는 읽을거리들을 숨기지 않았으니까. 목타르가 가끔 샌프란시스코의 아랍인 혹은 이슬람교도 미국인 공동체와 경찰의 관계 개선을 요구하는 시위에 참여하거나 그 시위를 주도하는 걸 뉴스에서 본 적도 있을까? 목타르는 여기저기서 세간의 이목을 끌었고, 이따금 아랍인들과 이슬람교도들을 좀 더 높은 단계로 조직하고 대표하는 데 자기 미래가 있다고 생각했다. 도시 감독관**이 되면 어떨까? 시장은? 인피니티의 몇몇 주민들

---

* 프랑스 철학자 프란츠 파농(1925~1961)의 저서. 흑인의 주체성에 관해 주로 논했다.
** 카운티 정부를 감독하는 지방 행정기관인 도시감독위원회의 위원.

은 목타르를 젊은 사회운동가라고 알고 있었다. 대체로 그는 불편한 수수께끼였다. 인피니티 주민들은 수위가 조금 더 고분고분하기를, 조금 덜 흥미롭기를 바란다는 걸 목타르는 알고 있었다.

하지만 제임스 블랙번은 달랐다. 어렸을 땐 어디서 살았나? 그는 그렇게 묻곤 했다. 원래 여기 출신인가?

3
책을 훔친 꼬마

샌프란시스코에 대한 목타르의 가장 이른 기억은 메르세데스 위에 대변을 보는 남자의 모습이었다. 목타르의 가족이 텐더로인에서 보낸 첫날에 벌어진 일이었다. 목타르는 여덟 살로, 당시 다섯 명이던 남매 중 맏이였다. 목타르 가족은 여러 해 동안 브루클린의 베드-스타이* 인근에 살았다. 거기서 목타르의 아버지 파이살은 '마이크의 사탕과 식료품'이라는 가게를 운영했다. 목타르의 할아버지, 하무드가 소유한 식품·주류 판매점이었다. 하지만 파이살은 술을 팔기 싫어했고 단 한 번도 마음 편히 팔지 못했다. 오랜 세월에 걸쳐 계획을 세우고 괴롭게 숙고한 끝에, 파이살과 그의 아내 부시라는 마침내 분가했다. 그들은 캘리포니아로 이사했다. 파이

---

* 베드퍼드 스타이버선트(Bedford-Stuyvesant)의 약칭.

살이 그곳에서 수위 일자리를 약속받았던 것이다. 그는 아버지의 손바닥 안에서 술장사나 하느니 차라리 빈털터리 상태에서 다시 시작하고자 했다.

그들은 샌프란시스코 최악의 빈곤지대이자 골칫덩이인 텐더로 인에 아파트를 구했다. 도시에 도착한 날, 목타르와 동생들이 함께 뒷좌석에 탄 채 차가 신호등 앞에 멈추었다. 그는 옆에 서 있던 흰색 메르세데스를 내다보았다. 바로 그때, 목타르가 그 차를, 그 티 하나 없이 깔끔한 도장과 반짝이는 크롬을 알아보았을 때, 누더기를 걸친 남자가 메르세데스의 보닛에 뛰어올라 바지를 내리더니 똥을 누었다. 앞으로 가족이 살아갈 곳에서 한 블록 떨어진 곳에서 벌어진 일이었다.

그들은 브루클린의 널찍한 아파트에서, 목타르가 부족한 게 없었다고 기억하는 생활방식—아이들이 저마다 장난감으로 가득찬 방을 가지고 있었다—에서 포르노가게 두 곳 사이에 위치한, 포크 스트리트 1036번지의 침실 하나짜리 아파트로 이사했다. 목타르와 네 동생은 그 침실에서 잤고 부모님은 거실에서 잤다. 밤새도록 사이렌이 비명을 질러댔다. 중독자들이 울부짖었다. 목타르의 어머니 부시라는 동네를 혼자 걸어다니기가 무서워 목타르를 라킨 스트리트에 있는 가게로 보내 식료품을 사오게 했다. 처음 심부름을 했을 때는 누군가 목타르 쪽으로 병을 던졌다. 유리가 그의 머리 위 벽에서 박살났다.

목타르는 밤낮없이 대놓고 이루어지는 마약 거래에 익숙해졌다. 냄새—사람의 똥과 오줌, 대마초—에도 익숙해졌다. 성인 남녀와 아기들의 울부짖는 소리에도. 주삿바늘과 토사물을 밟는 데에도 익숙해졌다. 나이든 남자와 젊은 남자가 골목길에서 섹스를 하는 데에도. 마약을 하는 어떤 육십대 여자에게도. 길거리에서 구걸하는 노숙자 가족에게도. 지나다니는 자동차들 한가운데에 서 있는 늙은 마약 중독자에게도.

샌프란시스코에서는 경찰이 텐더로인을 도시의 불법행위 저지선으로 간주한다는 게 불문율이었다. 관광객들을 주로 피셔먼즈 워프에만 머물게 해둔 것처럼 텐더로인의 서른한 개 블록을 크랙, 메타암페타민, 매춘, 경범죄, 노상배변을 방치하는 구역으로 지정한 것이다. 텐더로인이라는 이름마저도 그 기원이 흉악했다. 20세기 초반에 이 지역 경찰과 정치인들이 뇌물을 너무 많이 받아 소고기 중에서도 가장 품질 좋은 부위만을 먹었다는 얘기가 있었다.*

하지만 텐더로인에는 진짜 공동체도 있었다. 도시에서 가장 땅값이 저렴한 이 동네는 수십 년간 베트남, 캄보디아, 라오스, 서아시아에서 새로 이주해온 가족들을 끌어들였다. 그중에는 예멘 사람들도 있었다. 텐더로인에 사는 예멘 사람들 수백 명은 대부분 수위로 일했다. 조국을 떠나 미국으로 온 각양각색의 사람들 중 예멘인들은 비교적 최근에 이주해온 사람들로, 엄청난 수가 1960년대에 이주해왔다. 이들은 주로 캘리포니아 샌와킨 밸리의 농장과 디트로이트의 자동차 공장에서 일자리를 구했다. 처음에는 거의 모든 예멘 이민자들이 남자였고, 그중 대부분은 농업지역인 이브 지

---

* '텐더로인'에는 소고기, 돼지고기의 '안심'이라는 뜻이 있다.

방 출신이었다. 그들은 과일을 따러 캘리포니아에 왔다. 하지만 1970년대에는 들판에서 일하던 수백 명의 예멘 사람들이 샌프란시스코로 들어와 수위로 일하기 시작했다. 급여도 나왔고 복지 혜택도 있었다. 그 결과 텐더로인에 본부를 둔 87구역수위노동조합에는 예멘인이 20퍼센트를 차지하게 되었다.

파이살도 같은 계획이었다. 수위 쪽 일을 구하거나, 최소한 거기서부터 출발할 생각이었다. 그는 일자리를 얻었지만 오래가지는 못했다. 이민자 출신 피고용인들—대부분 니카라과와 중국 출신으로, 대체로 불법이민자였다—에게 함부로 말하는 데 익숙해져 있던 그의 상관이 무례하게 굴었기 때문이었다. 목타르의 아버지는 자긍심이 높았고 자기 권리를 알고 있었으므로 일을 그만두고 주거용 고층빌딩인 세쿼이아에서 야간 교대 수위 일자리를 구했다. 목타르가 샌프란시스코에서 살기 시작한 이래 파이살이 줄곧 했던 일이 그것이었다. 그의 아버지는 불규칙한 시간에, 가끔은 하루에 열여덟 시간씩 일했다.

그래서 혼자 남은 목타르는 멋대로 돌아다닐 수 있었다. 성인비디오가게 창문을 들여다볼 수도 있었고 길 건너편에 저속한 말을 큰 소리로 외쳐대는, 셔츠를 입지 않은 남자를 못 본 체할 수도 있었다. 예멘 시장에도 잠깐 들를 수 있었다. 그 지역 시장의 절반 정도에서는, '아미고*'라는 이름이 붙은 가게마저도 예멘인이 운영했다. 초소형 놀이터인 서전트 존 매컬리 공원에 들를 수도 있었다. 그 놀이터 건너편에는 뉴 센츄리 스트립 클럽이 있었다. 그 길을 따라 올라가면 오패럴 스트리트와 포크 스트리트였다. 그곳 어느 건물 옆면에는 벽화가 그려져 있었다. 고래와 상어, 거북이가 여러 마리 나오는 물속 장면이었다. 여러 해 동안 목타르는 그 건물이 수족관 같은 곳이리라고 생각했는데, 시간이 지나고 나서야 그게 '미첼 형제의 오패럴 극장'이라는 미국의 가장 오래되고 악명 높은 스트립 클럽 중 하나라는 걸 깨달았다. 사람들은 그곳이 밀접한 신체 접촉을 요하는 랩댄스의 발원지라고 했다. 주류 판매점만 서른한 곳 있을 뿐 아이들이 놀 만한 안전한 장소는 별로 없는 동네였지만 아이들 수천 명이 그 절망적인 블록들에 살며 빠르게 자랐다.

중학교 시절 즈음, 목타르는 빨리 배우고 말도 빠른, 잔꾀가 많은 아이가 되었으며 마찬가지로 말이 빠르고 잔꾀가 많은 아이들 무리와 친구가 되었다. 그들은 텐더로인에서 마약 중독자들과 매춘부들을 이리저리 피해다녔고, 어느 방향으로든 몇 블록만 가면 완전히 다른 세상이 있다는 걸 알았기에 기회만 있으면 바깥으로 모험을 떠났다. 텐더로인 바로 북쪽에는 미국에서 가장 비싼 동네이자 페어몬트호텔과 마크홉킨스호텔의 본점이 있는 놉 힐이 있었다. 동쪽으로 몇 블록을 가면 값비싼 쇼핑을 할 수 있고 케이블카와 보석점들이 있는 유니언 스퀘어가 있었다.

사방에 관광객이었고, 관광객이 있으면 항상 오락거리가 있었다. 목타르와 친구들은 피셔먼즈 워프로 가서 유럽인 방문객들에게 그들이 알아들을 수 없는 길안내를 해주곤 했다. 아니면 터무니

---

* 스페인어로 '친구'.

없는 길을 아느냐고 물었다. 관광객을 찾아서, 야옹야옹으로 가는 길 아세요? 몰라요? 아카카카카카는요?라고 묻곤 했던 것이다. 그들은 꿈에서조차 사 먹을 수 없는 식당의 창문 근처를 걸어다니며 벌거벗은 궁둥이를 유리창에 눌러댔다. 몇 달러가 필요하면 기라델리 스퀘어의 분수대로 가 그 안의 동전을 훔치기도 했다.

목타르는 자기 가족이 가난하다는 걸 잘 알았다. 하지만 어떤 결핍은 해결할 수 있었다. 목타르의 가족에게 닌텐도 64를 살 여유가 없다는 건 분명했지만—몇 년째 생일마다 사달라고 부탁하다가 결국 신경쓰지 않게 되었으니까—그들의 아파트에서 겨우 네 블록 떨어진 곳에는 서킷 시티 전자용품점이 있었고, 그곳은 목타르와 친구들이 게임을 한번 해보는 잠재 고객인 척할 수 있을 만큼 충분히 바쁘고 복잡했다. 보통 아이들은 쫓겨나기 전까지 마리오 카트 게임을 한 시간 정도 해볼 수 있었다.

목타르의 이웃들은 끈끈한 관계였다. 목타르의 가족이 사는 포크 스트리트의 아파트는 예멘인 가족들로 가득했으며, 그들은 서로를 돌봐주었다. 가족들은 같은 모스크에 다녔고 아이들은 복도에서 축구를 했으며 목타르가 알 수 없는 어떤 이유로 대부분의 아이들은 트레저 아일랜드에 있는 학교에 보내졌다. 그곳은 많은 텐더로인 아이들이 다니는 학교, 선택지가 없는 수많은 아이들이 다니는 학교였다. 트레저 아일랜드 중학교. 보물섬 중학교라니, 거의 낭만적으로 들리는 이름이었다. 트레저 아일랜드 자체는 엽기적인, 설명할 수 없는 모순의 인공물 덩어리였다. 1936년에 해군이 예르바 부에나라는 자연 발생 섬 바로 옆, 샌프란시스코와 이스트베이 사이 샌프란시스코만에 바위 28만 7000톤과 표토 3만 8000세제곱미터를 가라앉혀 트레저 아일랜드를 만들었다. 제2차세계대전 내내 군사기지로 쓰였던 이곳은 당시에는 트레저 아일랜드라 불리지 않았다. 이름은 이후에, 섬이 폐쇄된 뒤 그곳을 상업적인 용도로 전환하려던 당시의 권력자들이 살인자 해적에 관한 책 제목을 따 붙였다.

하지만 실제로는 전후에 어떤 상업적인 일도 벌어지지 않았다. 이유는 합리적이었다. 별로 이해하기 어려운 문제도 아니었다. 첫째, 땅덩어리에 뭐가 묻혀 있을지 몰라 많은 의심을 자아냈다. 해군은 어떤 유해 폐기물을 처넣었는지 말하지 않았고, 아무도 필요한 조사나 완화 조치를 취하는 데 적극적으로 나서지 않았다. 둘째, 수면이 상승한다는 걸 생각해볼 때, 해수면에서 겨우 30에서 60센티미터 높은 곳에 있는 섬 전체가 이십 년 후에는 어디에 있겠느냐는 우려가 점점 높아졌다.

학교에서 목타르는 말썽을 피해가기 어렵다는 걸 알게 되었다. 어쩌면 그는 말썽을 일으키는 천성을 타고난 걸지도 몰랐다. 혹은 그가 말썽을 주도하는 아이들 중 한 명이었을지도 모른다. 학교에는 흑인 아이들, 사모아섬 아이들, 라틴계 아이들, 예멘 아이들이 있었고 남자아이들은 열세 살 때부터 술을 마시고 대마초를 피웠다. 이 두 가지 행동이 모두 교내에서, 목장 스타일의 좁다란 건물들이 있는 자질구레한 시멘트 뜰에서 이루어졌다. 건물들은 모두 가건물에서 한 발짝 나아간 수준이었다. 그때가 바로 목타르가 잔

머리를 최대로 굴린 시기였다. 부모님은 목타르의 일탈을 알고 있었고 그에게 책임을 지우려 했지만 그는 어떤 문제에서든 말재간을 부려 빠져나갈 수 있었다. 7학년 때쯤 부모님은 더이상 그의 말을 믿지 않았다.

"전부 변명이야." 부모님은 말했다.

하지만 선생들은 그에게 머리가 있다는 걸 알았다. 목타르는 책 읽기를 매우 좋아했다. 집에는 자기만의 도서관까지 만들어놓았다. 아파트에는 책장을 놓을 공간이 없었지만, 아주 작은 부엌의 식료품 저장고 선반 위, 그러니까 통조림을 올려놓은 선반보다는 아래고 파스타와 고야사의 사손 시즈닝 선반보다는 위에 목타르는 그가 찾은 책들을 보관할 공간을 마련했다. 어떤 책들은 훔친 것이었다. 책을 얻으려면 잔머리가 필요했다. 목타르는 책을 살 돈이 없었지만 그곳에, 집에, 보통의 가정에서처럼 책이 줄지어 서 있기를 원했다. 몇 권은 공공도서관에서 무기한으로 빌렸다. 장서는 점점 불어났다. 다섯 권, 그다음에는 열 권, 스무 권, 그렇게 머잖아 식료품 저장고의 선반 하나는 정말로 뭐라도 된 듯 보였다. 부엌의 어두운 구석 한켠이 배움을 위한 정당한 안식처라도 된 것 같았다.

혼자만의 방은커녕 방 한구석도 없었던 목타르에게 그 도서관은 유일한 자신만의 공간이었다. 그는 구스범스 시리즈*와 만화책, 『나니아 연대기』『반지의 제왕』을 수집했다. 하지만 해리 포터만큼 의미가 깊었던 책은 없었다. 해리 포터는 계단 밑에 살지만 거

---

* 미국의 어린이용 공포소설 시리즈.

기 있어 마땅한 사람이 아니었고, 사실은 위대한 일들을 이루도록 선택된 인물이었다. 가난에도, 노숙중인 마약 중독자들을 넘어다 니는 데에도, 다섯 동생들과 한방에서 자는 데에도 지쳤을 때쯤 목 타르의 생각은 자기도 해리와 같을지 모른다는, 지금은 이 척박한 세상에 속해 있지만 그 이상의 무언가를 이룰 운명일지 모른다는 가능성으로 표류해나갔다.

4
갓산 투칸의 현명한 조언
part 1

목타르는 서터 스트리트의 알타위드 모스크에서 열리는 방과후 프로그램에 다녔다. 팔레스타인계 미국인인 투칸 가족이 운영하는 프로그램이었다. 목타르보다 겨우 일곱 살 많은 갓산 투칸이 교사 중 한 사람이었고 목타르는 자기가 갓산을 열받아 미치게 만든다는 걸 알고 있었다. 목타르의 학교 성적은 형편없었다. 방과후에도 마찬가지였다. 그는 다른 모든 사람들의 주의를 산만하게 만들었다. 목타르는 신경쓰지 않았다. 그리고 갓산 투칸이 모든 하는 일에 원래부터 뛰어난 것처럼 보인다고 해서 그를 자기 문제에 대한 해결책으로 생각하지도 않았다.

"목타르." 갓산은 간청했다. "앉아. 숙제 좀 해. 뭐라도 해."

갓산은 날마다 같은 일들로, 사사건건 목타르를 들볶았다. 행실에 대해서. 숙제에 대해서. 숙제를 끝내면 뭐가 그렇게 좋은지에 대해서. 목타르는 그의 말을 진지하게 생각하지 않았다. 단 한 마디도. 그는 샌프란시스코만 한가운데에 있는 군사기지였던 곳, 트레저 아일랜드의 중학교에 다니고 있었다. 그곳은 잊힌 아이들을 위한 학교였다. 그 중학교 출신은 누구도 중요한 곳 어디로든 가지 못했다.

그래서, 투칸 가족 개인교습센터의 목타르는 혼란의 매개체였다. 그는 알리 샤힌이라는, 자신과 비슷한 정신을 가진 공범을 발견했다. 알리의 아버지는 다른 모스크의 이맘*이었는데, 알리도 목타르처럼 자주 주의가 산만해지곤 했다. 그들은 함께 갓산의 이성을 잃게 만들었다. 끼어들었다. 방해했다. 그들은 공부를 전혀 하지 않았고 어린 아이들은 그들이 전혀 공부하지 않는 것을 보았으며 이것이 투칸 가족이 이루어내려던 섬세하고 균형잡힌 학업 분위기를 모조리 파괴했다.

"목타르!" 갓산은 소리를 질렀다. 매일 목타르의 이름을 소리쳤다. 목타르에게 앉으라고, 들으라고, 배우라고 했다.

그 대신 목타르와 알리는 몰래 모스크를 빠져나갔다. 그들은 목타르의 아버지와 마주칠까봐 조심하면서 텐더로인을 돌아다녔다. 파이살은 수년간 수위로 일하며 샌프란시스코의 버스와 트램 시스템인 MUNI에 거듭 입사 지원을 했다. 그리고 마침내 일자리를 얻어 세쿼이아의 야간 수위직을 떠났다. 이제 그의 근무시간은 합리적이고 안정적이었으며 복지 혜택 역시 아홉 식구—그와 부시라

---

* 이슬람교의 성직자.

는 아이를 둘 더 낳았다—을 부양하기에 괜찮았다. 일도 그의 성격에 맞았다. 그는 운전을 좋아했고 이야기하기는 더 좋아했다.

하지만 목타르에게는 아버지의 새 직업이 골칫거리였다. 아버지가 새 직업을 찾는 바람에 갇힌 신세가 된 목타르는 일종의 편집증을 앓게 되었다. 아버지가 다니는 길은 날마다 달라졌고, 목타르는 아버지가 언제 어디를 운전해 지나가는지 도저히 기억할 수 없었다. 그래서 잔머리를 굴릴 때도 조심해야 했다. 목타르와 친구들이 잔뜩 말썽을 부리고 있으면 그중 한 명이 문득 눈을 들었다. 저거 너희 아빠 아나, 목타르? 아버지는 도시를 맴돌며 목타르의 어린 시절도 함께 맴돌았다. 말하자면, 180센티미터짜리 돌아다니는 양심이었다.

그러다가 목타르와 알리는 모스크로 돌아갔다. 그들을 통제하려는 갓산에게로 말이다. 그러다가 어느 날은 갓산이 끈을 놓아버렸다. 그는 네 소년, 그러니까 목타르와 알리, 그리고 다른 말썽쟁이 아흐마드와 하탐에게 앉으라고 말했다.

갓산이 하탐을 가리켰다. "너희 아빠는 직업이 뭐야?"

"택시기사요." 하탐이 말했다.

이번에는 아흐마드를 가리켰다. "너희 아빠는 뭐 하시고?"

"수위요." 아흐마드가 말했다.

그리고 목타르를 가리켰다.

"버스기사인데요." 목타르가 말했다.

"좋아." 갓산이 말했다. 그는 알리의 아빠가 이맘이라는 걸 알고 있었지만 알리도 걱정했다. 그는 이 모든 아이들을 걱정했다. "너희 부모님들은 이민자 신분으로 여기에 오셨고 다른 선택지가 없으셨어. 너희도 택시를 몰고 싶은 거야? 화장실을 청소하고 버스를 운전하고 싶으냐고?"

목타르는 어깨를 으쓱했다. 아흐마드와 하탐도 어깨를 으쓱했다. 그들은 장래의 직업에 대해 아무 생각이 없었다. 그들은 겨우 열세 살이었다. 목타르한테 떠오르는 생각이라곤 X박스*를 갖고 싶다는 것뿐이었다.

"너희 부모님이 너희를 여기 데려오신 건 너희들에게만큼은 선택지가 있기를 바라셨기 때문이야." 갓산이 말했다. "그런데 너희가 그 선택지를 날려버리고 있어. 어른이 됐을 때 뭔가 다른 걸 하고 싶다면 정신 차려야 해."

---

* 마이크로소프트사에서 출시한 비디오게임 콘솔.

5
예멘

목타르의 부모님도 같은 생각이었다. 그래서 그들은 목타르를 예멘으로 보냈다. 목타르에게 환경의 변화가, 자신의 뿌리에 대한 몰입이, 어느 정도 신선한 공기가 필요하다고 생각했던 것이다. 목타르는 가족과 함께 살던 텐더로인의 침실 하나짜리 아파트에서 예멘의 이브에 있는 하무드 할아버지의 육층짜리 집으로 갔다. 그곳엔 목타르만의 방이 있었다. 아니, 방이 아니라 목타르만의 층이 있었다. 방이 수십 개 있고, 푸르게 우거진 도시 한복판을 흐르는 계곡이 발코니에서 내려다보이는 저택이었다. 사실 그곳은 하무드가 맨손으로 지어낸 성이었다.

하무드는 가부장 그 이상이었다. 알칸살리 가문이 그의 영향력에서 벗어나는 건 불가능했다. 하무드는 육십대 후반이었지만 여전히 사나에서 이브로, 혹은 이브에서 다른 마을들로 하루에 160

킬로미터가량을 여행하며 결혼식과 장례식에 참여하고 부족 간의 갈등을 중재했다. 더이상 키가 크다고는 할 수 없었지만—세월이 흘러 작아지고 여위었으므로—정신은 빠릿빠릿했다. 재치 있고 강인했다. 거의 은퇴한 거나 마찬가지였지만 그때까지도 이브 지역의 막후 실세였다. 그가 결혼식장에 들어가면 모두가 일어섰다. 어느 누구는 그의 손에 입을 맞추었고, 다른 누군가는 그의 머리에 입을 맞추었다. 최고의 존경심을 표하는 행동이었다.

그는 1940년대에 이브의 작은 마을 알다클라에서 여덟 자녀 중 다섯째로 태어났다. 어린 나이부터 그는 아버지가 자기를 가장 아낀다는 걸 느꼈다. 아직 어린 시절, 겨우 아홉 살이나 열 살이었을 때 그의 아버지가 여당의 호의를 얻고 있던 다른 부족 사람과 토지 분쟁에 휘말렸다. 이 분쟁으로 하무드의 아버지는 결국 감옥에 갔고 건강이 빠르게 악화되었다. 끝이 다가온다는 것을 알고 그는 아이들 중 오직 한 명, 하무드만을 감옥으로 호출했다. 이런 편애가 하무드와 형제들, 특히 형들과의 관계를 악화시켰다. 아버지가 돌아가신 이후로 형제들은 그와 절연했고 그에게 아버지의 땅을 하나도 나눠주지 않으려 들었다.

열세 살에 하무드는 자기만의 길을 떠나기로 결정했다. 신발도 없이 오직 배낭 하나만 들고 이브를 떠나 걸어서 사우디아라비아로 갔다. 하무드는 목타르에게 그 이야기를 자주 들려주었다.

"그럼 480킬로미터잖아요." 목타르는 지적하곤 했다.

"그래, 그 거리를 맨발로 걸어간 게다." 하무드는 우기곤 했다.

하무드는 떠나기 전에 당나귀 한 마리를 데려가게 해달라고 부탁하긴 했다. 형들에게 자기는 이제 떠난다고, 더이상 그들을 귀찮게 하지 않겠다고, 원하는 건 짐을 싣는 데 도움을 줄 당나귀 한 마리를 데려가는 것뿐이라고 말했다.

"당나귀가 너보다 가치 있어." 형들은 말했다.

그래서 하무드는 당나귀 한 마리도 없이 그곳을 떠났다.

사우디아라비아는 석유로 벌어들인 돈이 흘러넘치는 곳이었다. 예멘이 아무리 부유해져봐야 사우디아라비아에는 훨씬 못 미쳤다. 그런 나라에서, 하무드는 길가에서 물을 팔았다. 식당을 청소했다. 그는 할 수 있는 모든 아르바이트를 했고 돈을 모아 남편을 잃은 고향의 어머니에게 보냈다. 돈을 보낼 때마다 하무드는 "당나귀보다 가치 없는 소년이 보냅니다"라는 쪽지를 동봉했다.

십대 후반에 하무드는 예멘으로 돌아가 자파란이라는 젊은 여자와 결혼했다. 이브 인근 마을에서 자란 여인이었다. 그들은 영국 셰필드로 여행을 떠났고, 하무드는 제철소에 보수 좋은 일자리가 있다는 이야기를 들었다. 결국 그는 예멘 사람들이 자동차 제조사에 일자리를 구하러 가던 디트로이트로 떠났다. 하무드는 크라이슬러의 조립 라인에서 에어백을 설치하는 일을 하다가 몇 년 후에는 예멘 친구들을 따라 뉴욕으로 갔다. 그리고 저금한 돈으로 할렘의 구멍가게를 사서 이익을 봤다. 퀸스에서도 또다른 가게를 샀다. 폭력배들이나 마피아들과 싸워야 하긴 했지만 그는 겁먹지 않았다. 퀸스의 가게도 잘되어서 곧 아들들과 사촌들―파이살을 포함한―에게 돈을 빌려줄 수 있었다. 그들 모두가 뉴욕과 캘리포니아에 저마다 식료품점과 주류 판매점을 냈다. 그들 모두가 하무드에게 배당금을 지불했다. 그래서 하무드는 오십대에 거의 일손을 놓을 수 있었다.

그는 이브의 땅 6100평을 사고 건설업자들에게 직접 초안한 스케치를 주었다. 대강 이야기하자면, 그건 예멘의 별난 건축 기준에 비추어 보아도 당황스러운 그림이었다. 하무드는 저택이 상상 속 집처럼 생기기를 바랐다. 소년 시절 사우디아라비아에 도착한 이래 오십 년 넘게 머릿속에 품어온 그 집 말이다. 사우디아라비아에 막 당도한 그는 그때까지도 맨발이었고 매일매일 먹고살려고 애를 쓰는 중이었다. 그러던 중 그는 언덕 위의 성에 도착했다. 그의 기억 속에는 성이었다. 병원이거나 모스크였을지도 모르지만 한 번도 잊은 적이 없었다. 하무드는 언젠가 저런 걸 짓겠노라고 맹세했다. 그래서 그는 그 건물을 기억 속에서 끄집어냈고, 그림을 다 그렸을 때쯤 그 건물은 언덕 위의 성처럼 보였다. 인테리어는 원하는 대로 했다. 그는 어떤 건축 격언도, 어떤 예멘 관습도 고수하지 않았다. 어떤 방은 보통보다 훨씬 컸고 어떤 방은 또 훨씬 작았다. 어떤 층에는 그럴 필요가 전혀 없는 곳에 욕실이 네 개씩 있었다. 사방에 발코니가 있었지만 출입구는 있을 법한 장소에 있는 경우가 한 군데도 없었다. 도둑이 저 집에서 뭘 훔치려 해도 길을 잃어서 절대 못 나갈 게다. 자파란이 말했다.

그는 1991년에 집을 짓기 시작했다. 결코 끝나지 않는 작업이었다. 목타르가 도착했을 때에도, 그가 예멘에서 머문 일 년 내내 집에는 항상 인부들이 있었다. 목수 다섯 명이 항상 하무드의 상세한 지시에 따라 맞춤형 손길을 덧붙여갔다. 희귀한 티크나무를 깎아

만든 새 문, 육층 응접실의 수입 타일, 오층 발코니 위의 새 스테인 드글라스. 벽은 하무드가 수집한 단검과 장검, 카우보이모자, 권총집, 총들로 뒤덮여 있었다. 하무드는 베레타 권총과 45구경 콜트 여러 자루, 제임스 본드 영화나 존 웨인 영화에서 보았던 권총 수집품들을 가지고 있었다. 그는 존 웨인이 나오는 모든 영화를 보았고 권총집과 모자를 모았으며 카우보이 부츠를 신었다. 웨인이 걸쳤던 거라면 뭐든 갖고 싶어했다.

8학년을 마친 직후 이브에 도착했을 때 목타르는 존 웨인에게도, 예멘에도 아무 관심이 없었다. 그는 샌프란시스코에서의 생활이 그리웠다. 하무드는 그를 지역에 있는 엄격한 사립학교에 보냈고 편도 사십오 분이 걸리는 길을 걸어다니게 했다. 목타르는 아랍어를 조금밖에 할 줄 몰랐지만 학교에서는 아무도 영어를 쓰지 않았다. 그는 학교에서 유일한 미국인이었다. 옷도 제대로 입을 줄 몰랐다. 일상적인 인사에 적절하게 반응하는 방법도 몰랐다. 그는 걷고, 행동하고, 미소 짓고, 미소 짓지 않는 올바른 예멘식 예절을 몰랐다. 목타르는 예멘 사람보다 더 예멘적인 사람이 되기로 결심했다. 그는 아랍어를 열심히 공부하고 억양을 없앴으며 예멘 아이들처럼 사룽*과 샌들, 알맞은 재킷을 갖춰 입었다. 그는 현지에 동화되고 지역의 관습을 완벽히 익히려고 애썼지만 당황스러운 일은 끝이 없었다.

---

* 이슬람교에서 남녀 구분 없이 허리에 둘러 입는 천.

하루는 목타르의 할머니 자파란이 닭고기를 사오라고 했다. 목타르는 미국식 식료품점에 익숙해져 있었다. 거기에서라면 닭고기는 수백 킬로미터 떨어진 곳에서 가공되고 저며진 뒤 비닐에 싸인 채 한때 살아 있었던 존재라고는 알아볼 수 없는 모습으로 존재했을 것이다. 이제 그는 이브 시내의 정육점 주인에게 닭고기를 달라고 해야 했다. 그건 충분히 성공적으로 해냈다. 정육점 주인은 살아 있는 닭에 손을 뻗더니 목타르에게 또다른 질문을 던졌는데, 목타르는 그 말을 이해하지 못했지만 긍정적으로 답하는 게 제일 좋을 것 같았다. 정육점 주인은 놀랐지만 어깨를 으쓱하더니 닭을 가져와 머리를 자르고, 피범벅에 깃털로 뒤덮인 그 닭을 비닐봉지에 담아주었다.

목타르가 닭 피로 무거워진 비닐봉지를 들고 하무드와 자파란의 집으로 돌아왔을 때 자파란은 그를 빤히 바라보았다. 그러더니 웃었다. 목타르는 할머니가 자기를 바보Dummy라고 부를 거라는 느낌을 받았다. 그녀는 자주 그를 바보라고 불렀으니까. 그녀는 모든 사람을 바보라고 불렀다. 그게 그녀가 가장 좋아하는 영어 단어였다.

"바보야." 할머니가 말했다.

목타르는 부엌의 가정부에게 닭을 맡겨놓고 거실로 갔다. 하무드가 손님들을 대접하고 있었다. 초대하지 않아도 점심때면 항상 손님들이 있었다. 목타르가 그 이웃들과 함께 점심을 즐기고 있는데 자파란이 불쑥 들어와 닭 이야기를 했다.

"바보." 그녀가 말했다. "웬 바보람!" 모두가 웃었다.

하지만 머지않아 자파란과 하무드는 작은 일이든, 중요한 일이든 목타르를 믿고 맡기기 시작했다. "은행에 가서 이 수표를 현금으로 바꿔 오너라." 하무드는 그렇게 말하고 300만 리얄짜리 수표를 주곤 했다. 그 돈이면 대략 1만 5000달러였다. 목타르는 만화에 나오는 은행 강도처럼 거대한 돈 자루를 들고 이브의 거리를 헤매다 돌아왔다. 하무드는 이브 전체에, 예멘 전체에 사업체를 갖고 있었다. 그는 순방길에 목타르를 데리고 다니며 사업가는 어떻게 처신하는지, 지도자는 어떻게 걷고 말하는지 가르쳤다. 하무드 할아버지가 내준 숙제는 광범위하고 거창했다. 한번은 그가 목타르에게 현금 다발을 주며 두 시간 거리에 있는 타이즈로 가서 집 정원에 필요한 어떤 돌 6톤을 가지고 돌아오라고 지시했다. 목타르는 그날 저녁 트레일러 트럭 세 대를 가득 채워 카라반처럼 이끌고 돌아왔다.

목타르가 실수를 하면 하무드는 그가 변명을 할 때에만 화를 냈다. "실수를 네 것으로 받아들이고 시정해라." 할아버지가 말했다. 그는 속담과 격언들을 많이 알고 있었다. 그가 가장 좋아하는 말은 돈은 손에 두어야지 마음속에 두어서는 안 된다였다. 할아버지는 그 말을 아주 많이 썼다.

"그게 무슨 뜻이에요?" 목타르가 물었다.

"돈은 덧없다는 뜻이야. 돈은 이 사람 저 사람에게로 옮겨다니는 거란다." 할아버지가 말했다. "돈은 도구야. 절대 돈이 네 마음이나 영혼에 들어가게 놔두지 말거라."

목타르는 하무드, 자파란과 함께 일 년을 보내고 변화한 모습으로 미국으로 돌아갔다. 완전히 개조된 건 아니었다. 고등학교에서도 엄청나게 잔머리를 굴려댔으니까. 하지만 예멘의 문화유산에 눈을 뜬 그는 고전 아랍어를 공부했고, 하무드는 그가 이맘이나 변호사가 되기를 바랐지만 목타르는 스스로를 하무드의 모습으로, 경영인으로 보기 시작했다. 행동하기 좋아하는 사람으로 말이다.

6
야심가 루퍼트

예멘에서 돌아오고 얼마 지나지 않아서부터 목타르는 스웨터 조끼를 입고 바나나 리퍼블릭에서 일했다. 그의 텐더로인 친구들은 혼란스러워했다. 중학교 시절 친구들은 이 변화에 너무 깜짝 놀라 그를 애니메이션에 등장하는 말쑥한 곰 캐릭터 루퍼트라고 부르기 시작했다. 목타르는 신경쓰지 않았다. 그는 열다섯 살이었고 직업이 있는 게 자랑스러웠다. 이브에서 돌아온 그는 취직하고 싶어졌고 바나나 리퍼블릭의 공고를 보았으며 지원해 그 일자리를 얻었다.

부모님은 믿지 못했다. 아무도 믿는 사람이 없었다. 텐더로인 출신 꼬마가 바나나 리퍼블릭에서, 그냥 쇼핑몰 내의 후미진 바나나 리퍼블릭도 아니고 시내 주력 매장에서 일하다니! 목타르는 처음 일자리를 얻으며 자기가 뒷방에 배치될 거라고 예상했고, 실제로 거기에서 시작하기도 했지만, 머잖아 매장의 주요 플로어에서 사업가들과 관광객들에게 셔츠와 카키색 바지를 팔게 되었다.

목타르에게 이 시기는 급격한 발전의 시기였다. 그는 이때 인생 처음으로 게이를 만났다. 샌프란시스코에서 몇 년을 살면서도 그때까지는 게이 친구를 만나본 적이 한 번도 없었다. 아니, 만났을지도 모르지만—아마 만났을 것이다—그 사실을 몰랐다. 바나나 리퍼블릭의 상사나 동료들처럼 커밍아웃한 게이들은 처음이었다. 그들은 목타르를 환영했고 어떤 옷들이 서로 어울리는지, 대리석 무늬가 들어간 케이블 니트 카디건을 개는 방법은 어떻게 되는지, 날렵한 켄트필드* 면바지는 어떻게 걸어두어야 하는지 알려주었다. 목타르는 급료 대부분을 옷에 썼다. 네크라인에 장식 천을 덧댄 빈티지 스타일의 헨리 셔츠와 130달러짜리 가죽신발, 발목에서 깡충하게 끝나는 잉글리시 컷 바지 등등.

목타르의 외모가 세상 사람들에게 끼친 영향은 심대했다. 목타르는 부정적인 추측을 하게 만드는 펑퍼짐한 옷차림의 가난한 텐더로인 소년이 아니라 값비싼 사립학교 학생 스타일의 만화 속 곰처럼, 어디에서나 환영을 받는 그 곰처럼 도시를 활보했다. 그는 만나는 어른들이—고등학교에서나 모스크에서, 그가 들어가는 어느 가게에서든—믿고 곁에 두고 싶어하는 사람이 되었다.

사람들은 그를 목타르 씨 혹은 목타르 군이라고 불렀다.

바나나 리퍼블릭에서 일 년을 보낸 뒤 그는 유니언 스퀘어의 메

---

* 바나나 리퍼블릭의 남성용 바지 제품군명.

이시백화점에 있는 일자리에 관한 이야기를 들었다. 여성들에게 신발을 파는 자리였다. 비록 열일곱 살이고 여성용 신발에 관해서나 여성들에 관해서, 메이시에 관해서 아무것도 몰랐지만 목타르는 그 자리에 지원했고 루퍼트 외모로 그 자리를 따냈다. 바나나리퍼블릭보다 받을 수 있는 수수료가 높았기에 그는 바나나 리퍼블릭을 떠나 메이시로 갔다. 그리고 첫날, 숨을 참으면서, 그는 짧은 치마 차림의 삼십대쯤 되어 보이는 여자의 떨리는 발을 잡았다.

진심으로 이 직업을 추천할게. 그는 친구들에게 그렇게 말했다.

고객들에게는 데이트를 신청하면 안 됐지만 목타르는 그럴 필요도 없었다. 고객들이 그를 쫓아다녔다. 매일 그는 그곳에, 옷을 잘 차려입고 고객들 앞에 무릎을 꿇고서 슬리퍼도 신지 않은 그들의 발을 잡고 있었다. 그들도 신데렐라였고 그도 신데렐라였다. 그는 무도회의 침입자였다. 그는 그들의 세상을 몰랐다. 어떨 때는 구찌 핸드백을 든 여자 두 명이 들어와 신발을 쓰다듬으며 마드리드와 칸과 세인트 바트에서의 휴가에 대해 이야기했다. 월요일에는 한 여자가 자기 친구에게 아들이 서던캘리포니아대학교에 가고 싶어한다며 그곳이 얼마나 훌륭한 영화학교인지 얘기하는 걸 들었고, 화요일에는 또다른 어머니가 창의력 넘치는 자기 아들 얘기를 하는 걸 듣고 서던캘리포니아대학교의 영화 과정이 얼마나 좋고 까다로운지에 대해 엄청난 권위를 가지고 설명할 수 있었다. 아마 이 나라에서 최고일 겁니다, 라고 그는 말했다.

텐더로인은 기민하게 생각하고 빠르게 말하는 방법을 가르쳐준다. 텐더로인에서는 귀를 기울이고 주변에 동화되어야 한다. 잘 모르는 듯 말하면 사기를 당한다. 메이시에서 하루이틀 만에 그는 콜한, 벳시 존슨, 코치, 빈스 카뮤토, 마이클 코어스를 알게 되었으며 하루에 수수료로 200달러를 벌어들였다. 목타르는 방과후와 주말을 통해 일주일에 평균 이십 시간을 근무했다. 그가 실제 나이보다 많다고 믿는 여자들이 있었지만 그는 그런 생각을 굳이 막지 않았다. 독일에서 온 이십대쯤 되는 자매도 있었고, 뉴욕에서 온 삼십대쯤 되는 여성들도 있었다. 목타르를 비롯한 신발가게 직원들은 이런 여성들에게 데이트를 신청하거나 이 여성들이 데이트를 신청하도록 놔두고, 다른 방식으로는 몰랐을 도시의 여러 장소들을 그녀들에게 보여주었다. 이런 데이트에서 별일이 벌어지는 경우는 없었지만 목타르는 이런 것들을 배웠다. 여행을 한다는 게 뭔지, 물건을 살 돈을 가진다는 게 뭔지, 카리브해나 유럽으로 가는 비행기표를 산다는 게 뭔지 배웠다. 그런 여성들은 말하곤 했다. 파리에 있으면 라비에에 가야죠! 그리고 1월에는 잭슨 홀*에 가지 마세요. 12월이나 2월은 괜찮지만 1월에는 절대 안 돼요. 그는 이렇게 말했다. 좋은 정보네요. 그리고 매일 밤 집으로 돌아가 포크 스트리트에 있는 가족의 침실 한 개짜리 아파트에서, 이층 침대의 이층에서 잠을 잤다.

　열여덟 살이 됐을 때쯤 그는 그런 사람들에 대해 정통하게 되었다. 이들은 대학도 나왔고 어디든 자기가 원하는 곳에서 살 수 있었지만, 목타르에게 없는 특별한 무엇을 가진 건 아니었다. 그들은

---

* 와이오밍주에 있는 최고급 스키 리조트.

목타르보다 영리하지 않았다. 그건 분명했다. 목타르보다 빠르지도 않았다. 심지어 더 독한 성품도 아니었다. 굳이 따지자면 더 부드러운 편이었다. 하지만 그들에게는 이점이랄까, 기대랄까, 추정이라고 할 만한 것이 있었다. 사람들은 그들이 대학에 다녔을 거라고 추정했다. 그들이 자라온 환경과 교육수준에 맞는 일자리를 얻을 거라고 추정했다. 목타르의 세상에는 그런 추정이 없었다. 고등학교 선생 중에는 목타르에게 대학 이야기를 꺼내며 그라면 해낼 수 있을 거라고, 그에게는 머리가 있다고 말한 이상한 선생님이 있었지만 집에서는 대학 얘기가 별로 나오지 않았다. 그의 가족 중에 대학에 간 선례도 없었고 돈도 없었다.

7
루퍼트, 혼다를 팔다

　고등학교를 졸업하고 몇 달이 지나 목타르는 주차원을 찾는다는 구인광고를 보았다. 광고를 낸 곳은 혼다의 샌프란시스코 매장인 반네스 대리점이었다.

　목타르는 지원서를 채워넣었다. 정신을 차리고 보니 그는 어느새 마이클 리라는, 다부진 남자 맞은편에 앉아 있었다. 목타르는 리가 해병대 출신이며 제1차걸프전에 참전했고 지금은 대리점을 운영한다는 걸 빠르게 알아냈다. 리는 목타르에게 자동차에 대해서, 경력에 대해서 질문했고 목타르는 바나나 리퍼블릭과 메이시백화점에 관해 이야기하고 자동차 관련 지식은 좀 과장했다. 목타르에게는 라피크와 라칸이라는, 주의 남부 베이커스필드 근처에 사는 삼촌 두 명이 있었다. 이들이 목타르에게 자동차에 관해 몇 가지를 가르쳐준 적이 있었다. 목타르는 전문용어 몇 개—얼터네이터, 듀얼-쿼드, 카뷰레터—를 툭툭 던졌다. 리는 고개를 끄덕이며 귀를 기울이고 질문을 던졌다. 면접은 주차원 면접에 걸릴 법한 시간보다 길게 이어졌다. 마침내 리가 놀라운 말을 했다. "자동차를 팔아보고 싶다는 생각은 해본 적 없나?" 방금 영업사원 한 명이 그만뒀다는 것이다. 그는 목타르에게 한번 시도해보겠느냐고 물었다.

목타르는 준비되어 있었다. 그는 언제나 준비되어 있었다. 텐더로인의 아이들은 누구라도 항상 준비되어 있다. 머리가 빠르게 돌아간 덕분에 리와 몇 분을 보낸 목타르는 이미 분위기에서 묘한 가능성을 탐지해냈다. 셔츠를 개고 신발을 팔고 자동차를 주차하는 일에 관한 질문들에 대답하는 동안에도 그의 머릿속 다른 부분은 이 해병대원이 다른 일자리를 제안할 가능성을 재고 있었다. 다른 사람들에게는 설명할 수 없었다. 어떻게 기회의 냄새를 맡고, 마음의 준비를 하는지 말이다. 사람들은 이해하지 못했다. 하지만 그는 누구라도 아주 작은 틈새만 보이면, 문이 단 3센티미터만 열려 있어도 세 치 혀를 써서 얼마든지 안으로 들어갈 수 있다는 사실을 알고 있었다.

리에게도 바로 그렇게 했다. 당연하죠, 자동차 판매에 대해서도 생각해봤습니다, 라고 말하고 엄청난 헛소리 모드에 돌입했다. 실은, 아주 많이 생각해봤습니다. 특히 혼다를요. 혼다는 아주 믿음직스럽잖아요. 되팔 때 가격도 좋고요! 그는 주차장을 내다보며 어코드와 시빅, 엘리먼트 따위의 이름이 붙은 바퀴 달린 묘한 상자들에 대해 아무렇게나, 하지만 일반적인 정보여서 틀릴 리 없는 생각들을 던져보았다. 그는 영업의 기본에 관해서, '항상 거래를 마무리지어라'라는 격언에 대해 이야기했다. 어디에서 들은 얘기더라? 어쨌든 목타르는 그 말을 썼다. 딱 맞게 느껴졌다. 리는 계속 고개를 끄덕였다. 목타르가 아무 소리나 해대는 것을 삼십 분 정도 듣고 나더니 리는 그를 막내 영업사원으로 채용했다.

목타르는 열아홉 살이었다.

그는 브로셔 열두 개를 집으로 가져와 다양한 자동차 모델과 그 기능에 대해 공부했고, 무적이 된 기분으로 사무실에 돌아왔다. 일단 목타르가 일을 하기 시작하자 리는 다른 사람으로 돌변했다. 면접을 보았던 그 사람이 아니었다. 면접을 본 사람은 아주 친절했다. 사각턱과 굵은 목에서 나온다고 보기 힘든 작고 섬세한 목소리로 말했다. 하지만 그건 면접 때 리가 쓰는 방법이었다. 고객들에게도 그랬다. 목소리는 까치발이라도 들고 다니는 듯 조심스럽고 미소는 상냥했으며 자세는 여유로웠다. 하지만 영업시간이 끝난 뒤, 닫힌 문 뒤에서 할당량에 대해 이야기하고 재고품을 옮길 때의 리는 해병이었다. 제기랄, 대화를 리드해야지, 목타르! 그 개자식들한테 주도권을 넘겨주지 말란 말이다. 그 새끼들한테 주도권을 넘겨주지 마! 대화의 주도권을 쥐는 사람이 거래를 주도한다, 알았나?

목타르는 말대꾸를 할 수 없었다. 리는 86킬로그램에 체형은 석상 같았다. 그래서 목타르는 대화를 주도하려고 해보았다. 질문을 던졌다. 놈들이 네, 할 수밖에 없는 질문을 던지라고, 리는 말했다. 계속 네 하게 만들어. 제기랄, 네 하게 만들라고. 알아듣나?

알아들었다. 목타르는 대강 기회를 보았다. 포티나이너스* 모자를 쓴 중년 남자였다. 목타르가 어슬렁어슬렁 다가갔다.

올해 포티나이너스 마음에 드세요?

당연하죠.

그 저스틴 스미스 말이에요, 아주 짐승입니다. 그렇죠?

맞아요.

프랭크 고어는 또 어떻고요! 아주 탱크 같아요. 딱 그래야 하는 방식대로 경기를 풀어나가죠.

맞아요.

(이제는 자동차를, 검은색 어코드를 본다. 계속 '네'가 나오게 할 것.)

이 차 마음에 드세요?

그럼요.

색깔도 마음에 드시고요?

네.

검은색은 못 따라가죠. 항상 멋있어 보여요, 낮이든 밤이든. 타보시겠어요?

좋죠.

대시보드 마음에 드세요?

네.

가죽도 마음에 드시고요?

그러네요.

---

* 프로 미식축구팀.

전자식 계기판도 확인해보세요. 마음에 드시나요?

마음에 들어요.

사운드 시스템도 확인하시고요. 투팍 좋아하시나요? 콜드플레이는?

콜드플레이 좋아해요.

저도요. 작년 콘서트 보셨어요? 쇼어라인에서 열린 거요. 아, 그리고 GPS도 확인해보세요. 마음에 드시나요?

네.

시승해보실래요?

그럼요.

가속은 마음에 드세요?

네.

핸들링도 마음에 드시고요?

네.

코너링은요?

당연하죠.

전자식 계기판은요?

좋아요.

오늘 저희가 적당한 가격을 제시해드리면 이 녀석을 타고 집으로 가시 겠어요?

시승 이후는 리에게 달려 있었다. 그게 약속이었다. 리는 목타르 가 젊은 자동차 영업사원 노릇을, 그러니까 자동차를 잘 알고 사랑 하지만 가격은 모르는 어린 신출내기 노릇을 해야 한다고 판단했 다. 숫자는 목타르의 강점이 아니었으니 말이다. 즉, 목타르는 예상 고객을 붙잡아 자동차 애호가로서 다른 자동차 애호가의 흥분을 돋운다—시승을 시켜주고 잡담을 하며 사우스 오브 마켓 주변을 유람하는 것이다, 멋지게. 그런 다음 목타르가 고객들을 다시 사무실로 데려오면 리가 끼어든다.

두번째 달에 목타르는 자동차 두 대를 팔았다. 셋째 달에는 아홉 대였다. 머잖아 리는 목타르가 숫자를 다루도록, 가격을 제안하도록 해주었다. 일단 목타르는 사람들을 재는 방법을 배워야 했다. 그는 옷을 잘 알았다. 멋진 셔츠와 구두를 살 여유가 있는 사람을 알아보았다. 신발이 핵심이었는데, 가끔은 거기에 속기도 했다. 기술직 사람들은 모두 운동화를 신는데 운동화는 가격이 비싸봤자 한계가 있으니 말이다. 하지만 그는 요령을 터득했다. 몹시 부유한 사람들 중 어떤 이들은 단순한 자동차를 좋아했고 현금을 지불했다. 야심가들은 부가 기능이 잔뜩 달린 자동차들을 좋아했으며 돈 쓰는 것도 좋아했다. 어느 쪽이든 가격은 주무를 수 있었다. 상자 네 개—총액, 이자율, 월부금, 계약금—가 있어서 필요한 가격을 얻을 때까지 각각을 만지작거리면 됐다. 하지만 일단은 기본 금액을 제안해야 했다. 그다음에는 숫자를 전달하는 방법의 문제였다.

제안을 하고 닥쳐. 리가 말했다. 제안을 하고 나면, 누구든 먼저 입 여는 사람이 지는 거다. 알았나? 제기랄, 바로 다음에 말하는 사람이 지는 거라고.

목타르는 숫자를, 이를테면 3만 2500달러를 말하고 책상 반대편에 앉아 있는 고객을 빤히 바라보곤 했다. 그냥 바라보기만. 어색할 건 전혀 없었다. 그가 최면을 걸려는 것도 아니었으니까. 하지만 그 숫자에는 자신이 있어야 했다. 그 숫자가 곧 최종 숫자였다. 그게 최선의 숫자였다. 그러면 항상 고객이 먼저 입을 열었다. 항상. 그 개자식이 먼저 말을 하게 하란 말이야, 알았나? 제기랄, 먼저 말하는 사람이 지게 돼 있어.

얼마 지나자 목타르는 한 달에 평균 열두 대의 자동차를 팔며, 수수료로 한 달에 3000달러를 벌어들이고 있었다. 그는 새 옷과 새 신발을 샀다. 나머지는 부모님에게 드렸다. 그들은 목타르를 자랑스러워했고 그가 지금의 진로에서 벗어날 이유는 전혀 없다고 생각했다. 자동차를 팔다니…… 그건 어느 예멘계 구멍가게 계산대에서 일해도 벌 수 없는 돈이었다. 대걸레를 밀고 다니면서는 벌 수 없는 돈이었다.

하지만 일 년 후 목타르는 조바심이 났다. 그는 뭔가 다른 것을, 그 이상을 원했다. 친구들은 대학에 가려 하거나 이미 대학에 다니고 있었다. 그는 뭔가를 시작해볼 생각이었다. 어쩌면 그냥 핑계를 찾고 있었던 건지도 모르지만.

마침 그때 주차장에 한 나이든 남자가 보였다. 비현실적일 만큼 늙은 남자였다. 목타르는 그 노인이 어떻게 진열 차량 주차장까지 차를 몰고 왔는지, 어떻게 내려서 돌아다니고 있는지 이해가 되지 않았다. 그는 최소 아흔 살은 되어 보였다. 목타르는 그에게로 다가갔다. 가까이 갈수록 남자는 더 늙어 보였다. 백 살 하고도 열 살은 더 많을 것 같았다. 노인처럼 옷을 입은 그는 새 차를 사고 싶어했다. 자기가 타고 다니는 쉐보레 스테이션왜건을 어코드로 바꾸고 싶은데 어코드에 붙어 있는 가격이 마음에 들지 않는다고 했다. 목타르는 이런 고객들에 관한 지시를 받은 적이 있었다. 〈컨슈머 리포트〉 기사나 인터넷에서 뭔가 읽고 머릿속에 임의의 가격을 넣어 대리점에 오는 사람들 말이다. 그들이 생각한 가격은 절대 스티커의 표시 가격이 아니었다. 항상 표시 가격보다 낮았다. 가끔은 500달러나 1500달러씩, 보통은 1000달러씩 낮았다. 그게 표준이었다. 그들은 표시 가격이 무엇이든 1000달러 할인을 원했다. 이 노인도 다르지 않았다. 그는 목타르에게 차를 사고 싶지만 1000달러 낮은 가격에 사고 싶다고 말했다. 목타르는 노인한테 점장에게 확인해보겠다고 말하고 안으로 들어가 리를 만났다.

좋지. 리가 말했다. 서류 한번 써볼까.

목타르는 다시 밖으로 나가 노인에게 거래를 할 수 있게 됐다고 말했다. 표시 가격에서 1000달러를 빼주겠다고 말이다.

노인은 아주 기뻐하며 목타르와 악수했다. 목타르는 그를 안으로 데려가 리에게 소개했다. 여기서부터는 제가 맡지요. 리는 그렇게 말했고, 목타르는 주차장으로 돌아갔다.

한 시간 뒤, 목타르는 노인이 새 어코드를 타고 떠나는 모습을 보며 손을 흔들었다. 그날은 뭔가 좋은 일이 일어났다고 생각하면서 말이다. 그는 무자비한 협상가인 리가 노인에게 일종의 존경심과 관대함을 보여준 점에 대해, 그리고 끝없는 수수료 전투가 벌어지는 가운데 그날만큼은 휴전을 선언하고 그대로 1000달러를 깎아준 것에 깊은 인상을 받았다. 그 노인은 이 지구에서 보낼 시간이 너무 조금밖에 남지 않은 사람이었다. 그와 옥신각신하는 것은 그만한 가치가 없었다.

멋지시던데요. 목타르가 리에게 말했다.

리는 묘한 표정으로 목타르를 보더니 계약서를 가리켰다. 숫자는 평소처럼 추가 금액과 비용, 기타 헛소리로 왜곡되어 있었으며 목타르는 리가 전혀 깎아주지 않았다는 걸 깨달았다. 리는 노인에게 자동찻값으로 청구하고 싶어했던 바로 그 금액을 물렸다. 처음 숫자에서 1000달러를 깎았지만 그대로 다시 더한 것이다.

그 일 때문에 떠나기가 더 쉬워졌다. 목타르는 백여 건의 거래에 참여했고 그때마다 숫자 장난질은 어느 정도 있었지만 이건 다른 문제였다. 목타르는 그날 집으로 돌아갔고 며칠 후 문자메시지로 사직했다. 프로답지 못한 일이라는 건 알고 있었고, 예의와 직장 예절 부족을 확증해주는 꼴임을 알고 있었지만 이젠 끝이었다. 문자에서 리에게 쓴 말이 바로 이 세 단어였다. 난 끝이다, 자식아.

8
리치그로브의 투사들

베이커스필드는 젊은이가 영웅다운 여정을 시작하러 갈 만한 곳 목록에서 그다지 순위가 높지 않다. 하지만 목타르의 외할머니 시트르가 리치그로브 근처에 살았고 그녀에게는 소파가 있었다. 목타르는 베이커스필드 컬리지에서 수업을 듣는 동안 임차료를 내지 않고 그 소파에서 잘 계획이었다. 돈을 쓰지 않고 학교에 집중할 시간이 필요했으므로 그는 네 시간 동안 버스를 타고 주 남부로 갔다.

전적으로 그가 원해서 한 일은 아니었다. 목타르의 아버지 파이살은 그가 혼다 일자리를 그만둔 것을 탐탁지 않게 여겼다. 파이살이 보기에 목타르는 그곳에서 급료도 잘 받았고 미래가 있었다. 아들은 별로 중요하지도 않은 이유로 일을 그만둔 것이고 그건 가만히 못 있는, 아니면 야망이 없는 목타르의 태도를 한번 더 입증해주는 듯했다. 부모님은 목타르에게 계획이 있는지 알고 싶어 했다. 직장을 얻어 계속 다니거나 대학에 가라고 했다. 계속 부모님의 집 바닥에서 자면서 좋은 일자리를 때려치우는 선택지는 지지해줄 수 없다고 말이다.

당분간은 여기 내려와서 지내렴. 할머니가 말했다. 수업도 좀 듣고.

목타르는 숨쉴 공기가, 변화가 필요했다. 그는 짐을 싸고 정치학, 세계사, 사회학, 영화학 네 과목에 등록한 다음 99번 고속도로 하행선에 있는 패스트웨이 주유소·식당 바로 뒤 시트르 할머니의 집으로 이사했다.

시트르와 그녀의 남편 알리는 1980년대에 패스트웨이를 매입했다. 사업장은 센트럴밸리 한가운데에 과일 농장들로 둘러싸여 있었다. 고속도로 건너편에는 포도나무가, 길을 따라 내려가면 아보카도와 아몬드가 있었다. 시트르와 알리가 인수할 당시 패스트웨이는 반경 몇 킬로미터 안의 유일한 주유소였으며 즉시 수익을 냈다. 과일 따는 사람들 거의 대부분이 멕시코 등 라틴아메리카에서 온 사람들이었는데, 그들에게는 패스트웨이가 점심을 해결하고 작업을 마친 뒤 맥주를 마시고 트럭에 기름을 넣는 장소였다. 연료 자체는 한 번도 이익을 남기지 못했지만—어떤 주유소도 기름 자체로는 별 이윤을 내지 못한다—주유소 덕분에 사람들이 식료품점에 들어왔고 이윤은 그때 발생했다. 음식, 복권, 술.

알리와 시트르는 주유소 뒤에 주택을 지어 이십오 년간 그곳에서 행복하게 살았다. 자식들이, 이제는 손주들이 가게에서 일하며 자랐고 집에서는 아랍어를, 학교에서는 영어를, 식료품점에서는 스페인어를 썼다. 가족이 캘리포니아로 이사온 이후 목타르는 주 남부로 내려가 그들을 방문하곤 했다. 시골이었다. 조용하고 건조하고 더웠다. 자두와 포도 농장 사이를 가르는 좁은 길에서 삼촌 라칸과 라피크가 운전을 가르쳐주었다. 예멘에서는 엽총을 다루는 것이 어느 젊은이에게든 기대되는 기본 능력이었으므로 그들은 목타르를 '5 도그 레인지' 사격 연습장에 데려가 총 쏘는 법도 알려주었다.

이번에 목타르가 도착하고 보니 알리 외할아버지가 돌아가신 지도 어느새 십 년이었다. 하지만 사업은 여전히 시트르 할머니의 소유로, 여전히 번창하고 있었고, 라칸 삼촌과 할머니의 사위인 타즈가 운영하고 있었다. 타즈와 그의 아내 안드레아도 자녀 네 명과 함께 그 주택에서 살았다. 붐볐지만 그들은 목타르에게도 공간을 내주었다. 첫 달 즈음까지는 소파에서 잤고, 그러다가 라칸이 차고에서 낡은 침대 틀을 찾아 되살렸다. 몇 년 전에 안드레아의 딸 키탐이 썼던 것으로 분홍색이었지만 목타르는 감사한 마음이었다. 그는 패스트웨이에서 쓸모 있는 사람이 되려고 노력했다. 쓰레기를 내다버리고 판지 상자들을 펼쳐 정리했다. 농장 일꾼들에게 부리토와 엠파나다와 샌드위치를 만들어주는, 말버릇이 사나운 멕시코계 미국인 요리사 올가도 도와주었다.

패스트웨이에 오는 노동자들은 시트르에게 포도, 오렌지, 자두, 블루베리, 아몬드 등—뭐든 제철인 것—이 담긴 상자를 여러 개씩 주곤 했으며, 시트르는 그들에게 저택에서 기른 허브와 향신료, 무화과를 주곤 했다. 시트르는 리치그로브를 사랑했다. 리치그로브는 그녀에게 예멘을 상기시켰다. 소녀 시절에 알았던 따뜻하고 풍요로운 예멘을 말이다. 그녀는 목타르에게 이브에서는 모든 것이 잘 자란다고 말했다. 멜론, 무화과, 레몬, 사과, 아몬드. 무엇이든. 이브 출신의 예멘인들이 캘리포니아로 온 것도 말이 됐다. 그들의 예멘 조상들이 고향 이브의 농부들이었으니까. 그곳에 사는 건 그녀에게 운명이었다.

시트르는 세사르 차베스와 돌로레스 우에르타*와 아는 사이였다. 그녀는 예멘계 미국 농장노동자이자 그들의 대의를 위한 순교자였던 나기 다이폴라와도 알고 지냈다. 세사르 차베스가 농장노동자들을 조직하기 시작하자 센트럴밸리의 예멘인들은 줄을 서서 그를 따랐다. 1973년, 이브 출신의 예멘인 다이폴라는 농장노동자조합의 파업 주동자가 되었다. 영어와 스페인어에 유창했던 그는 조합 내 스페인어 사용자와 아랍어 사용자 사이의 핵심 연결고리였다. 그해 8월, 농장노동자조합이 농장주들, 그리고 사법당국과 벌인 전투가 한창일 때 다이폴라는 어느 바의 바깥 자리에 앉아 조합이 거둔 그리 대단치 않은 승리를 축하하고 있었다. 그런데 컨카운티 경찰관이 다가와 다이폴라와 이야기를 나누기 시작했고, 경찰관은 손전등으로 다이폴라의 머리를 치더니 거리에서 그를 끌고 다니다 죽여버렸다. 델라노 전역에서 칠천 명에 달하는 농장노동자들이 참여한 장례 절차를 차베스가 직접 이끌었다.

이제 목타르는 이런 농장노동자들의 아들딸과 함께 대학에 다녔

---

* 두 사람 모두 미국의 농장 노동운동가.

다. 베이커스필드 컬리지에서의 수업은 그럭저럭 괜찮았지만 그는 곧 지루해졌다. 리치그로브의 어떤 거주자들에게는 베이커스필드가 큰 도시이겠지만 목타르는 베이커스필드에서 할 만한 일을 아무것도 찾을 수 없었다. 자동차도, 쓸 돈도 없었다. 다른 학생들과 교유도 없었다. 사회학 수업에 관심이 가는 페르시아 여자가 있었고 그에게 관심을 갖는 이슬람교도 여자들도 몇 명 있었지만, 그걸 제외하면 목타르는 베이커스필드가 자기 운명이 아니라는 걸 빠르게 깨달았다. 한 학기를 다닌 뒤 그는 떠났다. 그는 다시 부모님의 집으로 이사했는데, 그들은 이제 트레저 아일랜드에서, 목타르가 다녔던 중학교에서 몇 블록 떨어진 곳에 살고 있었다.

부모님은 목타르를 마뜩잖아했다. 혼다를 때려치운 아들. 대학도 중퇴한 아들. 게다가 이제 그는 부모님 집 바닥에서 자는 신세였다.

하지만 예멘에는 희망이 있었다. 때는 2011년이었고, 예멘은 '아랍의 봄'으로 갑작스레 솟아난 희망에 휩쓸렸다. 목타르는 베이에어리어*의 예멘계 미국인 공동체에 합류해, 그들이 이루어낸 진보를 축하하고 당장 실행할 수 있는 것들에 대해 발언하고자 했다. 4월, 목타르를 포함한 예멘계 미국인 젊은이들의 단체는 가두행진을 계획했다. 예멘계 미국인 이천여 명이 샌프란시스코에서 민주적 변화를 향한 예멘인들의 분투를 지원하며 시위를 벌였다. 머잖

---

* 샌프란시스코만 연안 지역.

아 전국 단위의 예멘계 미국인 대표단이 워싱턴 D.C.에 초청받아 국무부와 백악관을 상대로 연설을 하게 됐는데 목타르도 그 대표단의 일원이 되었다. 당시 목타르는 스물한 살로, 열한 개 주 출신 대표자 열아홉 명으로 구성된 대표단에서 가장 어렸다. 입고 갈 옷도 없었다. 그는 평생 정장을 한 벌밖에 가져보지 못했으며 그 옷은 이미 너덜너덜해지도록 입은 터였다.

오클랜드 7번가 모스크의 이맘인 무함마드 무갈리가 목타르를 멘스 웨어하우스로 데려가 옷을 사주었다. 목타르에게는 워싱턴까지 타고 갈 비행기푯값도 없어서 무갈리와 일단의 활동가들이 그 비용을 내주었다. 목타르는 오전 여섯시 정각에 산호세공항에 나타났지만 온라인 예매에 서툴렀던 무갈리가 캘리포니아의 산호세공항이 아닌 코스타리카의 산호세공항에서 출발하는 표를 예매해두었다는 것을 알게 되었다.

항공사에서 목타르를 불쌍히 여긴 덕분에 그는 그날 밤 워싱턴에 도착할 수 있었다. 다음날 대표단—자칭 '변화를 원하는 예멘인들'—은 국무부를 향해 연설을 하면서, 자기들이 보기에는 서아시아 아랍 국가들에게 전통적으로 군사독재(리비아, 이라크, 이집트)와 우익 신정(이란, 사우디아라비아)이라는 양자택일의 선택지만이 존재해왔음을 개략적으로 설명했다.

그들의 연설은 '세번째 선택지'라고 불렸다. 그들은 연설에서 카이로의 타흐리르광장과 민주주의를 원하는 이집트의 젊은 활동가 수만 명, 서구에 아무런 악의도 품고 있지 않은 사람들, 헌법—새로운 헌법—과 법치에 기초한 자치권을 가진 국가를 원하는 사람들을 짚어냈다.

국무부 사람들은 정중하게 흥미를 보였다. 이후 대표단은 미국이 예멘 대통령이자 미국으로부터 그해에만 군비 2억 달러를 지원받은 알리 압둘라 살레에 대한 지원을 중단해야 한다고 요구했다.

국무부 사람들은 어쩔 줄 몰라했지만 대표단은 백악관에 초청되었고, 오바마 대통령의 몇 명 되지 않는 해외 정책 자문위원단 앞에서도 거의 같은 연설을 했다. 뚜렷한 결과는 없었지만 대표단은 자기들 말에 귀기울이는 곳이 있다는 느낌을 받으며 만족스럽게 펜실베이니아 애비뉴*를 떠났고, 목타르와 대표단의 다른 두 구성원, 그러니까 무갈리와 캘리포니아 출신 화학공학자인 혜샴 후세인은 링컨 기념관으로 갔다.

"예멘도 바로 이런 걸 누릴 수 있습니다." 후세인이 말했다. 그는 기념물 발치에 서서 비디오카메라에 대고 말하고 있었다. 사나의 시위자들에게 보낼 동영상 메시지를 녹화하는 중이었다. 그는 이 동영상이 그들의 사기를 돋우기를 바랐다. "예멘에서도 이런 자유를 누리고 싶지 않으세요?" 그는 카메라에 대고 물으며 대표단의 일에 대해, 그날 국무부와 백악관에서 대표단의 의견을 청취한 일에 대해 설명했다.

목타르는 무척 기분이 좋았다. 미국은 해외에서, 특히 서아시아에서 끔찍한 실수를 저지른 걸지도 몰랐다. 특히 드론 폭격 문제는 대표단 내에서도 어떻게 다루어야 할지 합의하지 못한 문제였다.

---

* 백악관에 이르는 길.

하지만 동시에 미국에는, 하고 싶은 말은 무엇이든 할 수 있는 어느 정도의 개방성이 있었다. 그건 사실이었고, 미국인으로서 그는 그 점이 자랑스러웠다. 그런데 그때, 제복을 입은 남자가 다가오는 게 언뜻 보였다. 그는 푸른 옷을 입고 배지를 달고 있었다. 제발, 안 돼. 목타르는 생각했다.

"실례합니다." 그 남자가 말했다. 그의 핑크색 얼굴이 미소 짓고 있었다. "안녕하세요, 별문제 없으신가요?"

목타르는 가장 미국인다운 영어를 사용하며 아무 문제 없다고 말했다. 그는 일이 어떻게 돌아가는지 감이 왔지만 자기가 틀렸기를 기도했다.

"그게, 어…… 무슨 언어로 말씀하고 계셨습니까?" 경찰관이 물었다. 목타르는 그의 배지를 자세히 들여다보았다. D.C. 경찰은 아니었다. 다른 소속이었다. 비밀정보요원도 아니고 이 기념물만 전적으로 관리하는 일종의 경찰 병력이었다.

목타르는 아랍어로 이야기하고 있었다고 말해주었다.

"아랍어 말이죠?" 경찰관은 그렇게 말했다. 그의 눈을 보니, 순간 자기가 뭔가 잠재적으로 심각한 문제를 다루고 있다고 인지한 듯했다. "신분증을 보여주실 수 있을까요?"

그때쯤에는 후세인이 동영상 녹화를 멈추었다. 그들은 경찰관에게 신분증을 건넸고 경찰관은 링컨 기념관 계단을 종종걸음으로 내려가 검은 자동차로 향했다. 목타르는 그가 테러 용의자 데이터베이스에 그들의 이름을 검색해보고 있을 거라 추측했다. 어느새 기념관을 방문한 사람들 대부분이 이 사태를 구경하며 목타르 삼

총사를 힐끔거리고 있었다. 몇몇 관광객들은 재빨리 그곳을 빠져 나갔다. 사법당국과 극단주의자 단체 사이에 무슨 폭력 사태가 발발하기 일보직전이라고 생각하는 걸지도 몰랐다.

목타르는 아버지를 생각했다. 아버지는 이미 모종의 등록부에 올라 있을 거라는 확신이 들었다. 겨우 몇 년 전, 파이살과 부시라는 트레저 아일랜드에서 차를 몰며 임대할 만한 집을 찾다가 경찰의 지시에 따라 차를 멈추었다. 파이살과 부시라가, 특히 부시라가 히잡을 쓴 채 차를 타고 섬을 빙빙 도는 걸 보고 누군가 그들 부부가 앞으로 있을 테러 공격을 위해 이 지역을 미리 살펴보는 걸지도 모른다고 생각한 것이었다. 파이살과 부시라는 결국 사과 비슷한 것을 받아냈지만 목타르는 부모님의 이름이, 어쩌면 자기 이름까지도 어느 수상한 데이터베이스에 올라 있으며 절대 지워지지 않을 게 틀림없다고 생각했다.

십오 분 후, 경찰관이 링컨의 발치로 돌아왔다.

"죄송합니다." 그가 말했다. "이제 가셔도 됩니다. 계속 계셔도 되고요."

일을 키우는 것도, 앞으로 상황이 어떻게 전개될지도 모르는 마당에 일 분이라도 시간을 더 끄는 것도 좋은 생각이 아님을 알고 있었지만 이제 목타르는 참을 수가 없었다.

"경찰관님." 그가 말했다. "제가 경찰관님께 저는 미국 시민이라고, 우리는 방금 국무부와 백악관에 초청되어 연설을 마치고 이리 돌아온 거라고 말씀드리면 어떨까요? 중요한 분들에게 연설을 하고 이 나라의 민주주의 때문에 기분이 좋아진 지금 제가 D.C.에서 겪어야 하는 게 이런 일입니까? 방금 일어난 일 말입니다. 링컨이 살아 있었다면 뭐라고 했을까요?" 목타르는 잠시 이런 식으로 말을 이어나갔고 마침내 경찰관의 얼굴이 부드러워지는 듯했다. 그 눈은 광신도나 무지한 자의 눈이 아니었다. 제한된 정보를 가지고 명령에 따라 일하는 사람의 눈이었다.

"아, 죄송합니다." 그가 말했다. 그는 몇 차례 더 사과를 했고 진심인 듯 보였다. 그는 종종걸음으로 계단을 내려가더니 다시 차에 올랐고 차는 멀어져갔다.

9
버튼

이후 몇 년 동안 목타르는 아무 계획이 없었다. 그는 트레저 아일랜드의 부모님댁 바닥에서 자며 아르바이트를 했다. 캘리포니아대학교 버클리 캠퍼스에서 시간을 보내며 아랍계 미국인 혹은 이슬람교도 미국인에게 대단히 중요한 대의명분을 중심으로 학생들을 조직하는 일을 도왔다. 거기에 너무 오래 머문 나머지, 이브라힘 아흐마드 이브라힘을 포함한 대부분의 학생들은 그가 캘리포니아대학교 버클리 캠퍼스에 다니는 학생이라고 생각했다. 하지만 그는 캘리포니아대학교 버클리 캠퍼스에서도, 다른 어디에서도 수업을 듣지 않았다. 그저 동년배들이 2학년, 3학년, 4학년이 되어가는 모습을 지켜보기만 했다. 졸업하는 모습도. 목타르는 미리엄이 졸업하는 모습도 지켜보았다. 그는 우유부단함에, 게으름에 세월을 허비했다.

성공한 과일 중개상 오마르 가잘리 밑에서 잠깐 일하기도 했다. 오마르는 예멘에서 어린 시절을 보낸 뒤 2004년에 맨손으로, 머릿속에 별다른 계획 없이 미국에 왔다. 그는 잠시 택시를 몰다가 보안 요원으로, 그다음에는 주차원으로 일했고 마침내 캘리포니아의 농산물을 사들여 유통시키는 일에 손을 댔다. 그는 센트럴밸리에서 물건을 사서 샌프란시스코에 팔았다. 머잖아 차이나타운에서 팔리는 과일 대부분이 그의 손을 통하게 되었다. 미션 스트리트에서도 마찬가지였다. 다음날 오후까지 오렌지 만 개가 필요한 사람에게 그걸 구해다줄 수 있는 사람이 바로 오마르였다. 스톡턴산 체리 10톤도 밤사이에 구해다줬다. 그는 할 수 있었다. 그는 아주 작은 사업체를 수백만 달러짜리 기업으로 키워냈다.

오마르는 목타르에게 오클랜드 창고에서 트럭에 물건을 싣는 일자리를 주었다. 가끔은 배달도 했다. 외상도 받으러 다녔다. 목타르는 캘리포니아의 가장 좋은 체리들은 일본으로 수출되며 체리 한 알당 1달러까지 벌어들일 수 있다는 사실도, 농산물이 어느 농장에서 오는지가 중요하다는 사실, 그러니까 스톡턴산 오렌지는 주 남부에서 난 오렌지와 맛이 다르다는 사실도 알게 됐다. 또 오마르에게는 사실 그가 필요하지 않다는 것도 알게 됐다. 오마르가 목타르에게 일자리를 준 것은 예멘 동포에 대한 호의 때문이었고, 목타르가 시티 컬리지 등록금을 내기에 충분한 돈을 저축하자 자유롭게 떠나도 좋다고 했다.

목타르는 저금한 돈으로 컬리지에 등록했다. 그때 미리엄이 그에게 가방을 사주었다. 그리고 그는 월리드에게서 빌린 돈으로 노트북을 샀다. 그는 소말리아의 기근 구호를 위해 모금운동을 했다. 그런 다음 그 돈을 잃어버렸다. 오마르가 이슬람구호단에 주어야 할 돈을 빌려주었고, 이제 목타르는 4100달러를 빚진 상태였다.

그래서 그는 수위가 되었고, 매일 몸을 떨며 인피니티의 프런트에 앉아 있었다. 흘러가는 시간을 생각하면서. 친구들은 이제 학교를 졸업할 것이다. 동생 월리드도 캘리포니아대학교 데이비스 캠퍼스를 졸업하기 직전이었다. 목타르는 스물다섯 살이었고 그의 이름 밑에 달린 것이라고는 시티 컬리지에서 들은 4학점뿐이었다.

그는 수위였다. 인피니티 주민들의 시시한 얘기와 저속한 이야기에 귀를 기울이는 수위. 최근 어떤 여자는 로비에서 십오 분 동안 핸드폰으로 통화를 했다. 음란한 대화에 푹 빠져 있었다. 그녀는 목타르에게 자기 말이 들린다는 걸 알고 있었다. 그와 1.5미터도 채 떨어져 있지 않았으니까. 그래도 신경쓰지 않았거나, 혹은 그의 앞에서 생생하게 말을 하는 게 재미있거나 유혹적인 일이라고 생각한 것 같았다. 배달시킨 8000달러짜리 도자기에 대해 굳이 이야기하던 주민과 비교하면 둘 중 누가 나았을까? 왜 그런 얘기를 목타르가 알아야 한단 말인가? 도자기를 산 여자는 명절이면 목타르에게 20달러와 쿠키 한 개를 주었다.

하지만 급료는 고마웠다. 어렵지도 위험하지도 않은 자리에서, 깨끗하고 안전한 장소에서 일한다는 게 고마웠다. 목타르에게는 감옥에 간 친구들이 있었다. 텐더로인의 구멍가게에서 손닿는 곳에 엽총을 두고 일하는 친구들도 있었다. 그리고 투칸의 개인교습

프로그램을 같이 들었던 꼬마, 이맘의 아들 알리 샤힌은 죽었다. 메카[*]에 갔다가 샌프란시스코에 돌아온 지 몇 주도 지나지 않아 캔들스틱 파크^{**} 근처에서 머리에 총 다섯 발을 맞은 채로 발견되었다. 누가 왜 그런 일을 했는지는 아무도 몰랐다.

목타르는 인피니티의 프런트에 앉아 있으면서 그게 자기 일이 될 수도 있었다는 걸 알고 있었다. 그와 알리는 아는 사람들이 전부 같았다. 같은 것들을 보아왔고, 같은 유혹을 당했었다. 자신이 인피니티에서 안전하게 살아 있는 게 고마웠다. 하지만 그는 그 이상을 원했다. 그게 무엇인지 몰랐을 뿐.

저스틴은 올리브 수입상이 되고 싶어했다. 저스틴 첸은 목타르가 캘리포니아대학교 버클리 캠퍼스에서 사귄 친구로, 목타르가 그 학교 학생일 거라고 추측했던 수많은 학생들 중 한 명이었다. 이따금 저스틴은 인피니티에 들러 로비의 흰 가죽소파에 앉아 있곤 했다. 마리아는 로비 대사들이 친구를 데리고 오는 걸 허락하지 않았지만, 저스틴은 바이크메신저^{***}인 척할 수 있었고 그와 목타르는 삼십 분 정도 시간을 때울 수 있었다. 저스틴이 올리브오일에 대해 이야기하는 동안 푸른 정장 차림의 목타르가 프런트와 현관 사이를 맴돌며 인피니티의 문을 열어주면서 말이다.

저스틴은 평화·분쟁학 학위 과정을 마무리중이었지만 정말로 하고 싶은 일은 올리브를 재배하는 것이었다. 목타르는 반쯤은 즐

---

[*] 이슬람교의 성지.
^{**} 포티나이너스의 홈 경기장.
^{***} 뉴욕 맨해튼 등 교통이 혼잡한 도시에서 자전거로 서류 등을 배달하는 직업.

거워하며, 또 반쯤은 짜증을 내며 귀를 기울였다. 저스틴이 올리브오일에 대해 뭘 안다고? 저스틴은 캘리포니아에 땅을 사서 올리브를 키우고 올리브오일을 포장하고 싶어했다. 명품 올리브오일을 말이다. 그는 공급망을 연구했고 개선 방향에 대해 생각했다. 목타르는 뭐라 말해야 할지 몰랐다. 저스틴에게는 캘리포니아에서 농사를 짓는 가족이 없었다. 왜 하필 올리브란 말인가? 어느 순간에는 경찰이 되고 싶어하지 않았던가? 그리고 올리브 농장을 차릴 돈은 어떻게 구하려고?

미리엄도 가끔 들렀다. 미리엄은 대학을 졸업한 뒤 사우스 오브 마켓에 있는 부모님의 식료품점에서 일손을 거들고 있었다. 그녀는 가끔 식료품 배달을 했고, 배달할 곳이 인피니티이거나 인피니티 근처이면 마리아가 나타날 때까지 목타르와 함께 시간을 보내곤 했다.

그들의 연애는 일 년 정도, 어쩌면 그보다 짧은 기간 동안 이어졌다. 뻔한 장애물들이 있었다. 목타르는 보수적인 예멘 가정 출신이었고 예멘인 공동체는 아랍계 공동체 중에서도 가장 폐쇄적이었다. 예멘계 미국인이 공동체 외부의 누군가와 결혼했다는 얘기는 정말이지 듣기 어려웠다. 목타르의 예멘인 친구들은 남자든 여자든 조국의 예멘인 정혼자와 결혼했다. 그게 표준이었다. 예멘으로 돌아가 누구든 부모님이 정해준 사람과, 이브나 사나나 아덴의 토박이와, 수백 년 전부터 함께해온 가문과 결혼하는 것이다. 예멘계 미국인이 다른 예멘계 미국인을 만나 결혼하는 경우는 드물었다. 어머니가 팔레스타인 사람이고, 아버지는 그리스계 미국인이자 제리 가르시아*의 열성적인 팬이며, 부부 모두가 기독교인인 사람과 결혼한다는 얘기는 들어본 적도 없었다. 그건 불가능한 일이었다.

그래서 목타르와 미리엄은 조심했다. 그들은 버스를 타고 도시를 돌아다니는 목타르의 아버지를 늘 경계하며 천천히, 정숙하게 연애를 시작했다. 몇 주 동안 서로 은근히 호감을 표시한 끝에 그들은 각자의 감정이 연애 감정이라는 걸 인정했고 도시를 산책하며 밤을 새웠으며 마침내 오션 비치로 향했다. 목타르가 오랫동안 그녀를 데려가고 싶어했던 곳이었다. 밤공기는 맑았고 모래는 낮에 받은 햇볕으로 따뜻했다. 새벽 세시까지는 모든 게 좋았다. 그들은 집으로 가는 버스를 기다리고 있었다. 버스가 다가올 때에야 목타르는 생각났다. 어떻게 잊을 수 있단 말인가? 그들이 있는 곳은 아버지가 운행하는 풀튼 5번 버스 노선이었으며, 둘이 같이 있는 모습을 아버지가 본다면 엄청나게 슬픈 일이 벌어질 터였다. 그래서 그들은 버스정류장에서 달아나 그녀의 집까지 수 킬로미터를 걸었다.

이제 목타르에게는 그들의 우정이 더 중요해졌다. 미리엄은 투사였고 목타르도 투사가 되고 싶었다. 그녀는 목타르 대신 싸웠다. 그녀는 모든 불의에 맞서 싸웠다. 그녀는 팔레스타인 상황에 격노했고 미국 국무부의 이민 정책에 격노했다. 그녀는 목타르에게 목

---

* 미국의 기타리스트이자 가수, 작곡가(1942~1995).

소리를 내라고 격려했다. 참여하라고. 그녀는 두려움이 없었다. 지역적인 것이든 세계적인 것이든 옳지 않은 일에는 무엇에나 반응을 보였다. 그녀는 정체와 침묵을 견디지 못했고 목타르는 그녀를 만날 때마다, 그녀와 인피니티 로비에 앉아 꿈 혹은 잠시 늦춰진 꿈에 대해 이야기할 때마다 더 강해지고 고무되는 기분이 들었다. 부유한 타인들을 위해 문을 열어주는 현재의 삶이 점점 나쁘게 느껴졌다.

버튼의 존재를 생각하면 특히 그랬다. 그 버튼은 전화기 바로 옆에, 아주 오래전부터 그 자리에 있었다. 목타르가 버튼을 누르면 6미터 떨어진 곳에 있는 유리문이 양쪽으로 열렸다. 이 시스템은 빠르고 조용하며 우아했다. 버튼을 사용한다면, 목타르는 인도를 따라 걸어오는 손님을 보고 그들이 도착할 때쯤 문을 활짝 열고 기다릴 수 있었다. 더 좋은 건 버튼이 문을 양쪽 다 연다는 것이다. 손으로 열면 문 양쪽을 다 열 수 없었다. 문은 너무 무겁고 컸다. 버튼을 쓴다면, 주민들은 환상적으로 활짝 열려 그들을 반기는 유리 대문을 아무 방해도 받지 않고 성큼성큼 걸어들어올 수 있었다. 그들은 로비에 들어올 수 있었고 로비 대신인 목타르는 그들을 맞이할 수 있었다. 목타르는 기꺼이 그들을 맞이할 생각이었다. 눈을 들어 인사를 건네는 일에는 아무런 수고도 필요하지 않았다. 하지만 책상에서 벌떡 일어나 열정적으로 숨을 헐떡이며 달려가는 건, 고작 버튼으로 열 수 있는 문을 열겠다고 그러는 건, 그 자체만으로도 격분할 만한 일이었고 그의 자존심에 대한 공격이었다. 주민들이 로비를 지나쳐 엘리베이터에 들어가 위로, 목타르의 머리 위

높은 곳에 있는 아파트로, 그가 한 번도 본 적이 없는 장소들로 날아올라갈 때에는 특히 말이다.

제2편

THE
MONK
OF
MOKHA

10
조각상

하루는 미리엄이 문자메시지를 보내왔다. 길 건너편 본 적 있어? 그녀가 물었다. 목타르는 무슨 말인지 알 수 없었다. 길 건너편에 예멘 사람이 커다란 잔으로 커피를 마시는 동상이 있어, 그녀가 말했다. 방금 아빠의 식료품점에서 인피니티 건너편 건물로 배달을 했는데 그 건물 정원에서 토브*를 입고 거대한 머그잔을 입술까지 들어올리고 있는 엄청나게 큰 남자 조각상을 봤다는 것이다. 무슨 의미가 있는 게 틀림없어, 그녀가 말했다. 어쩌면 그게 네 길일지도 몰라. 그녀의 말은 넌 스물다섯 살이야, 목타르. 인생의 방향을 잡아야지라는 뜻이었다.

목타르는 거기에서 40미터쯤 떨어진 곳에서 일하면서도 그 조

---

* 아랍 국가 남성들이 입는 발목까지 오는 긴 옷.

각상을 한 번도 본 적이 없었다. 엄청나게 큰 조각상이었다, 높이가 6미터였다. 거대한 잔으로 커피를 마시면서 성큼 걸음을 내딛는 모습이었다. 목타르는 이 조각상의 역사적 고증이 정확한지 확신할 수 없었다. 조각상은 에티오피아 사람과 예멘 사람을 엉망진창으로 섞어놓은 것처럼 보였다. 또 토브 전체에 귀여운 작은 꽃들이 아로새겨진 이유는 또 뭐란 말인가? 마치 샤워 커튼이나 무무*를 입고 있는 것 같았다. 자존심이 있는 아랍인이라면 누구도 온통 꽃이 그려진 토브를 입지는 않는다.

하지만 목타르는 그 건물로, 그가 일하는 로비 건너편의 로비로 들어갔다. 미국 커피의 포괄적인 역사가 액자 속 사진과 설명을 통해 눈앞에 펼쳐졌다. 건물은 오스틴 힐스와 R.W. 힐스 형제가 지은 것으로, 이들은 1800년대 후반에 아라비안 커피 앤드 스파이스 밀스라는 커피 수입상을 세웠다. 형제는 전 세계의 커피를 캘리포니아로 들여와 볶은 뒤 서부 전역에 유통시켰다.

하지만 신선도를 유지하는 게 어려웠다. 바다에서든, 기찻길에서든, 길에서든 커피는 날이 갈수록 퀴퀴하게 변해갔다. 이런 상황은 1990년, R.W. 힐스가 우연히 포장재에서 공기를 빼내는 방법을 발견하면서 바뀌었다. 진공포장으로 알려진 이 방법은 커피를 더 오랜 기간 동안 더 신선하게 보관할 수 있게 해주었고 머잖아 커피산업에 대변혁을 일으켰다. 힐스 형제는 경이로운 성공을 거두었으며 미국에서 커피를 대중화하는 산파 역할을 했다. 이 조

---

* 하와이의 헐겁고 화려한 여성용 드레스.

각상 그림이 그들의 로고가 되어 널리 알려졌고 형제의 회사는 백 년 동안 독자적으로 번창했다. 마침내 형제가 죽고 회사를 후손들과 낯선 사람들에게 물려준 지 한참이 지나서, 힐스 형제의 회사는 네슬레에 매각되었다. 네슬레는 그 회사를 사라 리에 팔았다. 사라 리는 회사를 다시 미국의 마시모 자네티 음료회사에 팔았다. 이 회사는 1997년 샌프란시스코를 떠나 주 남부 글렌데일로 본부를 옮겼다.

하지만 조각상은 그 자리에 남았다. 목타르는 어안이 벙벙해진 채로 그 정원을 떠났다. 커피와 예멘이라니. 기억의 흔적 같은 것이 그를 스치고 지나갔다. 그날 밤, 트레저 아일랜드에서 그는 어머니에게 조각상 이야기를 했다. 그녀는 웃었다.

"우리 집안에는 수백 년 동안 커피가 있었어." 어머니가 말했다. "이브의 할아버지댁 기억 안 나니? 할아버지도 정원에 커피나무를 키우셨단다. 지금도 키우셔. 예멘 사람들이 세계 최초로 커피를 수출한 거 몰라? 원래 예멘 사람들이 커피를 발명했어. 몰랐니?"

목타르는 미친 듯이 조사에 뛰어들었다. 집에서 핸드폰으로 조사에 착수하고 머잖아 커피의 원산지가 어디냐에 관한 기나긴 토론과 맞닥뜨렸다. 커피의 발견이 에티오피아에서 이루어졌다는 주장과 예멘에서 이루어졌다는 주장이 쌍벽을 이루고 있었다.

커피의 기원에 관한 가장 오랜 신화가 칼디라는 에티오피아 양치기와 관련되어 있다는 설은 널리 합의되어 있었다. 칼디는 양떼를 거느리고 들판 멀리로 나가 녀석들이 뭐든 뜯어먹을 수 있도록 한 모양이었다. 매일 밤 그는 양떼 근처에서 잤다. 모든 게 평화로웠다. 어느 날 밤늦은 시간까지는. 그날 칼디는 양들이 쉬고 있을 거라고 기대했다. 그러나 양떼가 아직도 생동생동하게 깨어 있다는 걸 알게 됐다. 그냥 깨어 있는 정도가 아니었다. 녀석들은 펄쩍펄쩍 뛰고 껑충거리며 울어댔다. 칼디는 얼떨떨해졌다. 그는 양떼에게 악령이 씌었을지 모른다고 생각했다. 하지만 이내 녀석들이 근처 관목의 콩을 먹었다는 걸 알아냈다. 그게 커피콩이었다. 칼디가 직접 먹어보니 콩은 그에게도 똑같은 효과를 발휘했다. 새롭게 생기가 솟고 정신이 또렷해졌던 것이다. 그렇게 그는 커피콩을 발견했다.

잠깐. 아니지. 커피콩이 아니야, 라고 목타르는 생각했다. 양들은 커피 열매를 먹었던 것이다. 커피콩은 풍성한 초록색 관목에서 자라는 커피 열매 안에 있었다. 최대로 익었을 때 커피 열매는 빨간색 포도와 비슷했다. 목타르는 온라인으로 그 사진을 보았다. 커다란 루비색 구슬 같은 붉은 열매들이 산더미처럼 쌓여 있었다. 커피는 과일이었다! 목타르는 떠올렸다. 할아버지의 정원에 있는 작은 나무에서 빨간 열매들을 따던 일을 말이다. 그 열매는 먹을 수 있었다. 그는 달콤한 맛의 과육을 먹었던 일을, 그다음에는 씨를 뱉어내던 일을 떠올렸다. 그 씨앗이 바로 커피였다! 이제 모든 게 이해됐다. 커피는 열매였고, 그 열매는 나무에, 보통 일 년에 한 번씩 꽃을 피우는 나무에 열렸다. 그리고 열매마다 안에 커피콩이 들어 있었다. 그 콩을 반으로 쪼개놓은 것이 사람들이 일반적으로 보는, 가운데에 오목하게 줄이 팬 아주 작은 타원형의 콩이었다. 포도 크기의 과육이 많은 열매 안에 반쪽으로 갈라지는 콩이 감싸여 있었다.

하지만 일단은 그 콩을 열매에서 분리해야 했다. 맨 바깥에는 빨간 껍질이 있었고 그다음은 흰 과육이었다. 그다음으로 콩에 붙어 있는 것은 점액과 실버스킨*이었다. 그 안의 콩은 초록색이거나 가끔은 노란색이었으며 모든 씨앗이 그렇듯 단단했다. 볶지 않은 커피콩만 있으면 커피나무를 길러낼 수 있었다! 물론이다. 이걸 아는 사람이, 혹은 기억하는 사람이 있을까? 목타르도 전혀 몰랐다면 과연 누가? 더욱이 이 모든 일에서 예멘 사람들이 한 역할을 아는 사람이 있을까?

커피가 아라비아에서 탄생했다는 걸 아는 사람은 거의 없었다. 커피에는 로부스타와 아라비카라는 두 가지 품종이 있다. 그중 맛이 훨씬 뛰어난 것으로 간주되는 품종은 아라비카이며 이 커피가 아라비카라고 불리는 이유는 바로 원산지가 아라비아, 구체적으로는 로마 사람들이 '아라비아 펠릭스', 즉 '행복한 아라비아'라고 부르던 곳이기 때문이었다. 그곳이 바로 예멘이었다. 전설에 따르면 커피콩을 처음으로 음료 형태로 우려낸 곳이 예멘 해안의 항구 도시인 모카였다고 한다. 양치기 칼디가 살다 가고 몇 세기가 지날 때까지도 에티오피아 사람들은 커피콩을 씹어 그걸로 묽은 차를 만들었지만, 우리가 지금 커피라고 인식하는 것과 비슷한 형태로 커피콩을 처음 우려낸 사람은 모카에 살던 수피교도 성직자 알

---

* 커피콩의 은빛 외피. 떫은맛이 난다.

리 이븐 오마르 알샤딜리였다. 당시에는 이 음료가 카화라고 알려져 있었다. 알샤딜리와 동료 수피교도 성직자들은 밤늦게까지 길게 이어지던, 신을 기리는 의식을 치를 때 이 음료를 활용했다. 커피는 그들이 일종의 종교적 황홀경에 이르도록 도와주었다. 이 수피교도들은 여행을 즐겼기에 북아프리카와 서아시아 구석구석으로 커피를 가져갔다. 튀르크족이 카화를 카흐베로 바꾸었고 이것이 다른 언어들에서는 커피가 되었다.

알샤딜리는 '모카의 수도사'로 알려지게 되었으며, 모카는 예멘에서 재배된 모든 커피가 멀리 떨어진 시장으로 팔려나갈 때 거쳐야 하는 중요한 출발점이 되었다. 모카 자체는 커피 재배에 적합하지 않은 황량하고 건조한 해안지역이었지만, 어쨌든 모카라는 단어는 커피와 동의어가 되었다. 커피는 예멘 내륙 산악지대의 계단식 밭에서 독창적인 관개시설을 통해 재배되었다. 열매는 모카로 운반되어 가공을 거쳐 수출되었으며, 모카는 번영하는 상업 중심지로 부상했다. 커피만이 아니라 과일과 다른 상품 거래도 번영했지만 무역선들을 이 항구로 몰아온 건 커피였다. 커피나무는 대단히 귀하게 여겨졌으며 이 나무를 수출하는 건 범죄였다. 커피 묘목을 가지고 항구를 떠나려고 하면 반역죄로 체포되어 처형당했다.

카흐베 카네라고 불리던 최초의 커피하우스들이 아라비아 전역에 나타났다. 활기찬 토론과 음악, 이따금 여러 부류의 사람들이 눈살을 찌푸리던 행동들─매춘, 도박, 지역 정부에 대한 비판─로 명성을 얻었다. 커피하우스들은 그곳을 소요사태의 시발점이라고 생각했던 통치자들에 의해 자주 폐쇄되었다. 1511년 당시의 메카 총독인 카이르 베이는 자기를 풍자하는 노래가 커피하우스에서부터 비롯된다는 소문을 듣고 모든 커피하우스를 폐쇄하라고 명했다. 하지만 금지령은 오래가지 못했다. 수요가 너무 많았던 것이다.

이러한 역사를 아는 사람이 얼마나 될까? 목타르는 궁금해졌다. 지나다니는 사람을 아무나 잡고 커피가 어디에서 탄생했는지 물어본다면 그들은 아마 파리라고 대답할 것이다. 아프리카라고 답할지도 몰랐다. 콜롬비아나 자바라고 답할 수도 있었다. 하지만 누가 예멘이라고 대답하겠는가? 세상이 지금 예멘에 대해 아는 것이라고는 테러와 드론뿐이었다. 아덴 해변에서 얼마 떨어진 곳에서 있었던 USS 콜 미사일구축함 피격 사건 이후로 목타르는 부모님의 조국이 '행복한 아라비아'가 아니라, 누군가는 세상에서 가장 고약한 장소로 여기는 곳, 급성장하는 알카에다와 ISIS 세포조직, 그런 위협을 중화하려는 뜻에서 미국이 퍼붓는 가차없는 드론 공격의 고향으로 전락하는 것을 지켜보았다.

게다가 예멘에서의 커피 무역은 끝장났다고 해도 과언이 아니었다. 에티오피아가 첫번째 커피 관목의 고향이긴 해도 커피를 처음으로 경작하고 체계적으로 유통하기 시작한 곳은 예멘인데, 지난 오십 년간 에티오피아가 이 분야의 지배권을 쥐었다. 에티오피아는 이제 세계에서 네번째 가는 커피 생산국이 된 반면 예멘은 그저 잊히고 말았다. 수출량은 무시해도 될 정도이고 예멘 커피의 품질은 대단히 예측 불가능한 것으로 간주되었다. 1800년대 중반에 예멘은 일 년에 7만 5000톤의 커피를 수출했다. 21세기에 생산한 커피는 고작 1만 1000톤이었고 그중 4퍼센트만이 명품 품질이었다.

품질 문제를 차치하더라도 예멘은 서구 여행자들에게 에티오피아보다 접근이 어려웠다. 커피를 재배하는 산악지역은 그 지역 토착 부족과 민병대의 비공식적 지배를 받았으며, 이들의 움직임은 여행객과 수출상을 포함해 그 누구에게든 위태로웠다. 에티오피아 사람과 예멘 사람 중에서 무역 상대를 고르라면 커피 전문가들은 대부분 에티오피아가 훨씬 더 쉽고 안전한 도박이라고 생각했다.

두번째 요소는 카트였다. 목타르도 카트를 알고, 즐겼다. 미국에서는 불법이지만 예멘에서는 카트가 사실상 모든 사람들의 일상에서 없어서는 안 될 존재였다. 일정량을 씹으면 경미한 진정 효과를 내는 기다란 잎사귀인 카트는 커피와 비슷한 기후에서 자라지만 훨씬 더 많은 이윤을 냈다. 다시 말해, 예멘의 농부들에게 커피를 재배할 동기란 무시해도 될 수준이었다. 커피는 대부분 그저 그런 이윤을 내며 사우디아라비아로 수출되는 반면 카트는 더 높은 가격으로 그 지역에서 판매되었다. 이러한 시장 현실이 열정적이지만 별다른 훈련을 받지 못한 비교적 소수의 예멘 농부들의 손으로 커피를 밀려나게 했다.

숙련된 농법이 마지막이자 가장 중요한 요소였다. 대부분의 농부들에게 별 이윤을 가져다주지 못했기에, 예멘에서 고품질 커피를 재배하고 수확하는 신중한 과정은 오래전에 실종되었다. 이제 커피는 별 주의를 기울이지 않은 채 수확되고 저장되었으며, 예멘 커피는 세계에서 최초로 경작된 커피였음에도 세계의 다른 모든, 혹은 대부분의 커피보다 열등하다고 알려져 있었다.

11
계획
part 1

목타르는 미리엄이 고마웠다. 그는 커피 수입상이 되겠다는 계획을 매일매일 숨가쁘게 업데이트하여 그녀를, 또 저스틴과 제러미와 트레저 아일랜드의 가족들을 질리게 만듦으로써 그 마음을 표현했다. 그는 모든 계획을 종이에 기록했다. 보통 종이가 아니라 이젤에 걸어두는 커다란 두루마리형 흰 도화지를 사용했는데 이 도화지 두루마리를 몇 달 동안 매일 가지고 다니며 메모와 계획을 기록하고 친구들에게 펼쳐 보여주고 예멘 커피의 역사뿐 아니라 그 역사를 부활시키는 일에 있어서 자신이 하게 될 역할을 설명했다. 시작은 SWOT 차트*로 했다. 2013년에는 진지한 노력이라면

---

* 강점(Strengths), 약점(Weakness), 기회(Opportunities), 위협(Threats) 4요소로 기업 내·외부 환경을 분석하여 전략을 도출해내는 방법.

모두 SWOT차트로 시작했으니까.

'강점' 항목에는 이렇게 적었다.

  – 커피의 유전적 다양성이 가장 큼

  – 이상적인 미기후

  – 최고의 해발고도

  – 역사적 중요성

'약점' 항목에는 이렇게 적었다.

  – 기간시설 없음

  – 데이터 부족

  – 결함이 많음

  – 추적 불가능

'기회' 항목에는 이렇게 적었다.

  – 역사적 중요성

  – 다른 누구도 예멘의 명품 커피에 주목한 적이 없음

  – 고대의 품종을 찾아내서 되살림

'위협' 항목에는 이렇게 적었다.

  – 알카에다

  – 부패한 정부

  – 홍해의 해적

  – 부족 간 폭력

  – 앤드루 니콜슨(?)

앤드루 니콜슨은 대체 누구인가? 예멘 커피를 조사할 때마다 목타르는 앤드루 니콜슨이라는 이름과 마주쳤다. 보아하니 니콜슨은 루이지애나 출신의 미국인인데, 무슨 이유에서인지 예멘으로, 예멘의 수도 사나로 이주해 라이얀—아랍어로 '천국의 문'—이라는 이름으로 예멘 커피를 수출하기 시작한 모양이었다. 목타르가 차지하고 싶은 영역을 이미 점령하고 있는 것처럼 보였다. 하지만 사나의 업계에 다른 미국인이 있다는 것은 엄청나게 유익한 일일지도 몰랐다. 규모의 경제가 가능해지고 연줄과 자원과 우정을 공유할 수 있을 테니까.

"이거야." 그가 미리엄에게 말했다. "나는 예멘의 커피 기술을 전 세계에 명성을 떨칠 만큼 부활시키고 복원시킬 거야."

아, 세상에라고, 미리엄은 생각했다.

하지만 그녀는 응원해주었다. 모두가 응원했다. 목타르의 친구 줄리아노가 특히 협조적이었다. 목타르는 대학교 1학년 때 줄리아노를 만났다. 줄리아노는 유니콘처럼 희귀한 녀석이었다. 청소년 시절에 자기 의지로 이슬람교도가 되었으니 말이다. 그는 노스 비치에 사는 이탈리아계 가톨릭 가정에서, 이혼한 부모 슬하에서 자랐다. 돈은 별로 없었지만 가족들은 만족하며 살았고, 줄리아노는 유쾌하고 호기심 많은 아이였다. 외아들이 이슬람으로 개종하겠다고 말하자 그의 부모는 대단히 혼란스러워했다. 하지만 그렇게 놀라지는 않았다. 그는 열다섯 살이었고, 『바보들Dummies도 알 수 있는 이슬람교』라는 책을 읽으면서 그 신앙에 대해 지금 알고 있는 것의 대부분을 배웠다.

그가 이슬람교에 매료되기 시작한 건 몇 년 전, 사람들이 그를 아랍인이라고 지레짐작하기 시작하면서부터였다. 사람들은 너 이슬람교도처럼 생겼다, 라고 말하곤 했다. 너 아랍인이야? 아랍어를 쓰는 사람들은 진심으로, 혹은 대놓고 살람 알라이쿰*이라고 인사하며 그를 반겼다. 마침내 줄리아노는 거울을 들여다보고 그 사람들이 무얼 보고 그러는지 감을 잡았다. 뭔가 있네, 라고 그는 생각했다. 정말로 내가 서아시아 사람처럼 보이는지도 몰라. 그게 그가 이슬람으로 입문하는 이상한 촉매제이자 시작이었다. 사람들이 그를 이슬람교도라고 생각했기 때문에 그는 돌고 돌아 이슬람교도가 되었다. 그는 이슬람교를 공부하고 스스로 개종했다. 이슬람교는 신도들 자신이 신앙을 가지게 되었음을 스스로 천명할 수 있었다. 아무 공식 의례 없이 개인적 맹세만으로도 이슬람교도가 될 수 있었다. 그래서 어느 날 그는 자기 자신을 이슬람교도라고 선포하고 첫 라마단을 버거킹에서 보냈다.

하지만 이슬람은 줄리아노가 목타르와 맺고 있는 관계 중 하나에 불과했다. 고등학교에 다니던 시절 두 사람 모두 돈이 별로 없었고, 이 도시에서 공짜 오락거리를 찾아내는 능력을 서로에게서 공통으로 발견했다. 그들은 피셔먼즈 워프로 가서 관광객들을 귀찮게 하곤 했다. 길에 떨어진 지폐들을 찾아다니기도 했다. 하지만 대체로 그들은 책과 음식 이야기를 나누었다. 이탈리아계 부모님 밑에서 자란 줄리아노는 음식을 잘 알았으며 목타르를 자기 집으로 데려가 집에서 만든 리조토를 대접하곤 했다. 그들은 헤로도토스와 에드워드 사이드에 대해 이야기하고 플라톤의 『국가』를 이해

---

* 아랍어로 '당신에게 평화를'. 일상적인 인사말로 쓰인다.

하는 척했다. 목타르와 줄리아노는 독학을 했으며, 음식을 통해 지금까지 몰랐던 세계와 역사의 부분들에 눈을 떴다. 줄리아노의 아버지가 일하는 식당—그의 아버지는 잠시 '미켈란젤로의 카페'라는 가게를 운영했었지만 가게가 망하면서 다시 종업원으로 일하게 되었다—에 갔다가 메뉴에서 햇볕에 말린 자두를 발견하기라도 하면 그게 조사의 추진력이 되곤 했다. 건자두는 어디에서 재배되더라? 토스카나인가? 토스카나가 프랑스였나, 이탈리아였나?

그들은 독학으로 역사와 철학을 익혔고 오랫동안 지도해주는 사람 없이 빠르게 성장했다. 열아홉 살이 되었을 때 줄리아노는 베니시라는 이름의 파키스탄계 미국인 여성과 사랑에 빠졌다. 그녀는 갈색눈에 아름다웠으며, 줄리아노처럼 샌프란시스코 토박이였고—둘은 고등학교를 졸업하자마자 만났다—서로 결혼을 원한다고 확신했다. 하지만 줄리아노는 자기 부모님과 그녀의 부모님 모두 빠른 시일 안에는 이 일을 생각해보지도 않으리라는 걸 알고 있었다. 그보다 나쁜 상황이 벌어질 수도 있었다. 줄리아노는 극복할 수 없는 문화적 단절이 있을 거라고 짐작했다. 그녀의 파키스탄 출신 아버지가 과연 열아홉 살짜리 이탈리아계 이슬람교 개종자와 딸의 결혼을 허락해줄까? 장래에 심각한 문제가 불거지거나 명예 살인에 대한 의논이 벌어지진 않을까? (사랑에 빠져 헤엄치는 그의 마음은 이상한 곳으로 향하곤 했다.) 하지만 줄리아노의 부모님은 기다렸다는 듯 허락했으며, 줄리아노가 베니시의 아버지에게 의사를 묻자 그도 승낙하며 손주를 안겨달라고까지 했다. 줄리아노와 베니시는 그녀의 집에서 결혼식을 올리고—목타르가 유향과

몰약을 가져갔다―노스 비치의 아파트로 이사했다. 삼 년 후 그들의 첫아이인 사우다가 태어났다.

그때쯤 목타르는 인피니티에서 일하고 있었고 줄리아노는 우버 택시를 운전하고 있었다. 그들은 일과가 끝나면 24시간 헬스클럽에서 근력운동을 하며 긴장을 풀었는데, 운동 전에는 커피를 마셨다. 줄리아노는 늘 커피가 있는 환경에서 자랐으며 목타르에게 이탈리아 사람들이 좋아하는 커피 마시는 방식을 가르쳐주었다. 부엌 조리대에 서서, 설탕은 조금만 넣고 우유는 절대로 넣지 않은 에스프레소를 홀짝이는 것. 그는 페리 빌딩에 새로 문을 연 블루보틀 커피라는 가게로 목타르를 데려갔다. "이게 진짜 이탈리아 에스프레소랑 가장 가까워." 줄리아노가 그에게 말했다. 그들은 최대한 이탈리아 사람 같은 모습으로 거기에 서서 에스프레소 두세 잔을 삼키며 무거운 역기를 들 수 있도록 신경을 깨웠다.

문제의 블루보틀 매장은 힐스브로스 건물에서 돌멩이를 던지면 닿을 거리에 있었다. 힐스브로스 건물은 커피를 수입해 볶고 미국 서부 전역으로 보내는 곳이었다. 목타르는 이처럼 맞물린 우연이 이 길이야말로 그의 운명임을, 그가 발견한 것이 천직임을 더욱 명료하고 반박 불가능한 사실로 만들어준다고 느꼈다. 아니, 천직 이상이었다. 목타르는 바로 이 초창기 시절의 커피를 사명이라고 불렀으며, 일부러 말은 삼갔지만 신의 인도를 받고 있다고 믿었다.

그는 예멘 시골 지방을 내달리며 농부들에게 지식과 부를 전해 준 뒤 아름다운 붉은 열매들을 수출하러 떠나는 자신의 모습을 상상했다. 그의 새 인생은 비행기와 말, 배로 이루어진 인생이 될 것이고 그의 이야기는 커피 수출상들의, 전 세계에 커피 재배와 이 음료의 인기를 확산시킨 인물들의 명예의 전당에 합류하게 될 터였다. SWOT 두루마리를 들고 돌아다니던 시절, 목타르는 자신을 커피라는 역사적 연속체의 일부라고 생각했다. 우연이긴 하지만 어쩌다보니 거의 예외 없이 도둑이 되었던 사기꾼 모험가들이 연달아 생기를 불어넣은 생생한 연대기의 일부라고 말이다.

그런 인물 중 첫번째는 바다 부단이었다. 1500년대, 인도 카르나타카 지역의 치크마갈루르 출신 이슬람 성직자였던 부단은 메카로 순례를 떠났다가 예멘을 가로질러 돌아오던 중 우연히 커피를 알게 되었다. 당시 '이슬람의 와인'으로 알려져 있던 커피에 매료된 그는 이 음료를 인도로 가지고 돌아가고 싶었지만, 그건 허용되지 않는 일이었다. 아랍인들은 볶은 커피콩이라면 사서 들고 갈 수 있는 만큼 얼마든지 팔아도 묘목은커녕 열매 한 알 주지 않으려 했다.

그래서 훔쳤다. 부단은 열매 일곱 알을 배에 천으로 감고 그 위에 가운을 느슨하게 걸쳐 보물을 감추었다. 인도에 가서는 그 씨앗을 찬드라기리 언덕에 심었고, 그 열매 일곱 알로부터 수백만 그루의 아라비카 커피나무가 자라났다. 인도는 현재 세계에서 여섯째가는 커피 생산국이며 바다 부단은 성자로 간주된다.

네덜란드인들도 커피나무와 함께 예멘 해안을 떠나고 싶어했다. 커피는 1615년에 처음 유럽에 들어왔다. 모카에서 베니스로 수출된 그 커피는 의학 용도로 사용되다 마침내 사회 속에 스며들었고 유럽 일부 지역으로 확산되었다. 베니스인들이 모카와의 무역을 독점했다. 이 사실이 당대 해양 무역의 세계 패권을 쥐고 있던 네덜란드인들의 심기를 거슬렀다. 그들이 보기에 그렇게 가치 높은 상품이 그토록 적은 사람들에 의해서만, 아라비아의 작은 항구 한 곳에서만 재배되고 통제된다는 건 터무니없는 일이었다. 그래서 1616년, 네덜란드 동인도회사 일로 모카에 들렀던 피터르 판덴브룩이라는 네덜란드인이 성공적으로 모카에서 묘목을 훔쳐 몰래 가져갔다. 네덜란드에서는 그 묘목을 암스테르담 식물원에 심었다.

묘목은 정원에 뿌리를 내렸지만 네덜란드의 기후는 커피나무를 대규모로 경작하기에는 부적절했다. 커피가 네덜란드의 식민지였던 실론으로, 이후에는 역시 네덜란드의 영토이던 자바로 옮겨져 번성한 것은 1658년 이후의 일이었다. 자바는 머잖아 유럽의 주요 커피 공급지가 되었고, 모카는 우위에서 밀려났다.

네덜란드인들은 예멘 사람들이 그랬던 것처럼 독점을 유지하는 데 유의하며 자바의 농장들을 부지런히 보호했다. 묘목이나 열매 수출은 모두 저지되었다. 반세기 동안 네덜란드 사람들은 유럽 커피 시장을 좌우하는 즐거움을 누렸는데, 그러다가 암스테르담 시장이 엽기적이라 할 만한 경제적 자해행위를 저지르면서 프랑스인들이 업계에 뛰어들게 되었다. 1713년, 암스테르담 시장은 루이 14세에게 커피나무를 선물로 주었다. 그는 이 커피나무가 산업을 시작하라는 뜻이 아니라 그냥 선물로 주는 것이라고 강변했고, 프랑스 사람들은 이런 합의를 지켜 몇 년 동안 커피나무를 파리 식물원의 벽 안에만 보관했다. 방문객들은 거리를 두고 커피나무를 감상할 수 있었고, 사람들 대부분은 속임수를 쓰거나 절도를 하겠다는 생각 없이 그렇게 했다. 하지만 가브리엘 드 클리외라는 사람에게는 다른 계획이 있었다.

드 클리외는 프랑스 해군 장교로, 자바에 맞먹는 커피 재배지로 간주되던 프랑스 영토, 서인도제도에 커피를 들여갈 작정이었다. 그는 1723년 드로마데르*라는 이름의 콜베트함을 타고 항해를 시작했지만, 여행을 시작한지 이 주 만에 튀니지 해변과 멀지 않은 곳에서 해적들로부터 공격을 당했다. 하지만 무장을 잘 갖추고 있었던 드로마데르호는 24문 함포로 해적들을 무찌를 수 있었다. 배가 풍랑으로 손상을 입고 침수되기 시작했을 때 그들은 마르티니크섬**에서 불과 수백 킬로미터 떨어져 있었다. 드로마데르호가 가라앉지 않게 하려면 화물을 버려야 했으며, 그렇게 버려진 화물 중에는 선원들의 식수 상당량도 포함되어 있었다. 남은 여행 기간 동안 물은 엄격히 배급되었고, 드 클리외는 자기 몫의 적은 물을 한 방울씩 커피나무와 공유해야 했다. 드 클리외는 마르티니크섬에서 묘목을 땅에 심었다. 이 묘목이 수백 그루의 다른 묘목들을 싹틔웠고 클리외는 그 묘목들을 섬 전체에 퍼뜨렸다. 거기서부터 커피 재배는 거의 기하급수적으로 성장하여 마르티니크섬의 기존 환금작물인 코코아를 대체했다. 드 클리외는 영웅이 되었고, 프랑스인들은 서반구의 커피 경작을 독점했다. 적어도 잠깐 동안은 말이다.

---

* 프랑스어로 '단봉낙타'.

** 서인도제도 동부에 있는 섬.

프란시스쿠 지 멜루 팔례타는 브라질군의 중령이었는데, 당시 브라질은 아직 포르투갈의 통치하에 있었다. 포르투갈 사람들은 빠르게 성장중인 커피 시장에 무척 뛰어들고 싶어했으며 브라질이 커피나무를 기를 완벽한 환경이라고 생각했다. 하지만 그들은 묘목을 입수하는 데 성공하지 못하고 있었다.

이때쯤, 프랑스인들은 마르티니크섬뿐 아니라 프랑스령 기니에서도 커피를 재배하고 있었는데, 1727년에는 프랑스령 기니가 리오 오이아포키 바로 위에 있는 네덜란드령 기니와 국경 분쟁에 휘말렸다. 이 문제를 해결하기 위해 두 식민지는 겉보기에 중립적인 브라질 사람들에게 개입을 요청했고, 브라질은 프란시스쿠 지 멜루 팔례타를 파견했다. 그 당시 팔례타는 쉰일곱 살이었지만 아직도 만나는 여인들에게 어느 정도 효과를 발휘하는 매력의 소유자로, 잘생기고 낭만적인 남자였다. 그는 프랑스령 기니의 수도인 카옌으로 가서 프랑스, 네덜란드의 총독과 한자리에 앉아 국경 문제를 처리했다. 하지만 그의 주된 목적은 그게 아니었다. 카옌에 머무르는 그 시간 동안 그는 묘목을 가지고 나갈 음모를 꾸몄다. 그러나 커피나무가 재배되는 농장은 경비가 철저했고 그는 잘 알려진 인물이었으므로, 주변을 어슬렁거리다 눈에 띄어서는 안 되었다.

대신 그는 총독의 아내인 마리클로드 드 비크 드 퐁지보를 유혹하기 시작했다. 팔례타에게 너무 정신이 팔린 그녀는 국경 합의를 중재해준 일에 감사하는 뜻으로 열린 국빈 초청 만찬회에서 그에게 꽃다발을 한아름 안겼다. 그 안에는 팔례타가 직접 농장을 차려도 될 만큼 많은 커피 열매가 숨겨져 있었다.

팔례타는 첫번째 커피나무를 브라질의 파라 지역에 심었다. 커피 관목은 번성해 칠 년 안에 천 그루가 되었다. 그 식물들이 브라질 커피산업의 기초가 되었다. 1840년에는 브라질이 세계 커피 생산량의 40퍼센트를 차지했다. 브라질의 가장 큰 시장 중 하나는 북아메리카에서 급성장중인 식민지들이었다. 네덜란드인들이 1600년대에 처음 커피를 소개한 이후로, 그곳에서 커피는 늘 차와 우위를 다투며 상당히 인기를 끌었다. 하지만 식민지 주민들과 영국 왕실 사이의 긴장 관계가 강화되고 차에 부과된 세금이 유례없이 부담스러워지자 식민지 사람들은 차를 영국이 씌운 멍에의 상징으로 보기 시작했다.

1773년 12월 16일, 대부분 아메리카 원주민처럼 옷을 차려입은 식민지 주민 수백 명이 보스턴항에서 영국 동인도회사의 배 네 척에 실려 있던 차 전부를 바다에 던져버렸다. 이후 미국에서 차 마시기는 결코 옛 위상을 회복하지 못했다. 새로워진 미국은 주로 네덜란드인들에게서 사들인 커피를 자극제로 선택했다. 그래서 '자바'라는 이름이 붙은 것이다. 커피의 인기는 20세기 중반까지 폭증했고, 이때—힐스 형제가 대부분 산파 역할을 한—대량생산과 나아진 저장 기술, 포장 기술에 더불어 제1, 2차세계대전이 초래한 수요가 모두 공모하여 미국을 세계에서 제일가는 커피 소비국으로 만들었다. 21세기에는 미국인들이 세계 커피의 25퍼센트를 소비하게 되었다. 2014년, 커피는 700억 달러짜리 사업으로 발전했다. 콜롬비아와 베트남, 캄보디아, 케냐, 우간다, 과테말라, 멕시코, 하와이, 자메이카, 에티오피아 등에서 재배되는, 세계에서 가장 값비싼 농산물 중 하나가 된 것이다.

하지만 야생 커피나무를 최초로 대량 재배하기 시작했던 예멘이 이제는 세계 커피 시장에서 아주 작고, 대체로 무시당하는 주자가 되어 있었다. 목타르는 자신이 이 현실을 바꿀 수 있을 거라고 생각했다. 하지만 일단은 갓산 투칸을 만나야 했다.

12
갓산 투칸의 현명한 조언
part 2

갓산 투칸은 목타르의 마음속에 큰 그림자로 자리잡고 있었다. 돈 얘기나 창업 얘기가 나오면 그는 가장 먼저 갓산을 떠올렸다.

어린 목타르 알칸샬리에게 잠시 과외 교습을 해준 뒤, 혹은 과외 교습을 해주려고 시도한 뒤 갓산은 자기만의 기술창업을 하고자 필요한 모든 것을 배우겠다며 산호세주립대학교에 입학했다. 하지만 그곳은 트렌드에서 한발 느렸고, 대부분 전직 수학 교수였던 교수진은 서로 조화를 이루지 못했다. 그들은 갓산이 알고 싶어하는 것들을 가르쳐줄 수 없었다. 갓산은 학교를 중퇴한 뒤 자기만의 컨설팅 사업을 시작해 친구들에게 컴퓨터를 만들어주거나 개조해주었다. 그러는 동안 그는 샌프란시스코 마켓 스트리트에 있는 핸드폰 가게에서 일했다. 아들이 학사학위를, 어쩌면 석사학위까지도 따기를 기대했던 갓산의 부모는 중퇴한 아들이 마켓 스트리트 한복판의 어두침침한 블록에 있는 핸드폰 가게에서 일하는 걸 보고 경악했다.

하지만 갓산에게는 계획이 있었다. 그는 친구와 함께 이커머스 플랫폼을 만들고 자신들만의 회사인 LX 그룹을 세웠다. 몇 년 후 이 회사는 이커머스계의 대기업인 넷스위트에 상당한 금액에 인수되었다. 갓산은 아직 많은 땅을 소유한 유한계급이 된 건 아니었으나 출중한 성과를 이룬 상태였고 목타르는 그에 관심을 기울이고 있었다. 그와 갓산은 세월이 흐르는 동안에도 계속 연락을 하고 지냈다. 커피라는 아이디어가 생긴 지금 목타르는 자기가 아는 가장 성공한 사업가와 그 이야기를 나누고 싶었다.

그들은 미션 스트리트에 있는 포배럴 커피에서 만나기로 했다. 먼저 도착한 갓산은 목타르가 늦을 거라고 생각했지만, 목타르가 평소답지 않게 제시간에 도착했다. 게다가 그는 무슨 액자 같은 것을 들고 있었다. 정말 액자를 들고 있는 거야? 갓산은 의아했다. 정말이었다. 목타르가 이번 만남에 액자에 담긴 사진을 가져온 것이다. 그것도 거대한 사진을.

"이거 한번 봐줘요." 목타르가 액자의 베일을 벗기며 말했다. 1836년에 발행된 영자신문을 인쇄한 사진이었다. 전면에는 고대의 모카항을 그린 판화가 있었다. 목타르는 커피와 예멘, 모카항, 두 가지 스펠링―그건 그렇고, 어떤 스펠링이 더 좋아요? Mocha 아니면 Mokha?―에 대해서, 이 모든 일과 자신의 연관성을 찾게 된 경위며 커피 수출입상이 되어 조상들의 땅에 전해내려오던 그 옛날의 커피 관련 기술과 명성을 되살리겠다는 계획에 관해서 길고도 두서없는 독백을 시작했다. 갓산은 할말이 떠오르지 않았다. 목타르는 이것저것 알고 있는 것 같았지만 체계적이지 못했다.

"사업계획서는 있어?" 갓산이 물었다.

목타르는 액자에 넣은 신문을 보여줄 때처럼 과장된 태도로 사업계획서를 공개했다. 두께가 2센티미터는 되는, 컬러로 인쇄된 종이뭉치였다. 성명서와 역사 수업, 아이디어더미와 과장된 수사의 기이한 조합.

"그리고 이거." 목타르는 핵심 요점으로 가득한 페이지를 가리키며 말했다. 핵심 요점만 있으면 사업계획서가, 그것도 대단한 사업계획서가 된다는 식이었다.

갓산은 그것을 살펴보았다. 읽어보려 했다. 마침내 그는 한숨을 쉬고 말했다. "목타르, 솔직하게 말해줘야겠다. 이건 내가 여태껏 봤던 사업계획서 중에서 가장 엉터리 같은 사업계획서야."

그렇지만 그는 목타르에게 가능성이 있다는 걸 알고 있었다. 목타르의 두 눈에서, 그 페이지들에서 열정이 보였다. 사업계획서는 밑바닥부터 다시 써야겠지만, 거기에 뭔가 있을지도 몰랐다. 이름은 바꿔야 할 것이다. '모카의 수도사'는 어떤 스펠링으로 쓰든 별로였다. 누가 수도사인가? 목타르가 그 수도사인가? 왜 목타르가 갑자기 수도사가 됐나?

"아니, 제가 아니에요." 목타르가 말했다. "제가 갖고 있는 어떤 책에 나온 사람인데…… 수백 년 전에, 모카항에 어떤 수도사가……"

"그건 잊어버려. 수도사들은 잊어버리란 말이야." 갓산이 말했다. "수도사는 빼는 거야. 커피에 집중해. 사업에 집중하라고. 생각이 나서 말인데, 넌 선택을 해야 해. 사업가야, 활동가야? 최소한 지금은 하나를 골라야 해."

목타르의 페이지에는 교육적 열정과 문화 간 협업에 관한 공상적 언어, 세계에 예멘의 아름다움을, 테러와 드론 너머의 예멘을 알리겠다는 말들이 가득했다.

"하지만 이건 비영리사업이 아니잖아." 갓산이 말했다. "진짜로 사업을 시작하면 그 모든 일이 일어나겠지. 제품에 고객들이 이끌리면서 저절로 예멘도 알려질 거야. 네가 진짜 예멘 사람들을 고용하기도 할 거고. 뭔가 실제적인 일을 해야 돼. 생계도 꾸려야 하고. 기부금을 달랄 건 아니잖아. 꼭 이슬람 얘기를 할 필요도 없어. 네가 파는 게 이슬람 커피콩은 아니잖아, 예멘 커피콩이지. 그렇게 해. 그 일을 제대로 하면 나머지는 다 따라올 거야."

갓산은 그 자리를 떠났고, 며칠 후에는 순례를 하러 메카로, 거기에서 다시 일본으로 갔으며—벚꽃이 피는 철이었고 그는 벚꽃을 매우 좋아했다—그러는 내내 목타르와 그의 사업계획서에 대해 생각했다.

갓산은 커피를 잘 알았다. 그는 몇 년 전 명품 커피의 세계에 빠졌다. 샌프란시스코에서는 첨단기술이나 와인에 대해서 그런대로 잘 알게 될 수밖에 없듯 커피의 세계 또한 피하기가 거의 불가능했다. 최소한 애호가 정도는 될 수밖에 없었다. 하지만 커피에 있어서 갓산은 그저 소비자일 뿐이었다. 커피의 사업적 측면에는 관심을 가져본 적이 없었다. 사실 그는 친구 십여 명에게 커피숍을 열지 말라고 여러 해 동안 설득해오고 있었다. 사업상의 조언을 얻겠다고 그를 찾아오는 사람은 목타르만이 아니었고, 지난 몇 년간 그의 도움을 구한 사람들 중 놀랄 만한 숫자가 카페를 열 계획을 갖고 있었던 것이다.

안 돼. 갓산은 그들 모두에게 말해왔다.

그들은 지역공동체를 위한 공간을 만들고 싶어했고 새로운 계몽주의시대를 열고 싶어했으며 사람들을 어떤 분위기 속에 불러모으고 싶어했다……

안 돼. 아니, 아니, 안 돼. 그는 말했다. 안 돼.

그 일이, 그러니까 다른 모든 면에서는 제정신이고 성공적인 전직 기술자들에게 카페 창업만큼은 하지 않도록 설득하는 일이 갓산이 시간을 보내온 방법이었다. 갓산은 그들에게 카페로 이윤을 낼 방법은 거의 없다고 말해주었다. 게다가 샌프란시스코에서 카페라니? 임대료는 높고 수익은 낮다. 고객들도 골칫덩이가 될 것이다. 얼굴에 억센 털이 가득한 남자가 테이블 하나에 여섯 시간씩 노트북을 끼고 앉아 이윤이 글쎄, 20센트쯤 되는 커피 한 잔을 들이켠다? 될 리가 없었다. 커피로 돈을 벌 유일한 방법은 초록색 커피콩을 사와서 로스팅해 파는 것뿐이라고, 그는 그 모든 카페 주인 지망생들에게 말해왔다. 공급라인을 제어하고 가격을 설정하며 원산지로부터 커피콩을 가져오는 것뿐이라고 말이다. 이윤을 낼 방법은 그것뿐이었다.

하지만 아무도 그런 일을 하고 싶어하지는 않았다.

목타르가 나타나기 전까지는 아무도. 그래서 사우디아라비아를 비행기로 들고 나면서, 또 교토의 벚꽃 아래를 거닐면서, 갓산은 목타르에게 정말로 가능성이 있을지도 모른다고 생각했다. 그는 예멘 커피가 좋다고는 해도 예멘 밖으로 내오기가 어렵다는 걸 알고 있었다. 만약 예멘계 미국인이 예멘으로 간다면, 접근조차 어려운 예멘의 산악지대와 엉망진창인 정치 상황을 세계 커피 시장과 연결해주는 일종의 타고난 교량이 되지 않을까?

소프트웨어라는 실체 없는 세계에서 너무 오랜 시간을 보낸 갓산은 보다 삼차원적인 뭔가를 찾고 있었다. 커피는 냄새를 맡아볼 수도, 맛을 보거나 만져볼 수도 있었다. 그리고 커피는 불황도 견디는 상품이었다. 휘발유를 제외하면 커피는 모든 상품 중 가장 불황을 덜 타는 상품일지 몰랐다. 기계를 위한 연료, 사람을 위한 연료.

"하지만 진지해야 돼." 미션 스트리트에서 만난 그날 그가 목타르에게 말했다. "최소한 네가 무슨 얘기를 하는지는 알고 있어야 된다."

13
가식을 버리고

목타르는 블루보틀을 알고 있었다. 줄리아노가 그를 블루보틀에 데려간 적이 있었다. 그는 블루보틀이라는 이름을 지금까지 몇 년째 들어왔고, 블루보틀은 샌프란시스코 전역에 생겨나고 있었다. 커피업계에서의 미래를 이야기하기 시작한 이후로 사람들은 그에게 계속 블루보틀에 가라고, 블루보틀에서 공부하라고 말했고 목타르도 그럴 계획이었다. 하지만 그는 공부하고 연구하는 사람이었다. 그렇게 더 깊이 파고든 끝에 그는 또다른 모험담을, 한 곳에서 다른 곳으로 커피를 옮기고자 목숨을 걸었던 또 한 사람의 이야기를 찾아냈다.

1683년, 전성기를 맞은 오스만제국은 동부와 중부 유럽에 걸쳐 거대한 영토를 점유하고 있었다. 빈을 차지하고 싶었던 오스만제국은 군사 30만 명으로 그 도시를 포위했다. 빈으로서는 오스만제국의 공격을 방어해낼 가망이 없었다. 적진을 뚫고 462킬로미터 떨어진 곳의 폴란드군에게 사절단을 보내 지원을 받지 못한다면 말이다. 만일 그렇게 할 수만 있다면 폴란드 군대가 후방을, 빈 군대가 전방을 공격할 수 있었다.

빈 사람들은 자기들 중에서 프란츠 게오르그 콜시츠키라는 이름의, 아랍 세계에서 지낸 적이 있어 아랍어와 터키어를 할 줄 아는 젊은 폴란드인을 선발했다. 빈 사람들은 그에게 터키군 제복을 입혀 밤사이 적진 너머로 보냈다. 콜시츠키는 폴란드군 병영에 이르러 메시지를 전했다. 폴란드인들은 빈을 도우러 왔고, 그들은 함께 오스만제국이 포위를 풀고 물러나게 만들었다. 튀르크인들은 가져왔던 많은 것들을 남겨둔 채 퇴각했다. 여기에는 텐트 이만 오천 개, 낙타 오천 마리, 수소 만 마리와 작고 단단한 초록색 콩이 들어 있는 자루 오백 개가 포함되어 있었다.

폴란드인들은 그 콩을 낙타 먹이라고 생각했지만 콜시츠키는 그게 아니라는 걸 알고 있었다. 그건 커피콩이었다. 그는 아랍 세계에서 문제의 콩들을 볶고 우리는 걸 본 적이 있었다. 영웅적 행동에 대한 보상으로 그는 커피콩을 가져도 좋다는 허락을 받았고, 그 커피콩을 가지고 중부 유럽 최초로 커피하우스를 열어 블루보틀이라 불렀다. 그는 이스탄불에서 배운 대로 커피를 만들며 성공을 기다렸다. 그러나 성공은 오지 않았다. 빈 사람들은 이 새로운 음료에 맛을 들이지 못했다. 음료는 너무 진하고 너무 썼다. 커피의 날카로운 맛을 무디게 만들어 위기에 빠진 사업을 구하고자 콜시츠키는 크림 한 스푼과 꿀을 조금 더했다. 그제야 사람들이 몰려들었다. 콜시츠키의 혼합 음료는 복제되어 널리 퍼졌다. 비엔나커피를 발명하고 유럽에 커피하우스를 들여온 사람이 바로 그였다.

대략 삼백이십 년 후, 제임스 프리먼이라는 이름의 미국인이 등장했다. 그는 커피 마니아들 중 단연코 왕이 될 자격이 있는 것처럼 보였다. 그는 한때 전문 클라리넷 연주자—캘리포니아의 머데스토 교향악단의 제2클라리넷—였다. 그는 또 집에서 커피를 내리는 취미가 있었는데, 점점 질이 떨어지는 쪽으로 바뀌어가는—호박향이 들어간 라테라든지 캐러멜 마키아토 같은—커피들에 낙담한 순수주의자였다. 그는 기본으로 돌아가고자 했다. 그는 모든 고객들 눈앞에서 한 잔 한 잔 커피를 내리며, 그들이 진짜 커피를 맛볼 수 있기를 바랐다. 어도비 벽돌 오븐과 회전식 드럼통의 요소들을 결합시킨—여기에 트레드밀을 달아 인간(혹은 개)이 달리면서 동력을 공급하라고 적었다—거대한 로스팅 기계를 만드는 꿈을 품은 그는 자신의 설계도를 오클랜드의 다양한 기획 사무관들과 보건 당국에 가져갔다. 그러나 그들은 당황할 뿐 별 흥미를 보이지 않았다.

결국 프리먼은 아이다호주 샌드포인트에서 제조되는, 표준 전력으로 동력을 공급받는 다이드리흐 IR-7*로 커피콩을 볶기로 결정했다. 그는 샌프란시스코 헤이스밸리에 가게를 열고 아주 느리고 꼼꼼하게 커피를 만드는 방식을 개척했다. 그의 방식으로 보자면, 커피는 한 방울, 한 방울이 모여 한 잔 한 잔이 만들어지는 독특한

---

* 상업용 로스팅 기계 모델명.

프로젝트였다. 프리먼의 작은 가게는 동네의 신기한 구경거리에서 광신도들을 거느린 무언가로 빠르게 진화했다. 그는 그 가게를 블루보틀이라고 불렀다.

블루보틀 본사는 오클랜드 잭 런던 광장에 자리잡고 있었다. 블루보틀에서는 일요일마다 공개 시음 행사를 열었는데, 누구나 와서 보고 시음에 참여하거나 다양하게 내린 커피의 맛을 분석할 수 있었다.

처음에는 갓산이 그 행사에 참여할 수 없었기에 목타르는 자신이 아직도 3000달러를 갚아야 하는 오마르 가잘리를 데려갔다. 목타르는 오마르가 사업 가능성을 봐줄지 모른다는 기대를 품고 있었다. 오마르는 과일을 잘 알았고 커피도 일종의 과일이었으니까. 오마르는 또 스타트업을 잘 알았고 예멘도 잘 알았다. 과일 사업에서 나오는 현금을 가지고 오마르는 티셔츠와 양떼 목장, 폰카드 사업에 투자했다. 그는 새로운 기회에 열려 있었다.

그 주 일요일에 도착해보니 사람들 열 명 정도가 이미 모여 있었다. 목타르는 블루보틀 시음회가 대단히 허세로 가득한 곳일 거라 생각해 걱정했지만, 알고 보니 그곳은 따뜻하고 대체로 자유로운 분위기였다. 직원들은 대략 사십 개의 잔을 높은 탁자에 올려놓았다. 잔에는 각각 로스팅 방법과 원두 종류가 다른 다양한 커피가 담겨 있었다. 이후 직원들은 각 잔에서 한 스푼을 떠 입술로 가져간 다음, 그 한 스푼을 그냥 마시는 게 아니라 후루룩거리면서 모든 커피의 맛과 질을 평가하는 방법을 보여주었다. 그렇게 후루룩거려야 커피에 산소를 공급하여 맛을 온전히 끌어낼 수 있다고 했다. 그렇게 그들은 모든 잔을 후루룩 마시고 입안에서 조금씩 휙 돌려 머금은 다음, 들고 다니는 더 큰 잔에 그 한 스푼을 뱉어냈다.

목타르는 아무 말도 하지 않았다. 그냥 지켜보았다. 하지만 오마르가 미소를 짓거나 박장대소를 하거나, 아니면 걸어나가 다시는 돌아오지 않으려 할 거라는 건 알 수 있었다. 시음회 책임자는 이 잔에서 저 잔으로 걸어다니며 후루룩거린―그것도 큰소리로―다음 커피를 뱉어냈다. 무슨 커피든 이런 방식으로 대체 어떻게 제대로 평가할 수 있다는 건지 상상조차 불가능했다. 왜 마시지 않는 거지? 왜 한 스푼 이상을 마시지 않는 거야? 그리고 후루룩거리는 건, 기본적으로 다른 사람의 정신을 산만하게 하는 행동 아닌가?

하지만 그때 목타르의 차례가 되었다. 목타르는 앞에 놓인 잔으로 스푼을 가져갔다. 그는 갈색 액체로 이루어진 작은 웅덩이가 스푼을 가득 채우게 한 뒤, 후루룩거리면 실제로 자기한테서는 어떤 소리가 날까 궁금해하며 그것을 입술로 가져갔다. 그가 낸 소리는 빠른 고음이었다. 목타르는 눈을 들면서 적어도 방안의 누군가는 웃고 있을 거라고 예상했지만 아무도 그러지 않았다. 그는 입속 커피를 휙 돌려보며 맛이 어떤지 생각해보려고 애썼다.

고소한가? 그는 고소함이라고 적었다. 과일향이 나나? 그날 과일향이라는 단어를 많이 들었던 그는 과일향이라고 적었다. 근처에서 누군가가 초콜릿맛이 살짝 난다고 하기에 자기도 그렇다고 적었다. 시음회는 현실성과 난해함 사이를 오갔다. 한 시간가량 이어지는 동안 너무 많은 정보를 접하다보니 소화하기 어려웠다. 원두의 품종, 맛의 톤, 라이트 로스트와 다크 로스트에서의 첫번째 크랙*과 두번째 크랙 이야기, 과테말라 사람들 이야기, 커피 열매의 다섯 가지 층에 관한 이야기가 나왔다.

목타르는 머리가 무겁고 기운이 쭉 빠졌다. 엄청난 양의 정보를 받아들여 빠르게 복기하는 데에는 도가 텄지만 이건 너무 심했다. 그렇지만 이후 그는 이 시음회를 주도한 토머스 헌트에게 다가가 자기 계획을 이야기해야만 한다는 강박을 느꼈다. 목타르는 헌트에게 자기가 예멘에서 수백 년 동안 커피를 길러온 가문 출신이며, 곧 예멘으로 돌아가 예멘의 커피 기술을 되살리고 예멘 커피를 명품 커피 시장으로 가져올 거라고 말했다. 토머스는 적당히 격려를 해주면서 예멘 커피는 불순물이 많고 품질이 고르지 못한 것으로 널리 알려져 있고, 수많은 노련한 수입상들도 목타르보다 먼저 예멘에서 커피를 가져오는 일에 도전했다고 말했다.

난 예멘 커피 품질을 끌어올릴 수 있어. 목타르는 그렇게 생각했다. 가지고 나올 수도 있어.

사실, 둘 중 뭐라도 진실이라거나 가능성 있는 일이라고 믿을 이유는 전혀 없었다.

목타르는 그다음주에도 블루보틀에 갔다. 이번에는 아직도 올리브오일의 세계를 탐사해볼까 고려하고 있던 저스틴과 함께였다. 둘은 메모를 했고 시음을 했으며 약간 더 많은 것을 배웠다. 이

---

* 커피콩을 볶는 과정에서 나는 파열음.

번에도 행사가 끝나자 목타르는 남아서 토머스에게 다시 자기소개를 하고 예멘 커피를 되살려 세계의 명품 커피 무대에 올리겠다는 마음이, 국경을 넘나드는 협력을 만들어내고 세계에 예멘에 대한 다른 생각이, 드론이나 알카에다와는 다른 예멘을 소개하겠다는 마음이 진심이라고 되풀이했다. 이번에는 목타르의 말을 믿은 것인지 그를 다른 사람에게 떠넘기고 싶어서였는지 토머스가 그라시아노 크루즈라는 사람을 언급했다. 크루즈는 똑같은 일을 에티오피아와 페루, 엘살바도르의 커피를 가지고 하는 파나마 사람이었다.

"그분하고 얘기해보세요." 토머스가 말했다.

"어떻게요?" 목타르가 물었다. 그라시아노 크루즈라는 이름이 그의 영웅서사시에 등장할 다음번 비밀 간수자라는 확신이 들었다.

"제가 그분 이메일 주소를 보내드리죠." 토머스가 말했다.

하지만 토머스는 목타르에게 이메일 주소를 보내주지 않았다.

매주 목타르는 블루보틀로 가서 시음을 하고 공부를 하고 행사가 끝나고 남아서 화이트보드에 쓰인 모든 것을 베껴 적었다. 그리고 행사가 끝날 때마다 토머스에게 그라시아노 크루즈의 이메일 주소를 물어보았다. 토머스는 매번 미안합니다, 까먹었네요라며 다음날 보내주겠다고—목타르와 그라시아노가 정말로 이야기를 나눠봐야 하며, 같은 맥락의 사명을 가진 만큼 둘이 서로를 꼭 알고 지내야 한다고 강조하면서—말했지만 매주 다시 잊어버리곤 했다.

목타르는 계속 블루보틀에, 이제는 평일에도 갔다. 토머스와 블루보틀의 나머지 직원들은 목타르를 그냥 내버려두었고 심지어 그가 공개 시음회에서 일하도록 하기도 했다. 머잖아 목타르는 기초에 어느 정도 숙달하게 되었다.

14
기초

커피나무가 있었다. 그는 커피나무를 알았다.

커피 아라비카. 이 식물은 관목과 나무 사이의 어떤 것으로, 둘 중 어떤 이름으로 부르든 그럴싸했다. 어떤 사람들은 커피가 떨기나무라고 했다. 높이는 12미터까지 자랄 수 있었지만 그건 이상적이지 않았다. 이상적인 건 2~3미터로 더 작은 경우였다. 물이 꽤 필요했고 해는 온전히 받아도, 부분적으로 받아도 잘 자랐으며 대부분 기후에서는 일 년에 두 번씩 꽃을 피웠다. 난초와 비슷한 꽃잎은 섬세한 흰색이었다. 꽃이 피고 나면 노란색에서 초록색으로, 다시 빨간색으로 바뀌는 열매가 맺혔는데, 이 열매를 딱 맞는 순간에 따면 최고의 커피가 되었다. 커피콩은 열매 안 깊은 곳에 있었다. 포도처럼 타원형에 색깔이 선명하고 부드러운 열매 안에는 겹겹이 다섯 층이 있었다. 맨 바깥을 덮고 있는 건 빨간색 껍질이었다. 그 아래가 식용 가능하고 과즙도 풍부한 과육이었는데, 이 과육은 더 거칠고 살이 없다는 점을 제외하면 밀도 면에서는 포도와 다른 점이 없었다. 그 아래에는 점질이라 불리는 아주 얇은 층이 있었고, 그 아래가 내과피였다. 그 아래로 실버스킨이라 불리는 또하나의 아주 얇은 층이 있고, 그 모든 것들 밑에 마침내 커피콩이 있었다. 머리 부분이 둘로 나뉜 씨앗인 커피콩은 실제 초록색에서 카키색까지 다양한 색깔을 띠었다.

평균적으로 커피나무는 수확을 할 때마다 대략 4.5킬로그램의 열매를 냈으며, 대부분의 국가에서는 수확꾼이 열매를 하나하나 손으로 따서 들고 다니는 바구니에 담아야 했다. 커피 가공에 있어서는 시작에 불과했지만 어느 작물에서든 수확이야말로 가장 복잡한 과정이었다. 농장에서 소비까지 가는 여행에서 수확이 가장 복잡한 과정인 건 아마 인류가 알고 있는 모든 식품이 마찬가지일 것이다.

일단 나무에는 모든 대형 식물이 그렇듯 일관적인 돌봄과 지침이 필요했다. 비료를 주고 해충으로부터 보호해줘야 하며 대부분의 열매가 아래쪽 가지에 열리도록 가지치기를 해줘야 했다(수확꾼들이 사다리를 사용할 필요가 없도록 말이다. 그게 아니더라도 높은 가지는 열매를 덜 맺었다).

건강한 나무는 한 그루에 수백, 심지어 수천 개의 열매를 맺었고 이 열매들은 일 년에 두 차례씩 무르익었지만 그 시기는 같지 않았다. 그러니까 어느 가지를 고르든 미칠 듯이 다양한 정도로 다르게 익은 열매들이 달려 있다는 뜻이다. 게다가 (어떤 사람들의 말에

따르면) 가장 좋은 열매는 떨어지기 일보 직전에 딴 붉은 열매뿐
이었다. 붉은색일수록 당분 함량이 높고 맛이 좋았다. 그래서 수확
꾼들은 신중해야 했다. 빨간 열매는 따되 노란색과 초록색 열매는
익도록 놔두고, 이미 너무 익어버린 것은 제거해야 했다. 솜씨 좋
은 수확꾼이라면 한 시간에 13킬로그램짜리 바구니 하나를, 하루
에 바구니 열두 개를 채울 수 있었는데 그 말은 하루에 열매 163킬
로그램을 딴다는 뜻이었다. 이상적으로라면 이런 바구니들은 모두
빨간색이어야 했다. 빨간 열매가 수천 개 담겨 있어야 한다는 말이
다. 그게 하루의 작업이다. 열매 하나를 딸 때마다 눈과 손가락 두
개, 그리고 비트는 동작이 필요했다.

　이 열매들은 농장의 중앙 저장소로 운반되어 가공되었다. 작은
농장이라면—전 세계에는 작은 농장이 수천수만 개 있고, 그중 다
수는 겨우 수천 평밖에 되지 않는다—열매를 공용 가공장으로 보
내 가공했고 규모가 더 큰 농장들은 자체적으로 가공을 했지만, 어
느 경우든 핵심은 커피콩에서 그 모든 층을 분리해내는 것이었다.
가공이라는 말의 뜻이 그것, 콩에서 다섯 개의 층을 모두 제거한다
는 것이었다. 방법은 주로 두 가지로, 습식과 건식이 있었다.

　습식 가공은 가장 흔하게 쓰는 방법으로, 워시드 커피라 불리는
것을 만들어냈다. 이 가공법에 따르면 빨간 열매가 과육 제거기로
보내져 바깥쪽의 껍질과 과육이 제거되었다. 이 과정을 거치고도
끈적이고 미끈거리는 층인 과육은 계속 콩에 남아 있다. 콩을 물에
담갔다가 몇 시간에서 며칠에 이르는 기간 동안 발효되도록 놔둔
다. 그러면 점질이 딱딱해져 콩에서 떼어내기 쉬워진다. 이때 물이

더 들어간다. 초록색 콩만 남을 때까지 다시 세척한다. 이 초록색 콩들은 이후 실외의 태양 아래에서든, 건조기에서든 나흘에서 여드레에 이르는 기간 동안 건조된다. 습식 가공을 하면 커피콩의 질이 어느 정도 균일해진다. 그래야 명품 커피라 할 수 있었다. 그러나 거기에는 놀랄 만큼의, 어쩌면 지속 불가능한 정도로 많은 물이 쓰였다.

자연 가공 혹은 건식 가공은 비교적 오래된 가공법으로, 예멘에서 기원하여 아직도 실행되고 있다고들 했다. 이름을 보면 알 수 있듯 이 방법에는 물이 전혀 들어가지 않는다. 열매는 보통 금속망처럼 격자무늬의 평상에서 건조되고, 건조된 뒤에는 껍질이 벗겨진다. 단순한 기계를 거쳐 콩에서 모든 층이 벗겨져나간다. 콩이 세척되지 않아 점질이 어느 정도 남아 있는데다 과육 속에서 더 오랜 시간을 보내며 그 맛을 흡수하기 때문에, 건식 가공법은 과일향이 더 나지만 훨씬 예측하기 어려운 맛을 낸다. 이 점은 여러 세대에 걸치면서 예멘 커피의 골칫거리이자 장점이 되었다. 건식으로 가공된 커피는 믿을 수 없을 만큼 맛이 풍부할 수도 있었지만, 그런 장점이 무색할 만큼 품질이 들쭉날쭉했다.

가공된 콩은 자루에 담아 묵혀둔다. 목타르가 배운 대로라면, 이렇게 묵히는 이유는 가공이 열매에 스트레스를 주는데—열매에 스트레스를 주다니!—그토록 스트레스가 심한 과정을 거친 뒤에는 회복할 시간이 필요하기 때문이었다. 사람들은 목타르에게 말했다. 열매는 아직 살아 있어, 기억해. 이것들은 씨앗이야, 기억해. 여전히 커피나무를 키워낼 수 있다고. 그래서 묵히는 기간은 삼 개월에서 육 개월로 다양했다. 품질을 그렇게까지 의식하지 않는 농부들은 훨씬 오랜 기간 동안 콩을 저장했지만 그래도 충분히 괜찮은 커피를 만들어냈다. 그러나 대부분의 전문가들은 저장기간이 일 년 이상 길어지면 안 된다는 점에 의견을 모았다. 커피콩은 수확 후 일 년 이내에 로스팅해야 했다.

하지만 일단은 분류를 거쳐야 했다.

거의 예외 없이 모든 농장과 가공시설에는 손으로 콩을 분류하는 사람들이 끝없이 줄지어 있다. 보통은 여성이었다. 이들의 임무는 단순하지만 노동집약적이다. 이들은 커피콩더미를, 수백 개의 콩 하나하나를 가져와 결함이 있는 것을 제거하는 작업에 공을 들인다. 전문가들은 나쁜 콩은 썩은 사과와 같다고 말한다. 그게 다른 콩들까지 망칠 수 있으니까.

어떤 경우에 결함 있는 콩이 되는 걸까? 보통 결함은 뚜렷했다. 어떤 콩은 깨져 있었다. 이런 파편들은 제거해야 했다. 어떤 콩은 썩어 있었다. 아니면 발효되어 있거나 쉬어 있었다. 보통 문제가 있는 콩들은 눈에 띄었다. 분류 작업자들은 탁자나 책상에 앉아 커피콩더미를 끊임없이 가져와서 문제가 되는 콩들을 골라냈다. 이 과정에는 며칠이 걸렸다. 커피콩이야 그냥 커피콩이라고만 생각하는 사람들, 모든 콩이 함께 재배되고 함께 볶아지겠거니 생각하는 수십억 명의 커피 소비자가 들으면 놀랄 만한 수준의 집중력과 신중함이 필요했다. 놀랍도록 세심한 관심과 균질성을 위한 헌신으로 사람이 실제로 콩을 하나하나 고르고 선택했다.

그다음은 운반이다. 분류된 초록색 콩은 이름이 붙어 포장되고 운송된다. 목타르는 모든 수확이 신중하게 기록되고 소량으로—톤이 아니라 킬로그램 단위로—측정되어 수출되는 명품 커피 포장과 운송에 대해 블루보틀에서 배웠다. 명품 커피는 생산 농장과 재배 농부가 알려져 있었다. 커피 자루에 국가와 지역 이름이, 예를 들면 과테말라 안티과라고 명시되었다. 그다음에 품종이 나왔다. 예를 들면 티피카 부르봉 같은 식으로. 많은 경우 농장과 농부의 이름도 표시되었다. 와인이나 치즈에서처럼, 일정 수준의 친밀감과 정보가 제공되었다.

이후 이런 자루들은 로스터에게로 보내졌다. 블루보틀이 바로 로스터였다. 로열 그라운드도 로스터였다. 인텔리전시아도 로스터였다. 개인 혹은 회사 단위의 로스터들이 있어서—로스터들은 클 수도 작을 수도, 다국적기업일 수도 영세한 단위의 애호가일 수도 있었다—초록색 콩을 받아 일반적으로 커피라고 생각되는 콩과 비슷한 모양이 될 때까지 가열했다.

지난 세기 동안, 사람들 대부분이 로스팅에 대해 아는 것이라고는 로스팅이란 커피를 가지고 하는 작업이며 프랑스에서 쓰는 방법과 이탈리아에서 쓰는 방법이 어떤 식으로든 다르겠거니 하는 정도였다. 하지만 블루보틀에서 목타르는 실제로 눈앞에서 로스팅이 이루어지는 모습을 볼 수 있었다. 거대한 독일제 기계가 열기를 뿜어내며 커피를 볶고 있었다. 그 기계는 사람이 계속 들여다봐줘야 했다. 로스터들은 커피콩을 기다란 홈통을 통해 커다란 드럼통 같은 오븐 속으로 떨어뜨렸고, 오븐은 콩을 계속해서 들들 볶으며 모든 면이 반드시 동일하게 구워지도록 했다. 하지만 모든 커피가 같은 방식으로 로스팅되는 것일까? 전혀 그렇지 않았다. 모든 커피가 달랐다. 단, 어떤 경우든 과하게 로스팅하는 것은 극히 피해야 할 일로 간주되었다.

좋은 커피는 소량으로 나누어 부드럽게, 또 가볍게 로스팅해야 했다. 검어질 때까지 로스팅을 하면 커피의 특장점이 가려지거나 죽어버렸다. 스테이크를 태우면 좋은 고기가 망가지는 것과 비슷했다. 로스팅된 커피는 팔백 가지 이상의 다양한 향과 맛 요소를 띠는데, 이런 맛과 향을 괜찮게 끌어내려면 장인의 솜씨가 필요했다. 목타르는 블루보틀의 로스터들이 바로 이런 일을 하는 것을 지켜보았다. 그 과정을 보자면 훌륭한 셰프나 유리 공예가의 작업 — 예술적 수완과 정확성이 필요하지만, 동시에 불과 밸브, 레버의 조작도 필요한 작업 —을 지켜보는 듯한 느낌이 들었다. 게다가 이 모든 일은 겨우 몇 분 안에 이루어졌다. 평균적으로 로스팅에는 십 분밖에 걸리지 않았는데, 그만큼 매순간이 아주 중요했다. 간혹 로스팅 중간에 로스터는 색깔과 크기, 크랙을 확인하며 콩을 몇 개 골라내기도 했다. 치열한 몇 분이다. 로스터들은 종종 그 모든 일을 해낸 뒤에도 더 잘해낼 수 있었을 텐데, 하고 생각하곤 했다. 이상적으로는 로스팅된 커피는 묵혀둬야 한다. 커피는 로스팅 사흘 후에 최고의 맛에 도달해 칠 일 후부터는 맛이 떨어지기 시작하기 때문이다. 로스팅 사흘 후에 커피를 가는 것이 가장 좋고 간 직후에 내려 마시는 것이 최선이었다.

그 과정 어디에든 사람들이 참여하고 있었다. 커피나무를 심고 관찰하고 돌보고 가지 치고 비료를 주는 농부들. 산악지대의 희박한 공기 속에서 줄지어 늘어선 나무들 사이를 걸어다니며 열매를, 오직 빨간 열매만을 하나씩 따서 들통과 바구니에 담는 수확꾼들. 역시 대부분 수작업을 통해 콩 하나하나에서 끈적거리는 점질을 손가락으로 제거하는 노동자들. 건조대에서 커피콩들을 이리저리 돌려가며 고루 건조되는지 확인하는 노동자들도 있었다. 그런 뒤에는 건조된 콩을 분류하는, 나쁜 콩들 사이에서 좋은 콩을 골라내는 사람들이 있었다. 그다음은 이렇게 분류된 콩을 자루에 담는 사람들이다. 그들은 신선도를 유지해주고 원치 않는 맛이나 향이 들어가지 않도록 풍미를 유지해주는 자루에 커피를 담았다. 자루에 담긴 콩을 트럭에 던져 옮기는 사람들도 있었다. 자루를 트럭에서 내려 컨테이너에 집어넣고 배에 싣는 사람들도. 배에서 자루를 내려 서로 다른 트럭들에 상차하는 사람들도. 트럭에서 자루를 내려 도쿄와 시카고, 트리에스테의 로스터리로 가져가는 사람들도. 일회분씩 로스팅하는 사람들. 집에서 커피를 갈아 내리고 싶어하는 이들을 위해 더 작은 봉투에 더 작은 분량을 포장해 파는 사람들. 혹은 커피숍에서 원두를 간 다음 커피나 에스프레소나 카푸치노를 공들여 내리고 잔에 따르는 사람들.

그렇다면 커피는, 어떤 커피가 됐든 농장에서 커피잔에 이르기까지 사람 손을 최소 스무 번은 거쳤을 것이다. 그런데도 커피 한 잔의 가격은 겨우 2달러나 3달러였다. 얼마나 많은 사람들이 관여했는지, 또 얼마나 많은 사람들이 잔 속에 녹아든 원두 하나하나에 관심과 전문성을 아낌없이 쏟았는지 생각하면 4달러짜리 커피라도 기적이었다. 사실, 이토록 많은 사람들의 관심과 전문성이 들어갔다는 점을 생각해보면, 커피값이 4달러라도 제조 과정에서 누군가—혹은 많은 사람, 수백 명의 사람들—가 수탈당하고, 충분한 임금을 받지 못하고, 착취당하고 있을 가능성이 있었다.

15

C마켓*과 세 번의 물결

목타르는 문제가 C마켓이라는 걸 깨달았다. 커피는 상품이었고, 전 세계적으로 수확되어 판매되는 커피 대부분에 지불되는 가격은 C마켓에서 정해주는 가치에 좌우되었다. 만일 C마켓에서 커피가 500그램에 1달러라고 선언하면 그 가격이 모든 곳—과테말라에서 르완다, 베트남에 이르는—의 농부들이 자기 작물에 부과할 수 있는 금액을 좌우했다. 물론 농부가 받는 금액은 1달러가 아니다. 1달러는 전 세계 커피의 40퍼센트를 사들이는 대기업—네슬레, 프록터 앤드 갬블, 필립 모리스, 새라 리 등—에서 지불하는 최종 가격이다. 예컨대 콜롬비아에 사는 평균적인 소농이 커피 500그램을 팔고 실제로 받는 가격은 30센트일지도 모른다. 그것도 대기업

---

* 뉴욕의 무역상들에 의해 매일 세계 커피 가격이 결정되는 커피 상품 시장.

에 직접 판매하는 것이 아니었다. 그랬다. 일단 농부는 작물을 고리대금업자—농부들에게 수확 때까지 돈을 빌려주고, 실질적으로 농부들을 영구 채무 상태에 묶어놓는 중개업자들—에게 판매할지도 모른다. 고리대금업자들은 소농 수십 명이 내놓은 작물을 섞어 한 꾸러미로 만든 다음 그 전체를 지역 중개업자에게 판매한다. 이 중개업자들은 콜롬비아 전역에서 사업체를 운영하며 소농들 수십, 수백 명에게서 작물을 사들이고 그것들 모두를 뭉뚱그리는 단 하나의, 이를테면 '콜롬비아 커피'라고 불리는, 덩어리로 통합시킨다. 이후 중개상들은 이 부피만 큰 지역 수확물을 다국적 대기업에 공시가격으로 판매한다.

이 시스템은 커피산업의 첫번째 물결이 일 때, 힐스 형제가 산파 역할을 하던 시기에 처음 시작되었다. 첫번째 물결 당시 커피는 대중적 인기가 폭발해 대량생산의 모든 이점과 약점을 품은 수십억 달러짜리 사업이 되었다. 진공포장은 커피의 신선도를 유지하고 먼 곳까지 운송하는 일을 비교적 쉽게 만들었지만 고객과 로스터 사이를 더 벌려놓았다. 일본계 미국인 화학자 사토리 가토는 1903년 인스턴트커피 제조 공법을 발명하고 특허를 내서 네슬레, 맥스웰 하우스, 폴저스 등이 감각을 자극하는 식품이라기보다는 카페인을 전달하는 상품으로 커피를 마케팅할 수 있게 해주었다. 하지만 대량생산된 커피는 값이 쌌지만 맛이 형편없어서 소비자들은 참고 마시려면 어쩔 수 없이 설탕과 우유, 수없이 많은 다른 후가공 첨가물들을 넣어야 했다.

커피의 두번째 물결은 커피 가격과 품질이 급락한 것에 대한 반응으로 일어났다. 1960년대 알프레드 피트라는 사람이 캘리포니아 버클리에 작은 커피 로스터리 겸 카페를 열고 커피의 산지와 그 커피를 가장 잘 로스팅할 수 있는 방법에 다시 관심을 집중시켰다. 피트의 커피는 길가의 일반 식당에서 마시는 커피보다 비쌌지만 품질이 훨씬 뛰어났다. 고객들이 몰려들어 피트는 성공을 거두었고, 하워드 슐츠의 스타벅스를 비롯해 여러 기업들이 등장하면서 커피의 두번째 물결이 닿는 범위가 더욱 확장될 수 있었다. 슐츠는 피트처럼 사회적 의식이 있는 사업가였으며, 커피의 원산지를 강조할 뿐 아니라 그곳의 농부들에게 더 많은 급료를 주려 애썼다. 스타벅스가 일종의 세계적 현상으로 발전하고 사회적 공간으로서의 카페를—가끔은 커피 자체보다도 더—강조하면서, 커피 시장의 많은 사람들은 다시 한번 로스팅과 커피 내리기에 대한 근본적이고 장인정신에 가까운 접근으로 돌아갔다. 이때는 방점이 분명히 커피 자체에 찍혔다.

그리고 커피의 세번째 물결이 시작됐다. 세번째 물결에 속한 로스터들은 대개 체인점이 아니라 독립적인 가게를 소유하고 운영했다. 이들은 자신들이 쓰는 커피의 원산지를 국가나 지역뿐 아니라 생산 농장에 따라 강조했다. 농부의 이름을 강조하기도 했다. 커피 맛의 요인이 되는 토양, 고도, 그늘을 강조했다. 이들은 커피를 자기 가게에서 로스팅해 곧바로 내렸다. 그리고 한 번에 한 잔씩 물을 붓는 방식을 선호했다. 그러면 고객들은 한 잔 한 잔마다 직접 만든, 단 하나밖에 없는 특별함을 누릴 수 있었다. 산지의 양조장에서 새 카베르네*를 마실 때 얻는 것과 다르지 않은 경험이었다.

목타르는 와인과의 비교가 세번째 물결을 가능하게 하는 핵심이라는 걸 알고 있었다. 요즘 레스토랑에서는 손님이 와인을 마시고 싶을 때 와인 리스트를 요청한다. 그 리스트에는 와인의 종류—카베르네, 피노 누아르, 샤르도네 등—뿐만 아니라 각 종류마다 수십 가지의 선택지가 있었다. 안목이 있는 고객은 그냥 말벡이 아니라, 그냥 아르헨티나산 말벡만이 아니라, 우코 밸리의 바인스 오브 멘도사 양조장에서 만든 말벡을 원할 수도 있다. 그곳의 토양, 수질, 높은 고도가 이런 부드러운 레드와인용 포도를 재배하는 데 이상적이라고 여기기 때문이다. 와인은 이런 차별성을 갖고 있었고 고객들이 이 점을 인식했기에 오랫동안 혜택을 누려왔다. 그래서 와인 제조자들은 가격에 더 많은 통제력을 가지고 있었다. 고품질 와인을 생산하면 그에 대한 프리미엄을 청구할 수 있었다. 그래서 와인 제조는 실력주의를 따르게 되었다. 커피는 1882년부터 시작된 공시가격이라는 족쇄를 차고 있다는 면에서 그렇지 않았다.

세번째 물결은 농부들을 C마켓에서 해방시킬 방법을 제시했다. 예컨대 에티오피아의 농부 중 이십 년 동안 500그램에 1달러 하는 공시가격에 종속된 사람이 있다고 해보자. 그래서 그가 피고용인들과 함께 가난의 멍에를 쓰고 있다고 말이다. 하지만 만일 예외적 품질의 커피를 만들어내는 데 성공한다면, 그 농부는 지역 수준 혹은 세계 수준의 경쟁에 참여할 수 있게 된다. 이때 커피가 높은 등

---

* 레드와인의 일종.

급을 받는다면 농부도 시카고의 인텔리전시아 커피 & 티 혹은 포틀랜드의 스텀프타운 커피 로스터 같은 세번째 물결 로스터들의 관심을 받을 수 있다. 그다음에는 뭔가 특별한 일이, 직접무역이 가능해질 수도 있었다.

세번째 물결은 두번째 물결의 핵심 성과를 기반으로 일어났다. 마찬가지로, 직접무역은 공정무역의 중요한 성과로부터 이루어진 진전이었다. 공정무역 옹호자들은 제1세계에서 소비되는 상품을 만들 때 개발도상국가들의 노동력을 착취하지 않는 데 엄청난 노력을 기울였다. 그러나 직접무역은 여기에서 한발 더 나아갔다. 에티오피아의 커피 농부가 인텔리전시아의 로스터들과 직접무역을 하면 공시가격의 모든 함정은 사라진다. 불분명한 모든 것들이 제거된다. 로스터는 문제의 에티오피아 농장으로 여행을 떠나 농장주와 직원, 수확꾼들을 만나고, 나무와 가공시설을 조사하고 자기가 사는 물건을 자기 눈으로 직접 볼 수 있었다. 커피 품질이 높고 사업 관행이 건전하다면 로스터와 생산자는 고리대금업자나 중개상, 다국적 대기업, 혹은 C마켓의 간섭 없이 가격을 합의할 수 있다. 직접무역 로스터는 에티오피아 농부가 과거에 팔았던 가격보다 반드시 높은 금액을 지불할 것이다. 세계시장의 무자비한 의지에서 자유로워진 농부는 500그램에 3달러, 10달러, 20달러에 커피를 팔지 모른다. 전 세계—엘살바도르, 하와이, 파나마 등—에는 500그램당 40달러에 판매되는 희귀한 품종들이 있다. 그 효과는 즉각적이고 지대했다. 만일 직접무역을 통해 농부가 500그램당 1달러를 더 받게 되면, 이 거래는 농부의 삶은 물론 수확꾼들과 직원들의 삶을 근본적으로 바꿔놓는다. 만일 그 농부가 공시가격의 사십 배를 받는다면, 간신히 손익분기점을 넘기던 작업은 전문직이 된다. 그러면 관련된 모든 사람들이 존엄성과 자긍심을 가지고 살아갈 수 있다.

마지막 단계는 그 가격을 지불하도록 고객을 설득하는 일이다. 2달러짜리 커피에 익숙해져 있는 고객은 직접무역 에티오피아 커피에 5달러를 낸다는 생각에 깜짝 놀랄 것이다. 하지만 고객이 5달러가 그 커피에 마땅히 지불해야 할 실제 가격—그 한 잔의 커피를 만드는 데 관여한 모든 사람들이 인간적 대우를 받고 존엄성을 가진 삶을 살 기회를 갖도록 보장해주는 올바른 가격—이라는 걸 안다면, 그 고객은 주저할 것인가, 앞으로 나아갈 것인가?

목타르는 이 일이 예멘에서 만들어낼 수 있는 차이에 대해 생각했다. 그가 알기로 예멘에서는 커피가 너무 노동집약적이고 싸게—보통은 육로를 통해 사우디아라비아까지 커피를 날라가는 중개상들과 고리대금업자들에게—팔려서 어떤 예멘 농부라도 작업이 불가능할 지경이었다. 몇 년 전, 농부들은 대부분 커피를 포기하고 카트로 갈아탔다. 물이 더 많이 필요하긴 했지만 카트는 훨씬 이윤이 높았고 대체로 예멘 내에서 소비되었다. 카트 거래는 중간상이 더 적고 사업도 단순했다. 예멘에서 카트를 만들어 예멘에서 판매하는 것이니까.

그렇다면 목타르가 예멘에서 커피를 부활시킬 수 있는 유일한 방법은 예멘 커피에 지불되는 가격을 카트 이상으로 높이는 것이었다. 그러려면 그는 농부들과 직접 거래하고, 국제적인 명품 커피 로스터들에게서 받을 수 있는 가격에 기반하여 가격을 결정해야 했다. 그리고 이런 명품 커피 로스터들에게서 높은 가격을 따내려면 예멘 커피 재배의 질을 극적으로 끌어올려야 했다. 그리고 이 모든 일을 예멘의 커피 농장에 발을 들이지 않은 채 시작해야만 했다.

16
계획
part 2

이제 목타르에게는 새로운 계획이 생겼다. 갓산에게 보여주었던 엉터리 버전보다 훨씬 낫고 집중도가 높은 계획이었다. 그는 **모카의 수도사**라는 제목을 달아 이 새로운 버전을 문서로 작성했다. 그는 아직 이름을 바꾸지 않았고, 모카의 스펠링도 결정하지 못했다. 하지만 새로운 이름을 생각해내는 것도 할일 목록에 올라 있었다. 할일이 많았다.

'비전: 커피 품질과 삶의 질을 긍정적으로 바꾸어놓을 수 있는 지식과 도구를 예멘의 커피 농부들에게 제공한다.'

그는 몇 가지 사업계획서를 본 적이 있었고, 그런 사업계획서들은 보통 이렇게 시작했다. 한 문장으로 요약된 비전으로 말이다. 한 문장 이상은 모두 집중도가 떨어져 보였다. 비전 다음에 미션을 통해 보다 상세하게 설명할 수 있었다. 목타르는 이렇게 적었다.

'미션: 예멘에 경제적으로 생존 가능하고 지속 가능하며 높은 윤리적 기준과 사회의식을 갖춘 사업 관행을 마련하고, 이를 통해 커피의 품질, 일관성, 생산량을 향상시켜 재배자들과 생산자들의 삶에 변화를 가져다주는 것을 목표로 하는 커피회사를 만든다.'

'핵심 가치:

- 농부가 먼저다.

- 정직과 투명성

- 모든 일에서의 높은 윤리적 기준

- 의무와 책임

- 양보다는 질'

미션 다음에는 보통 전략적 중점 분야 같은 것들이 있었으므로 목타르는 이것도 자세히 적었다.

'전략적 중점 분야: 우리의 중점 분야는 명품 커피 시장이다. 우리는 재배자들이 추적 가능하고 품질과 일관성이 높은, 햇빛에 건조된 아라비카 커피를 생산하기를 바란다. 우리 농부들은 재배와 수확, 가공에 있어서 고대의 전통 경작법의 유산을 잃지 않으면서 신세계와 구세계가 만나는 최적의 지점들을 찾아 보다 효과적인 방법을 활용할 것이다.'

그는 이 계획을 갓산에게 보여주었다.

"낫네." 갓산이 말했다.

목타르는 마침내 그라시아노 크루즈를 추적해냈고, 그와 온라인으로 우정을 쌓았다. 그라시아노는 목타르에게 로스앤젤레스에서 열리는 행사에 대해 이야기해주었다. 세계 각지의 명품 커피 로스터와 무역상들이 모이는 행사였다. "내가 그 회의를 주관하는 사람들을 알고 있어요." 그라시아노가 목타르에게 말했다. "그냥 나랑 아는 사이라고만 얘기하세요."

목타르는 혼자 가고 싶지 않았다. 일행이 있으면 좀더 전문적으로 보일지 모른다는 생각이 들었다. 그는 줄리아노를 불렀지만 줄리아노는 로스앤젤레스까지 차를 몰고 싶어하지 않았다. 저스틴도 로스앤젤레스까지 가려고 들지 않았다. 운전을 하고 싶어하는 사람도 없고 비행기를 탈 자금도 없었으므로 목타르는 라피크 삼촌에게 전화를 걸었다. 라피크는 전직 오클랜드 경찰로, 지금은 시트르, 타즈, 라칸과 함께 리치그로브에 살고 있었다.

라피크는 지속적으로 자신을 재발명하는 사람이었다. 목타르보다 겨우 여섯 살이 많았는데 이미 열두 가지 인생을 살았다. 그는 아프리카 디아스포라 박물관에서 보안관으로 일하기도 했다. 그다음에는 UPS 운송회사 기사, 그다음에는 AC 운수회사의 버스기사였다. 그는 심지어 일 년간 목타르의 가족과 함께 트레저 아일랜드에서 살기도 했다. 마침내 경찰학교에 들어가 뛰어난 성적을 내고 사격술 관련 상을 여러 개 탄 다음 졸업생 대표로 지명되었다. 그는 육 년간 오클랜드에서 순찰 경관으로 복무했지만 결국 허리를 다쳐 장애인이 되었고 지금은 리치그로브로 돌아와 여러 선택지를 가늠해보고 있었다. 어쩌면 햄버거가게를 열거나 포도 농장을 시작할지도 몰랐다. 아니면 커피숍이라든지.

목타르는 라피크에게 명품 커피 컨퍼런스에 가고 싶은지 물었다. 스스로를 식도락가라고 생각했던 라피크는 동의했다. 그래서 커피 수출입상 지망생 목타르는 네 시간 동안 차를 몰고 리치그로브로 가 라피크를 태웠고, 두 사람은 다음 몇 시간 동안 로스앤젤레스로 차를 몰아갔다. 목타르는 라피크에게 예멘 커피의 잠재적 영광에 대해, 커피를 통해 예멘의 무역을 되살리고 세계를 향해 예멘에는 드론 공격과 카트 말고도 많은 것이 있다고 선언할 방법에 대해 알려주었다. 하지만 둘 중 누구도 컨퍼런스에서 무슨 일이 벌어질지, 자기들이 옷은 제대로 입고 가는 건지, 신분 증명서나 그곳 소속이라는 증거를 요구받게 될지 전혀 몰랐다. 그들은 심지어 명함도 없었다.

문을 지키던, 활짝 미소 짓는 턱석부리 젊은이가 그들에게 소속을 물었다. 목타르는 예멘-미국 2개국 회사인 모카의 수도사 소속이라고 말했다(그는 아직 회사 이름을 바꾸거나 스펠링을 결정하지 못하고 있었다).

"그렇군요." 턱석부리가 말했다.

"저희는 예멘 커피를 부활시키는 일을 하고 있습니다." 목타르는 그렇게 말했다. 몇 분 동안 계속 말했다. 너무 많이, 아직 건물에 들어가지도 않았다는 점을 생각하면 특히 많이 말했다.

컨퍼런스 장소에 들어가자마자 목타르는 자기가 이곳에 어울리지 않는다는 걸 깨달았다. 에티오피아에서 가장 규모가 큰 커피 수출상 셋이 1만 4000킬로미터 이상을 날아와 미국의 명품 커피 시장에서 가장 큰 규모의 바이어와 만나고 있었다. 스텀프타운, 인텔리전시아, 블루보틀 사람들도 와 있었다. 목타르는 에티오피아의 커피 재배자도, 미국의 커피 바이어도 아니었다. 자연스레 섞여들거나 수백 명의 참가자들 사이에 숨어들 가능성도 빠르게 사라졌다. 회담장에는 겨우 스무 명밖에 없었다.

목타르와 라피크는 토론회와 시음회에 참석하고, 그 세계에 소속된 척했다. 하지만 목타르는 블루보틀에서 몇 달을 보냈고 전날 밤에는 세계 커피 무역을 다룬 다큐멘터리 영화를 보며 두 시간을 보냈는데도 소속감을 느끼지 못했다. 〈검은 황금〉이라는 그 영화는 에티오피아의 커피 무역을 다루었는데 대단히 화나는 내용이었다. 영화는 커피에 공시가격이 책정되면서 농부들이 받을 수 있는 가격에 낮은 천장이 생긴다고 설명했고, 생산자들을 위해 경기장을 평평하게 만들기까지 얼마나 많은 일들을 더 해야 하는지 보여주었다.

하지만 영화에는 영감을 주는 인물이 한 명 등장했다. 그는 타데세 메스켈라라는 이름의 에티오피아 사람으로, 이런 패러다임을 바꾸어놓을 전쟁을 치르는 중이었다. 메스켈라는 에티오피아 농부 수천 명을 조직하는 데 성공했고, 명품 커피 수출 시장에서 분투하며 킬로그램당 가격을 현저히 올려놓았다. 하지만 그가 농부 천 명을 돕는다면 경쟁력 없이 계속 가난하게 살아가는 농부는 만 명이 더 있었다. 에티오피아에서는 커피산업 노동자의 일당이 약 1달러였다. 목타르는 이미 예멘의 노동조건이 훨씬 낫다는 것을, 일당이 1달러보다는 10달러에 더 가깝다는 사실을 알고 있었다. 에티오피아는 커피가 많이 나지만 그만큼 희소성이 떨어지고 품질도 고르지 못하며 배송도 못 믿을 곳으로 알려진 까다로운 지역이었다. 그러나 영화 속 메스켈라는 치열하고 언변이 좋았다. 그는 에티오피아의 농부들을 대표해 세계를 여행했고, 시장에서나 마음과 정신의 영역에서나 수많은 성공을 거두었다. 그는 농부들을 위한 학교와 병원도 세웠다.

컨퍼런스장에, 몇 미터 떨어진 곳에 바로 그 메스켈라가 있었다.

"저 사람이 타데세 메스켈라야." 목타르가 라피크에게 말했다.

라피크는 타데세 메스켈라를 전혀 몰랐다.

"가서 내 소개를 해야겠어." 목타르가 말했다.

라피크는 그러든 말든 관심이 없었다.

하지만 목타르는 쑥스러웠고, 메스켈라는 한 번도 혼자 있는 적이 없었다. 점심시간이 되어서야 목타르는 메스켈라가 다른 에티오피아 사람 두 명과 함께 식사중인 것을 보았다. 목타르가 다가가자 메스켈라가 놀라 눈을 들었다. 에티오피아 사람들 말고는 목타르가 그곳에 와 있는 유일한 유색인종이었다.

"안녕하십니까?" 목타르가 메스켈라에게 말했다.

"어디 출신이세요?" 메스켈라가 물었다.

"선생님하고는 바로 강 건너 출신입니다. 예멘요."

"아, 예멘!" 메스켈라가 말했다. "전 예멘 사람들을 아주 좋아합니다."

그렇게 그들은 바로 죽이 맞았다. 도전 과제에도, 기회에도 유사한 점이 너무 많다는 게 서로 공통된 의견이었다. 그들은 품질에 대해, 생산 및 공급망에 대해, 최고의 사례와 계획에 대해 이야기를 나눴다. 메스켈라는 목타르에게 컨퍼런스에 참석하러 예멘에

간 적이 있다고 말했다.

"사나에서 열리는 아라비카 내추럴 회담이었나요?" 목타르가 물었다.

메스켈라는 깊은 인상을 받았다. 그들은 에티오피아 하라르가 예멘과 얼마나 유사한지 이야기를 나누었다. 하라르도 카트로 골머리를 앓고 있었다. 메스켈라는 농부들에게 카트를 커피로 대체하라고 설득하느라 고군분투중이었다.

"어떻게든 농부들에게 도움을 주세요." 메스켈라가 말했다. 이때쯤 그들은 손을 맞잡고 있었다. 예멘과 에티오피아의 남자들에게는 평범한 행동이었다. "돈을 쫓으면 오래가지 못할 겁니다."

그는 목타르에게 명함을 주었다. 이상하게도 목타르가 그때까지 본 어떤 명함보다도 세 배는 컸다.

"에티오피아에 오면 날 만나러 오세요." 메스켈라가 말했다.

컨퍼런스 운영자는 모든 참석자들을 알고 있는, 오십대 초반의 카리스마 있는 네덜란드인 빌럼 부트였다. 알고 보니 그는 그해 말에 발간될 예정이던 예멘 커피 상태에 관한 보고서의 공저자였다. 그 보고서는 커피품질연구소의 위임을 받아 미국국제개발처의 자금으로 작성되었다. 목타르는 라피크의 옆구리를 팔꿈치로 쿡 찔렀다. 우연하게도 로스앤젤레스의 에티오피아 커피 컨퍼런스에서 예멘 커피에 관해 그를 도와줄 수 있는 최적의 위치에 있는 사람과 만난 것이다.

목타르는 컨퍼런스 세션과 시음회 사이사이 몇 분간 빌럼 부트와 단둘이 이야기할 수 있었다. 그는 빌럼에게 자기가 뭔가 제대로 알고 이야기한다는 인상을 주고 싶었지만 말이 너무 빠르게 나왔고 자기가 하려는 말을 아직 제대로 몰랐으므로, 실제로는 이따금 현실과 연결될 뿐인 임의의 단어와 구문의 혼합물을 분사해버렸다. "제가 원하는 건 자연 가공의 시원지에서 다양한 품종을 재배하는 농부들의 공급망을 근본적으로 향상시켜주고 간소화하여……" 잠시 후 그는 말을 그만하기로 했다.

부트는 불쌍하다는 듯 그를 보았다. 목타르가 열정은 있지만 경험으로 얻은 지식이 부족하다는 점은 둘 모두에게 분명하게 보였다. 목타르가 알고 있는 모든 것은 간접경험을 통해 얻은 것이었다. 부트는 자기가 경영하는 회사인 부트 커피에서 수출입상 지망생들에게 컨설팅 서비스를 제공하며, 큐그레이더 수업도 제공한다고 알려주었다.

"그렇군요." 큐그레이더 수업이 무엇인지도 모르면서 목타르가 말했다.

부트는 모든 서비스와 수업에는 비용이 들어간다고 덧붙였지만, 진지하게 회사를 세우려는 사람에게는 지불 가능한 범위일 거라고 말했다.

"네." 목타르는 돈도, 돈을 손에 넣을 방법도 전혀 없었지만 그렇게 말했다.

목타르는 부트의 이메일 주소를 받고 연락하겠다고 말했다.

부트는 어떻게 생각해야 할지 몰랐다. 이자는 어린 한량인가, 일종의 사기꾼인가, 아니면 진짜 물건인가? 에티오피아 생산자들과 미국인 바이어들의 컨퍼런스에는 또 어떻게 들어왔나? 이건 그라시아노 크루즈가 마련했을 법한 일이었다. 부트는 그라시아노에게 목타르라는 인물에 대해 물어봐야겠다고 기억해두었다. 그전에 목타르가 연락을 해올 거라고는 생각하지 않았다.

하지만 목타르는 다음날 연락을 했다. 그는 부트를 컨설턴트로 고용하고 싶다고 말했다. 유일한 문제점은 그 먼 네덜란드까지 갈 방법을 모른다는 거라고. 목타르는 네덜란드인이 경영하는 부트 커피가 암스테르담에 있다고 생각했던 것이다.

"네덜란드에는 왜 가시려고요?" 부트가 말했다. "전 밀 밸리에 삽니다."

17
네덜란드 사람에게서
커피를 다시 훔쳐오다

　밀 밸리는 샌프란시스코 바로 위에 있었지만 목타르는 한 번도 가본 적이 없었다. 텐더로인에서 겨우 16킬로미터 떨어져 있긴 했으나 목타르에게는 이국적이고 잘 모르는 카운티인 마린에 있었다. 그곳은 태평양 해발고도 762미터의 늘 푸른 봉우리, 타말파이어스 산그늘 아래에 있는 초목이 무성한 푸르른 곳이었다. 빌럼과 캐서린 부트 부부의 집은 밀러 애비뉴라는, 이 마을의 주요 간선도로 중 하나에서 조금 벗어난 구불구불한 도로변에 있었지만 마치 딴 세상처럼 보였다. 등나무와 대나무, 야생 장미로 장식된 이층짜리 빨간 벽돌집은 꼭 토스카나나 그리스에 있는 집 같았다.

　첫날에 목타르는 오마르와 함께 갔다. 로스앤젤레스 컨퍼런스가 끝난 뒤 목타르는 오마르에게 전화를 걸어, 에티오피아 커피 무역에서 배운 교훈을 예멘에 적용할 가능성을 대략적으로 그려 보였다. 오마르는 관심을 보였다. 빌럼도 만나보고 싶어했다. 그렇게 그들 세 사람은 길고 견고한, 이탈리아 영화에나 나올 법한 야외 테이블에 앉았다. 여러 세대가 모여 치즈와 프로슈토를 먹고 발치에서는 아이들이 날쌔게 돌아다니는 장면 속 테이블 말이다. 나뭇잎 그림자가 아롱거리는 햇살 아래에서 목타르와 오마르는 태생부터 커피와 얽혀 있던 남자, 빌럼을 알아갔다.

빌럼의 아버지 야코프는 명품 커피가 인기를 얻기 한참 전부터 커피의 두번째 물결에 처음으로 뛰어든 유럽인이었다. 대량생산으로 일반 대중이 마시는 커피의 전반적 품질이 저하되던 1970년대, 야코프 부트는 네덜란드인들에게 집에서 로스팅해 한 잔씩 내리는 커피의 매력을 느끼게 해주려고 노력하고 있었다. 그는 뉴트붐이라는 네덜란드 로스터의 지역 관리자였고, 어린 빌럼은 자주 로스터리를 방문해 초록색 콩이 담긴 통 안을 손으로 휘저어대곤 했다. 하지만 한편으로 야코프는 사람들이 자기 집 주방에서 커피 내리는 과정을 직접 통제하고 제대로 즐길 수 있도록 가정용 로스팅 기계를 만들어 판매하는 꿈을 품었다. 그는 '골든 커피 박스'라는 기계를 발명하고 거기에 평생 모은 돈을 걸었다. 집을 팔고 점포를 임대했다. 야코프는 거리에 면한 가게에서 고객들이 고품질 원두에 대해 배우고 본인은 '골든 커피 박스'를 만들어 판매하는, 제조 부서가 딸린 혼합형 사업체를 열었다.

때는 유럽인들과 미국인들이 빠르게 먹을 수 있는 값싼 음식을 선호하던 70년대였지만 야코프는 사람들이 속도를 늦추고 식품의 유래에 신경쓰기를 바랐다. 위트레흐트 지방의 한 마을인 바른에 근거지를 둔 사업체가 순식간에 성공을 거둔 것은 아니었으나 야코프는 '골든 커피 박스'와 직접 로스팅한 커피를 판매해 생계를 꾸릴 수 있을 만큼은 돈을 벌었다. 마침내 열네 살이 된 빌럼은 아버지의 사업에 참여해 모든 고객에게 어울리는 특별한 맛 프로필을 골라주는 방법을 배웠다. 예술적 감각이 있는 고객이라면 케냐 커피의 선명함을 선호할 수 있었다. 흡연가에게는 그보다 진한 무언가, 어쩌면 수마트라산 원두가 필요할지 몰랐다. 나이든 고객이라면 부드러운 멕시코산 마라고히페를 더 좋아할 수도 있었다.

사업체는 소규모였고 가게가 미어터진 적은 한 번도 없었지만 야코프는 그것도 그것대로 마음에 들어했다. 손님과 이야기를 나누고 그들의 이야기에 귀를 기울이며 각자에게 적당한 원두를 연결해줄 방법을 찾을 시간이 있었으니 말이다. 세부사항에 대한 야코프의 관심, 모든 자잘한 사실과 커피의 미묘한 차이에 대한 그의 열정은 무한했다. 빌럼은 아버지가 수입업자들에게 로스팅할 커피의 원산지를 캐물어 정신을 빼놓는 모습을 지켜보았다. 업자가 자바산이라고 답하면 야코프는 어디, 어느 농장에서 났는지, 고도는 어땠고 농부는 누구였는지를 알고 싶어했다. 수입업자들은 대부분 전혀 모르는 이야기였다.

그러나 해가 갈수록 야코프는 지쳐갔다. 그날그날 사업을 꾸려가기가 점점 힘들어졌다. 그래서 로스팅은 차츰 빌럼이 떠맡게 되었다. 야코프는 자신이 아는 내용을 빌럼에게 가르쳐주었고, 빌럼은 실험을 통해 광범위한 지식을 얻을 시간과 기구가 있었다. 이때 얻은 지식으로 그는 대학을 졸업한 뒤 프로바트-베르케라는, 독일의 로스팅 기계 제조회사의 미국 지사에 취직했다. 회사는 그를 캘리포니아에 배치했고, 거기에서 그는 내파 밸리 토박이인 아내 캐서린을 만났다. 결국 그들은 밀 밸리로 이사해 커피 재배자들과 로스터들, 학자들과 기타 야심가들이 공부할 수 있는 로스터리 겸 교육기관인 부트 커피를 세웠다. 빌럼은 컨설턴트가 되어 로스터들과 재배자들을 교육시켰고, 중앙아메리카에서 에티오피아와 파푸아뉴기니에 이르기까지 전 세계의 커피 경연대회에서 앞다투어 모셔가는 심사위원으로 떠올랐다.

밀 밸리에 도착한 첫날부터 빌럼은 이미 목타르를 위한 계획을 가지고 있었다.

"진지하게 하는 일이라면," 빌럼이 말했다. "큐그레이더가 되어야 합니다. 그런 다음에는 전미명품커피협회 컨퍼런스에 참석해야 해요. 컨퍼런스는 시애틀에서 열립니다. 그다음에 예멘으로 가야겠죠."

"알겠습니다." 목타르는 벌써부터 비용을 계산하며 말했다.

"예멘에서 수출되는 커피의 질을 높이고 싶다면," 빌럼이 말했다. "뭐가 좋고 뭐가 좋지 않은지 알아야겠죠. 제가 아는 한 목타르 씨는 아랍인으로서 첫번째 아라비카 커피 큐그레이더가 될 겁니다."

"훌륭하네요." 목타르는 아직도 큐그레이더가 무엇인지 전혀 모르는 채로 말했다.

"그 과정은 비용이 얼마인가요?" 그가 물었다.

그 과정은 2000달러가 들었다. 그리고 빌럼을 컨설턴트로 두는 데에는 의뢰비 5000달러가 필요했다. 목타르와 오마르도 예멘인 두 사람이—고대 커피 무역의 직계 후손이—네덜란드인에게서 사업을 배우기 위해 돈을 내야 하는 아이러니를 모르진 않았다.

그 만남 이후 목타르와 오마르는 각자의 자동차에 올랐고, 목타르는 오마르를 따라 서쪽으로 몇 킬로미터를 가서 1번 고속도로에 올랐다. 그들은 태평양이 내려다보이는 감속 차선에서 멈춰 서서 정오 기도를 했다. 자리에서 일어난 목타르는 돈이 너무 많이 든다고 말했다. 오마르에게 그런 걸 부탁할 수는 없었다. 그는 이미 목타르가 가방을 잃어버린 뒤 3000달러를 빌려주었다. 그런데도 수표책을 꺼내더니 목타르에게 5000달러짜리 수표를 써주었다. 그러고는 이렇게 말했다. 빌려주는 거야.

목타르에게는 한 번도 일어난 적이 없는 일이었다. 가족과 간혹 거처갔던 사장 혹은 선생들도 목타르가 아이디어나 계획을 떠올릴 때면 격려해주긴 했지만, 이런 식으로 나서준 사람은 아무도 없었다. 목타르는 한 번에 그렇게 많은 돈을 본 적이 없었다. 그는 수표를 받아들고 자동차에 올라 오마르가 차를 몰아 떠나는 것을 지켜보다가, 혼자서 감정이 북받쳐 더이상 울 수 없을 때까지 참지 않고 울었다.

18
도제들

목타르는 빌럼의 부트 커피와 공식 계약을 맺었지만, 둘의 관계
는 별로 공식적이지 않았다. 5000달러의 의뢰비는 정말이지 문 안
으로 들어가는 수단일 뿐이었다. 일단 들어간 뒤 목타르가 한 일은
블루보틀에서 하던 것과 같았다. 그는 부트 커피의 운영에 교묘하
고도 철저하게 스며들어갔다. 일주일 만에 부트 커피의 직원 절반
은 그가 자기네 직원인지, 아닌지 헷갈리게 되었다.

매일 목타르는 정체를 피하기 위해 아침 일찍 집을 나서 한 시간
동안 북쪽으로 차를 몰아, 리치먼드 대교를 건너 다시 남쪽의 밀
밸리로 갔다. 그는 언제나 부트 커피가 문을 열 때쯤 도착했다. 사
람들이 부탁하는 건 뭐든지 했다. 세이프웨이와 홀푸드*로 심부름

---

* 세이프웨이, 홀푸드 모두 미국의 슈퍼마켓 체인.

을 갔다. 기계를 청소하고 바닥을 닦았다. 지켜보았다. 귀를 기울였다. 빌럼과 캐서린은 자주 파나마나 니카라과, 유럽으로 여행을 떠났고, 자리를 비우는 동안 경영은 스티븐 에젤, 조디 비저, 말리 베네필드 같은 젊은 직원에게 맡겨두었다.

스티븐은 목타르보다 나이가 그다지 많진 않았지만 목타르가 해보려는 것과 비슷한 자아실현을 이미 이룬 사람이었다. 그는 대학에서 철학을 공부한 플로리다 토박이로, 바텐더도 해보고 밴드 연주자로도 살다가 형을 따라 베이 에어리어로 가기로 결정했다. 스티븐은 어느 날 구인 목록을 읽다가 아주 흥미로운 세 가지 선택지에 동그라미를 쳤다. 하나는 목재 끝손질이었고 다른 하나는 생화학 위험물질 제거 작업이었다. 마지막 하나가 "밀 밸리에서의 커피 관련 업무 기회"였다. 1999년에 스타벅스에서 짧게 일한 적이 있었던 스티븐은 이력서를 보냈다.

그는 부트에서 일한 지 일 년도 채 되지 않았지만, 적갈색 턱수염과 신중한 태도 덕분에 구세계의 도제 같은 분위기를 풍겼다. 그는 부트 커피의 로스팅 대부분을 직접 했으며, 그 작업을 예술과 과학의 섬세한 블렌딩으로 만들었다. 목타르로서는 한 번이라도 따라 할 수 있을지 확신이 서지 않는 정확성과 직감을 통해서 말이다.

스티븐이 젊은 도제라면 조디 비저는 장인이었다. 그녀는 스티븐보다 몇 년 먼저 훈련을 받았다. 젊고 깡마른 체격에, 안경을 끼고 약간 붉은빛이 도는 금발의 그녀는 차분한 유능함의 모범이었다. 그녀는 댈러스에서 어린 시절을 보냈으며 고등학교 때는 고급 카페에서 바리스타로 일한 경험이 있었다. 그 카페에서는 커피 한 잔이 4달러에 팔렸다. 그것도 1996년에 말이다. 대학을 졸업한 뒤 그녀는 아프리카로 가서 처음에는 말리, 그다음에는 코트디부아르에서 NGO 일을 했다. 미국으로 돌아온 이후에는 문화 간 연구로 석사학위를 받은 뒤 아프리카로, 이번에는 우간다로 갔다. 거기에서 그녀는 에이즈로 배우자를 잃은 여성들과 고아들, 전직 소년병들과 함께 일하는 '자비의 샘'이라는 비영리단체 설립을 도왔다.

그녀는 그곳에서 대학원 시절 친구이자 어려 보이는 얼굴에 여름 캠프 지도사처럼 명랑한 태도를 지닌 말리 베네필드와 함께하게 되었다. 미국으로 돌아갈 당시 조디는 국제적 비전을 가진 직장을 찾아 크레이그리스트*를 훑어보는 중이었다. 그녀는 빌럼이 실은 광고를 보았다. 광고에는 커피를 사랑해야 함이라고 적혀 있었다. 조디는 2008년 부트 커피에 합류해 2010년에는 큐그레이더가 되었다. 얼마 지나지 않아 말리가 그녀의 뒤를 따라, 로스팅 기계를 판매하며 로스팅 관련 강좌를 가르치기 시작했다. 조디와 말리, 스티븐은 모두 빌럼에 비해 신참이었으며 모두들 빌럼의 본을 따랐다. 그는 전문가였지만 젠체하지 않았고, 일에는 진지하면서도 자기 자신에 대해서는 과하게 진지하지 않았다.

목타르가 큐그레이더가 되어야 한다는 점에 있어서만은 빌럼도 단호했다. 목타르도 알고 있었다. 하지만 큐그레이더의 정확한 의미를 아직 몰랐고, 커피맛에 대해서도 별로 아는 게 없다는 작은

---

* 미국 최대의 온라인 생활정보 사이트.

문제가 있었다. 사람들에게는, 적어도 부트 커피 사람들에게는 굳이 떠벌리지 않았지만 그때까지 살면서 목타르가 마신 커피는 겨우 수십 잔에 불과했다. 그 수십 잔 중에 줄리아노와 함께 마신 에스프레소도 있었고 블루보틀에서 홀짝인 커피도 있었다. 그가 처음 커피에 관심을 가진 것도 커피의 역사와 경작, 보급에서 예멘이 수행한 중심적 역할에 자긍심을 느꼈기 때문이었다. 그러나 부트 커피에서는 일단 속도를 늦추고 맛을 음미하며 커피의 품종과 내리는 방법, 순서를 알아나갔다. 그는 마침내 부트에서 방어적인 태도를 풀고 모르는 것들 전부에 대해 모른다고 인정할 수 있었다.

그는 이십 년 전에는 이국적이었지만 이제는 표준이 된 음료들과 친숙해졌다. 기본적으로 일반 커피 한 잔에 들어가는 것과 같은 양의 원두가 들어가지만, 곱게 갈아 훨씬 더 적은 양의 물로 진하게 내리는 에스프레소가 있었다. 커피와 데운 우유를 반반씩 섞은 카페오레도 있었다. 마키아토는 우유 거품을 얹은 더블샷 에스프레소였다. 해외의 인기 음료를 차용하거나 베이스로 삼은 커피도 있었다. 예컨대 에스프레소 로마노는 레몬 조각을 곁들인 에스프레소였다. 라임 여러 조각에 에스프레소샷을 한 번 혹은 두 번 부은 기예르모와 헷갈려서는 안 됐다. 알제리는 마자그란이라는, 커피와 얼음, 가끔씩은 럼주나 설탕이나 레몬을 곁들여 큰 유리잔에 차갑게 내놓는 커피를 세계에 소개했다. 치즈를 곁들이는 커피―뜨거운 커피 한 잔에 치즈를 담그고, 혼합물이 부드럽게 응결되면 먹는―도 여러 가지 있었다. 스페인어권에서는 과라포 콘 케소라는, 하우다 치즈나 에담 치즈로 만드는 커피가 있었다. 스웨덴 사람들은 그걸 카페오스트라 불렀고, 핀란드산 치즈인 레이페유스토를 썼다. 얼음을 곁들이거나 커피와 찬물로 내린 커피도 있었다. 태국의 블랙 타이—홍차(식힌 것), 설탕, 연유, 잘게 부순 타마린드, 붓순나무 열매, 오렌지꽃 물, 에스프레소 더블샷을 혼합한 것—도 있었다. 아이리시 커피(위스키를 곁들임)와 잉글리시 커피(진을 곁들임), 칼립소 커피(깔루아와 럼주를 곁들임)도 있었다. 세네갈에서는 카페 투바라고, 셀림 등의 향신료와 섞어 로스팅한 뒤 뜨겁게 내려서 설탕을 넣은 커피를 마셨다. 그렇게 하면 아주 달고 향이 강한 음료가 되었다. 오스트레일리아에서는 아이스샷을 마셨는데, 이 커피는 얼음으로 가득찬 라테용 유리잔에 에스프레소샷을 넣는 방식이었다.

비주류 커피 중에는 몇 가지 아주 특이한 것들도 있었는데, 그중에서도 사향 커피라고 알려진 코피 루왁이 가장 기이했다. 수마트라에서는 백오십 년간 커피를 재배해왔지만, 수마트라섬 토종으로 고양이를 닮은 포유류인 사향고양이가 일종의 커피 품질 감정사라는 사실이 밝혀진 건 최근의 일이었다. 사향고양이는 가장 잘 익은 열매를 골라 먹는 전문가였는데, 이후 녀석의 똥에서 보통 인력과 기계, 많은 물이 필요한 가공 작업을 모두 마친 상태의 커피콩이 발견되었다. 커피 열매가 사향고양이의 소화기관을 지나면서 껍질과 과육, 점질이 제거되고 사향고양이가 소화하지 못하는 콩만 남는 것이다. 누군가가 이 콩을 가져다가 배설물과 분리해야겠다는 생각을 해냈다. 사향고양이의 똥을 주워 똥에서 커피콩을 골라낸 뒤 이 콩을 로스팅하고 갈아 마시겠다고 말이다. 사향고양이의 소화기관에 있는 무언가가 커피에 특이하고 이상하게도 매력적인 맛을 더해주었다. 사향 냄새가 감돌고 부드러운 맛이 났다. 코피 루왁은 인기를 얻었고, 공급업자들은 프리미엄을 요구할 수 있게 되었다. 빌럼은 별 감명을 받지 않았다. 그는 유명한 커피 로스터 조지 하월의 표현을 즐겨 읊어댔다. "똥구멍에서 나온 커피는 똥 멍청이들에게나."

빌럼과 스티븐, 조디, 말리는 기꺼이 목타르의 도움을 받았다. 부트 커피가 워낙 손님들로 북적거리다보니 어정거리는 사람이 하나 더 있다고 뭐가 크게 달라지는 것도 아니었다. 당황스러울 정도로 다양한 나라에서 온 사람들이 수업과 시음회, 자문을 위해 줄지어 찾아왔다. 한국인과 우즈베키스탄인, 일본인, 크로아티아인, 러시아인 등등. 독일인과 네덜란드인은 충분히 많았고 일부는 프랑스 사람, 일부는 캐나다 사람이었으며 말레이시아인들도 몇 명 있었고 중국인과 오스트레일리아인은 아주 많았다. 그들은 원탁에 모여 앉아 시음을 하고 칠판에 메모를 하거나 그림을 그렸다. 시음회는 몇 시간씩 이어졌다. 허세를 떠는 자리는 확실히 아니었다. 사람들은 웃기까지 했다. 커피가 평가되고 논의되는 시음회 따위는 참을 수 없다고 생각하는 사람이 부트 커피의 시음회를 보면 그 느슨함과 개방성에 틀림없이 놀랐을 것이다. 그렇지만 입 밖으로 나오는 문장들은 일반인이 이해하기 힘든 것들이었다.

"정통 재스민맛과 장미맛이 나네요."
"약간 놋쇠맛이 섞여 있군요."

"저는 후지산 사과맛을 좀 잡아냈어요."

"화분 하나를 통째로 맛봤네요."

"향료 때문에 너무 기대했는지 뒷맛에 실망했습니다."

시음과 점수 매기기가 끝나고 나면, 뒷정리를 하고 남은 커피를 하수구에 흘려보낸 뒤 카운터를 닦는 일은 보통 목타르의 몫이었다. 그는 늦게까지 남아 식어가는 커피와 함께, 계량기들과 손잡이들이 달린 기계들이 가동을 멈춘 가운데, 정성스레 이름 붙인 용기와 그 안의 원두와 함께 홀로 있는 것이 좋았다. 그곳은 주방과 화학 실험실, 용광로실이 뒤섞인 듯한 공간이었다. 모두가 떠나고 나면 목타르는 깨끗한 스푼을 집어 잔 속에서 빙빙 돌리며 각 잔에 붙은 메모와 점수를 읽었다.

그는 다른 사람들이 맛보는 맛을 알아야만 했다.

19
큐그레이더 시험 통과하기

목타르는 큐그레이더가 아니었지만, 그렇게 되어야 한다는 사실을 알고 있었다. 큐그레이더는 기본적으로 아라비카 커피 품질에 관한 전문가로서 커피에 점수를 매길 수 있는 고유한 자격을 갖고 있었다. 로부스타 커피 전문가인 알그레이더는 훨씬 명망이 떨어지는 일로 여겨졌다. 큐그레이더는 강도 높은 과정을 이수하고 엄격한 시험을 통과해 자신이 나쁜 커피와 좋은 커피, 좋은 커피와 뛰어난 커피를 구분할 수 있다는 것을 증명해야 했다. 큐그레이더가 된다는 것은 와인에 있어 소믈리에, 체스에 있어 그랜드 마스터가 된다는 것과 비슷했다. 세번째 물결에서 품질과 전문성에 집중한 게 대체로 최근의 일인 만큼 큐그레이더 프로그램도 2004년에 확립된 아주 새로운 것이었다. 이 프로그램이 확립된 이후 십 년이 지나도록 전 세계에 큐그레이더는 오직 이천 명뿐이었다. 그리고 빌럼의 말이 맞았다. 그 이천 명 중 아랍인은 단 한 명도 없었다. 목타르에게는 그게 반드시 이뤄내야 하는 명백한 도전 과제처럼 보였다. 어떤 비전이, 예멘으로 돌아가 사나에 도착해서 온 나라를 활보하는 자신의 모습이 그를 사로잡았다. 세계 최초 아랍인 큐그레이더가 된 유명인사로서 말이다.

수업료는 2000달러였다. 오마르에게 더이상 돈을 부탁할 수는 없었다. 목타르는 머릿속으로 다른 기부자들을 찾아보다가 아버지의 남동생인 무텝 삼촌을 떠올렸다. 기업가인 무텝 삼촌은 머데스토에 살면서 가업인 식료품 사업을 하고 있었다. 그는 하무드의 사업을 99번 고속도로와 5번 고속도로를 따라 줄지어 있는 여러 가게들로 확장했다. 무텝 삼촌이라면 이해해줄 것 같았다.

목타르는 무텝 삼촌에게 가는 이유를 말하지 않았다. 그냥 몇 가지 소식이 있다고만 했다. 삼촌의 집에 도착한 목타르는 삼촌과 숙모 레일라, 모두 열네 살 미만인 일곱 자녀들이 난처해하며 지켜보는 가운데 모든 장비를 설치했다. 그는 에티오피아 커피 세 종과 케멕스* 세트, 작은 전자식 저울, 주둥이가 S자 모양인 주전자, 커피 그라인더, 팝콘 제조기를 가져왔다. 팝콘 제조기는 에티오피아식으로—프라이팬 위에 납작하게 펴서—커피콩을 볶을 때 쓸 생각이었다.

그는 무게를 단 다음 커피콩을 로스팅했다. 풍성한 향이 방을 가득 채웠다. 원두가 식고 나자 그는 그라인더를 꺼냈다.

---

* 커피 추출도구이자 제조사명.

"뭐 하는 거예요?" 아이들 중 한 명이 물었다.

"원두를 가는 거야." 그가 말했다. "안 갈면 그냥 콩이거든. 원두를 갈아서 물에 풀리는 가루로 만들 거야. 중간 굵기 그라인더를 쓰는 게 핵심이지."

"'중간 굵기 그라인더'가 무슨 뜻이에요?" 아이들이 물었다.

"가는 굵기나 굵은 굵기랑 반대되는 말이야. 케멕스를 쓸 때는 중간 굵기 그라인더가 좋아." 스티븐이 가르쳐준 것이었다.

"케멕스가 뭔데요?"

목타르는 그들에게 유리 용기를, 대략 25센티미터 정도 높이에 몸통 중간 부분이 잘록하게 들어가 있어 꼭대기가 잘린 모래시계처럼 생긴 투명한 유리병을 보여주었다. "여기에 커피를 내릴 거야. 꼭대기에 물을 부으면 가루는 필터에 걸러지고 커피는 통과돼."

"그게 필터예요?"

"특별한 필터야." 그가 말했다. 하지만 사실 필터는 단순했다. 그냥 정사각형 여과지였다. 핵심은 그 여과지를 다루는 방법이었다. 목타르는 정사각형 여과지를 가져다가 원래 크기의 4분의 1로 접은 다음 깔때기 모양으로 만들었다. 한 쪽을 세 겹, 다른 쪽을 한 겹으로 만드는 것이 대단히 중요했다. 목타르는 깔때기에 물을 흘려 촉촉하게 만든 다음 유리 용기 윗부분에 끼워넣었다.

"이제 물을 부을 거예요?" 아이들이 물었다. 갑자기 조바심이 나는 모양이었다.

"물 온도가 딱 맞아야 해." 그가 말했다. "어떻게 되고 있는지 보자."

주둥이가 S자 모양인 작은 주전자에서 물이 끓고 있었으며 이상적인 온도는 90도와 96도 사이였다. 주전자는 전자식 표시기가 달린 작은 단 위에 놓여 있었다.

"물 온도가 94.5도가 되면 너희가 말해줘." 그가 말했다.

목타르는 테이블스푼으로 커피 가루를 깔때기에 떠넣고 고르게 폈다.

"94.5도예요!" 아이들 중 한 명이 알려왔다.

"이제 잘 봐." 목타르는 각각의 세 가지 단계에 따라 깔때기 부분에 물을 부으며 말했다. 첫번째 단계로 그는 여과지를 적시고 종이맛을 모두 씻어내기 위해 필터에 물을 부었다. 그런 다음에는 딱 가루를 적실 정도의 물을 부었다.

"왜 기다리고 있어요?" 아이들이 물었다.

"사십오 초를 기다려야 하거든." 그가 말했다. "이걸 블룸bloom 시간이라고 불러, 이때 커피 속 가스가 처음으로 방출되지."

그들은 사십오 초를 기다렸고, 이어서 목타르는 조심스럽게 가루에 원을 그리면서 주둥이가 S자 모양인 주전자가 빌 때까지 나머지 물을 부었다.

"이제는 어떻게 해요?"

"이제는 커피가 똑똑 떨어지는 걸 지켜보는 거야." 그가 말했다.

물은 가루를 적시고 커피를 유화시킨 뒤 여과지를 통과해 케멕스의 아래쪽 부분으로 한 방울씩 떨어졌다. 목타르는 세 잔 분량을 만들었고, 준비가 된 다음에는 여과지를 제거해 비료 통에 던진 뒤 무텝, 레일라, 자기 자신이 마실 커피를 따랐다. 무텝과 레일라가 예의바르게 커피를 홀짝이는 동안 목타르는 예멘 커피의 역사에 대해 이야기하며 조상들의 고향에서 커피를 수입해 오는 일을 하고 싶다는 말을 넌지시 흘렸다. 그러나 시연이 끝났을 때 무텝과 레일라는 방금 목격한 정교한 커피 시연과 목타르가 인생을 걸고 하려는 일 사이의 연관성을 이해하지 못했다. 그들의 조카는 스물다섯 살이었으며 아무런 직업도, 대학 졸업장도 없었다. 그가 가져본 가장 안정적인 직업이 수위였다. 무텝은 커피를 따르는 것이 목타르의 인생 목표에 한 발짝 다가가는 일과는 별 관련이 없다고 생각했다.

"너 로스쿨에 간다고 하지 않았니?" 삼촌이 물었다.

부트 커피로 돌아와보니 빌럼이 계획을 세워놓고 있었다. 빌럼은 카밀로 산체스라는 다른 전문가와 함께 예멘 커피에 관한 커피품질연구소의 보고서를 썼는데, 그들은 커피품질연구소 기금으로 사나 여행을 떠날 수 있을 거라고 생각했다. 그들은 예멘의 재배자들과 국제 바이어들을 모아들일 터였고, 어쩌면 예멘에서 고군분투중인 커피산업에 도움을 줄 몇 가지 연줄을 만들어낼지도 몰랐다.

목타르는 그들과 함께 가서 통역사이자 문화적 교량 역할을 하기로 했다. 하지만 가장 중요한 업무는 빌럼, 카밀로와 함께 컨퍼런스 이후 빌럼이 커피 카라반이라 일컬을 것의 일원이 되어 예멘을 두루 여행하는 것이었다. 그들은 SUV 한두 대로 예멘의 커피 재배 지역으로 가 농부들을 만나고 커피콩을 로스팅하고 커피를 시음할 터였다. 어떤 지역에서 고품질 열매가 나는지, 어느 곳의 농부들에게 교육 기회와 잠재적 파트너 관계로 도움을 줄 수 있을지 알아볼 예정이었다. 그러는 내내 훌륭한 시간을 보내게 될 것이었다.

그 여행은 빌럼이 제공하는 컨설팅 서비스의 정점이 될 테고, 그 이후 예멘에서 계속 일하는 건 목타르의 몫이 될 터였다.

"하지만 일단은 큐그레이더가 되어야 합니다." 빌럼이 말했다.

어느새 2014년 4월이었다. 그들은 5월에 떠나기로 계획을 세웠다. 부트 커피는 사나에서 컨퍼런스가 열리기 전에 큐그레이더 과정을 열었으므로 목타르로서는 오마르에게 돌아가 또 한번 도움을 청하는 것밖에 선택의 여지가 없었다. 이로써 그는 단 한 사람에게 어마어마한 빚을 진 입장이 되었지만 오마르는 망설이지 않았다. 그가 수업료를 마련해주었고 목타르는 큐그레이더 과정에 등록했다.

강사는 머나먼 곳에서 온 수수께끼의 교수가 아니라, 목타르가 지난 몇 달 동안 곁에서 일해온 조디 비저였다.

"긴장되네요." 그녀가 수강생들에게 말했다. 그녀는 큐그레이더 수업을 수십 차례 진행해보았지만 선임 강사였던 적은 한 번도 없었다. 게다가 수업 비용이며 수강생들이 수업을 들으러 여행해온 어마어마한 거리를 생각하면 강사에게 가해지는 압박은 대단했다.

수강생들은 야심찬 사람들이었으며 대체로 성공가도에 올라 있었다. 일단 멕시코시티에서 부나 카페 리코*를 운영하는 멕시코 사람이 두 명 있었다. 그들은 대단히 노련하고 자신감 넘쳐 보였다. 다른 두 수강생은 상당수의 수강생들이 느끼던, 커다란 이해관계에서 오는 압박감의 화신처럼 보였다. 그중 삼십대 여성인 한 수강생은 큐그레이더 시험을 두 차례 치르고 낙방했다. 이번에도 통과하지 못하면 수업을 전부 다시 들어야 했다. 게다가 이번에 그녀는 임신한 상태였다. 조디는 임신이 그녀에게 도움이 되는 요소이기를 바랐다. 어쩌면 그녀의 예민해진 후각이 도움이 될지 몰랐다. 마지막 수강생은 빌럼의 수업을 들으려고 일주일 먼저 도착한 쿠웨이트 남자였다. 그는 조디의 수업을 듣는 내내 부담을 느끼는 듯했다. 목타르가 첫 예멘 출신 큐그레이더가 되고 싶어했던 것처럼 그는 첫 쿠웨이트 출신 큐그레이더가 되겠다는 결연한 의지를 품고 아주 먼 곳에서 여기까지 왔다.

가끔은 몇몇 수강생들 사이에서 일종의 등수 경쟁이 벌어지기도 했지만—명품 커피의 세계에서 동료들보다 높은 자리를 차지하기 위해, 혹은 그렇게 보이기 위해서—조디는 큐그레이드가 생산자, 농부, 생산 체인의 모든 부분에 끼치는 실제적 영향을 수업의 기초로 삼았다. 그게 큐그레이더 수업의 원래 동기였다. 이 수업은 커피품질연구소에서 커피 재배자들에게 힘을 보탤 한 가지 방법이었다. 수많은 생산지에서, 특히 세번째 물결이 일기 전까지 농부들은

---

* 멕시코의 스페셜티 커피 전문 로스터리 겸 카페.

자신들의 커피에 대해 별로 알지 못했다. 아주 많은 경우 그들은 커피를 마시지도 않았다. 예멘에서는 특히 그랬다. 자기 상품의 품질을 제대로 몰랐기 때문에 그들은 중개상들과 공시가격에만 몸을 내맡긴 셈이었다. 하지만 농부들이 전문 큐그레이더가 된다면 자기 손에 있는 물건이 무엇인지 알 수 있을 터였다. 훌륭한 커피를 가지고 있다면 그에 알맞은 등급을 매기고, 종잡을 수 없는 품질의 커피보다는 높은 점수를 받은 커피에 훨씬 많은 돈을 지불할 바이어들을 찾을 수 있었다.

그래서 커피품질연구소는 가능한 한 많은 농부들을 큐그레이더 수업으로 이끄는 데 전념했다. 농부들과 가공시설의 일꾼, 수출상, 로스터, 소매업자 들이 모두 동일한 커피에 대해 공통적인 대화를 나누게 된다면 실제적 권한 분산이 일어날 수 있었다. 만일 르완다의 생산자가 자기 커피의 품질을 향상시킬 방법을 알고 있고, 커피를 내려 등급을 매길 수 있다면 커피의 점수를 90점대까지 끌어올릴 수 있었다. 100점을 만점으로 보았을 때 90점대 점수를 받은 커피라면 무엇이든 명품으로 간주되었고, 농부는 세계 시장에만 내맡겨진 저임금 산업을 명품 사업으로 탈바꿈시킬 수 있었다. 그러면 자기가 선택한 로스터들과 직접 일할 수 있게 된다.

이것이 조디의 첫날 강연의 골자였다. 그녀는 파나마의 한 농장에 가서, 몇 년 전 큐그레이더가 된 농장주와 시음을 했던 이야기를 해주었다. 그녀와 농장주는 열두 가지 지역 품종을 시음했고, 모든 커피에 대해 그들이 매긴 점수는 서로 1점 이내의 차이를 보였다. 품질을 평가할 국제 공용어를 구사할 수 있다는 건 강력한 경제적 도구였다.

    수업은 어려웠고 시험은 더 어려웠다. 큐그레이더 시험을 본 사람 중 겨우 50퍼센트 정도만이 첫번째 시험에 통과했다. 시험에는 스물두 개 영역이 있었는데, 그중 몇 가지는 일반인이나 일상에서 커피를 즐겨 마시는 사람들에게는 정상 범주를 벗어날 만큼 구체적으로 보일 법했다.

    가장 접근하기 쉽고 구체적인 분야는 일반 지식 시험—커피의 경작과 수확, 가공, 평가, 로스팅, 브루잉에 관한 다지선다형 백 문제였다. 그러나 나머지 시험은 기이할 정도의 감각적 민감성을 요구했다.

    예컨대 후각 능력 시험에서는 안대를 착용한 수강생이 완두콩과 메이플, 익힌 쇠고기, 버터, 월계화 등이 포함된 서로 다른 향 서른여섯 가지를 구별해야 했다.

    시음 능력 시험은 아프리카산과 아시아산, 부드러운 커피와 진한 커피, 가공 커피와 천연 커피 등 다양한 커피를 구분하고 등급을 매길 수 있는지 평가했으며, 이러한 등급은 기존의 평가와 일치해야 했다. 만일 특정한 커피가 예전에 94점을 받았다면, 그 결과를 모르는 상태에서 시험을 치르는 수강생도 기존 점수와 2점 차이 이내로 점수를 매겨야 시음 능력이 좋은 것으로 인정되었다.

    삼각 시험에서는 수강생이 세트당 세 잔으로 구성된 커피 여섯 세트를 받는다. 세 잔 중 두 잔은 같은 커피이고 한 잔은 다른 것이다. 수강생은 그 다른 커피를 찾아내야 했다. 유기산 짝짓기 시험은 세트당 네 잔으로 이루어진 커피 여덟 세트를 가지고 치른다. 각 세트마다 커피 두 잔씩이 일종의 산—인산, 사과산, 시트르산, 아세트산 등으로 오염되어 있었다. 수강생은 어떤 잔에 불순물이 들어갔는지, 또 어떤 산이 들어갔는지 알아낼 수 있어야 했다. 샘플 로스팅 식별 시험에서는 끓여둔 커피 네 잔을 가지고 어떤 커피가 과하게 로스팅되었고 어떤 커피는 덜 로스팅되었는지, 어떤 커피가 완벽한지 구별해야 했다.

아라비카 로스트 커피 감정 시험에서는 수강생이 로스팅된 커피 샘플 100그램을 가져가 퀘이커—제대로 로스팅되지 않은, 덜 익은 커피—를 모두 찾아내고 샘플이 상업용인지, 프리미엄 등급인지, 명품 커피 등급인지 식별해야 했다.

부트 커피에서 몇 달을 보내는 동안 목타르는 다른 수강생들 어깨너머로 수업을 들었다. 그는 수십 차례의 시음회에서 커피를 따르고 지켜보았다. 하지만 시험을 치를 때가 되자 처음부터 다시 시작하는 기분이었다. 조디도 목타르 때문에 긴장했다. 쿠웨이트 사람 때문에도. 임신한 여성 때문에도. 조디는 모두가 통과하기를 바랐다.

시험이 끝난 뒤 수강생들은 결과를 받았다. 멕시코 수강생 두 명은 수월하게 통과했다. 임신한 여성도 통과했다. 하지만 쿠웨이트 사람은 통과하지 못했다. 목타르에게 결과를 말해줄 때가 되자 조디는 망설였다. 그녀는 목을 긁적이며 바닥을 응시했다. 그의 눈을 쳐다보지 못했다.

"통과하지 못했어요." 그녀가 말했다. "일곱 과목에서 낙제 점수를 받았어요."

목타르는 잠시 말을 멈추고 산수를 해보았다.

"열다섯 과목은 통과했다는 말씀인가요?" 그는 황홀했다. 중학교 시절 이후로 시험에서 그렇게 높은 점수를 받아본 적은 한 번도 없었다.

하지만 예멘으로 여행을 떠나기 전 시험을 다시 치를 시간은 없었다. 고향으로 돌아가는 그는 아이디어를 가진 젊은이일 뿐 앞서 상상했던 중요인사는 아직 아니었다. 그제야 그는 부모님에게 무슨 일을 하려는 건지 이야기했다. 그는 두 분에게 커피 장비 사진을 보여주었다. 무텝 삼촌의 집으로 가져갔던 것과 같은 장치였다.

부모님은 커피가 시간을 들일 만큼 진지한 대상이 아니라고 생각했다.

동생 월리드에게 예멘으로 돌아간다고 말하자 월리드는 이렇게 말했다. "진짜? 누가 죽었대?"

제3편

THE
MONK
OF
MOKHA

20
하무드와 후바이시

"여기 온 이유는 아무한테도 말하지 마라."

그게 하무드 할아버지의 조언이었다.

"대학 과제를 하러 왔다고 해."

"하지만 전 대학에 다니지 않는데요." 목타르가 말했다.

"사람들은 모른다." 하무드가 말했다.

할아버지의 설명에 따르면 예멘으로 귀향하는 일의 위험이란 간섭을 불러들인다는 것이었다. 친척들이 끼고 싶어했다. 혹은 조언을 하려 들었다. 혹은 친척들의 친구들이 끼어들거나 조언을 하려 했다. 아무 사람이나 달라붙고 끼어들어 아이디어를 변형시키거나, 최악의 경우에는 더 빠르고 싸게 같은 일을 하려고 할 터였다.

목타르는 사나로 가는 표를 예매하면서 할아버지를 제외한 모든 사람들에게 예멘 커피의 역사에 대한 조사 과제를 하러 간다고 말했다. 그가 아는 모든 예멘 사람들에게는 과제를 하는 대학생보다 재미없는 것도 없었다. 목타르는 전적으로 혼자 남겨질 터였다.

또 학생이라면 응당 돈이 없을 것으로 여겨지는 만큼 돈 문제도 없을 터였다. 미국에 사는 예멘 사람들 하면 돈으로 가득찬 여행 가방을 가지고, 그 돈을 사방에 뿌려댈 태세로 돌아오는 것으로 알려져 있었다. 목타르는 무직인 젊은이로 저자세를 유지하면서 눈에 띄지 말아야 했다. 그에게는 실행할 대단히 구체적인 계획—그 계획의 첫번째는 예멘 커피를 변신시키는 것이었다—이 있었으며, 여기에는 그의 할아버지와 이브 지방, 빌럼 부트가 관련되어 있었다.

그는 먼저 수도에서 남쪽으로 세 시간 거리에 있는, 하무드 할아버지가 사는 이브로 갈 생각이었다. 하무드가 그를 지역 농업계 지인들에게 소개시켜줄 것이다. 그런 다음, 약 일주일 후에 다시 사나로 돌아가 빌럼과 카밀로와 함께 사나에서 열리는 커피품질연구소의 워크숍에 참석해야 했다. 그 이후가 커피 카라반이었다.

카라반은 그의 전부였다. 목타르는 커피 카라반이 예멘 커피와 친숙해질 수 있는 이상적인 방법이라고 생각했다. 그는 커피 품질에 관한 한 세계에서 제일가는 전문가, 빌럼과 카밀로와 함께할 것이다. 목타르는 그들을 지켜보고 배우는 한편, 예멘 농부들이 쓰는 언어로 이야기하고 그들과 역사를 공유하는 사람으로서 교량 역할을 할 것이다. 커피 카라반은 목타르를 예멘의 모든 커피 농부들에게 소개해줄 것이고, 그와 함께 여행할 수행원들은 목타르가 농부들에게 깊은 인상을 남기고 예멘에서 커피사업 경력을 시작할 만한 입지를 갖추도록 해줄 것이었다.

한편, 미국 국무부는 모든 여행자들에게 예멘 여행을 피하라고 권고하고 있었다. 하지만 빌럼은 미국 정부의 간청으로 여행을 떠나왔다. 그러니, 사태가 나빠봐야 얼마나 나쁘겠는가?

목타르는 예멘 북쪽의 반군 집단인 후티에 대해 알고 있었다. 그들은 '아랍의 봄'이 있기 육 년 전, 알리 압둘라 살레의 정부에 대항하는 반란을 일으켰다. 그들은 2011년 반정부 시위에도 참여했지만, 살레가 축출당하고 압드라보 만수르 하디가 대통령에 취임한 이후에도 정부에 계속 비판적인 입장을 취했으며 이란과 연합하고 있다고 알려져 있었다. 한편 '아랍의 봄' 이후 강제로 쫓겨난 살레는 현재 권좌로 돌아올 계획을 품고 있었다. 게다가 아라비아반도에는 알카에다도 있었다. 이들은 '아랍의 봄' 이후 그 여파로 생겨난 권력 공백에서 힘을 얻었고, 지금은 전 세계 알카에다 프랜차이즈 중에서도 가장 위험한 일파로 간주되었다. 목타르에게 이 모든 것은 예멘의 절대 끝나지 않는 정치적 소용돌이의 일부로 보였으며, 당분간은 그중 어느 것도 눈앞의 목표와는 관련이 없을 듯했다. 그는 이브로 가야만 했다.

최근 수도에서 결혼한 먼 친척이 목타르를 하무드의 자동차에 태우고 자기 아내는 조수석에 태웠다. 목타르와 신혼부부는 세 시간 동안 자동차를 타고 목타르의 조부모인 하무드와 자파란의 집으로 갔다. 자파란은 당시 미국으로 돌아가 캘리포니아에 살고 있었으므로 목타르는 예멘의 존 웨인인 하무드 할아버지와 단둘이 시간을 보내게 될 예정이었다.

신혼부부가 목타르를 내려주자 저택의 화려한 문에서 하무드가 그를 반겼다. 목타르의 눈에는 할아버지가 늙은 것이 보였다. 할아버지는 등이 약간 더 굽어 있었고, 좋아하는 수공예 지팡이에 더 무겁게 기대고 있었다. 할아버지와 목타르는 푸른 하늘 아래에서 구아바나무와 무화과나무를 지나며 저택 내 부지를 걸어다녔다.

"네가 뭘 하려는지는 아무에게도 말하지 않았지?" 하무드가 물었다.

"아무한테도요."

"잘했다."

그들은 줄지어 하무드의 저택 벽을 감싸안고 있는 커피나무들에 도달했다. "이 녀석들 기억나니?" 하무드가 물었다.

목타르는 윤기 흐르는 잎사귀들을 만져보았다. 기억났다. 십대 시절, 할아버지 할머니와 함께 살던 당시 그는 이 식물들을 매일 보았지만 그게 커피라는 건 한 번도 눈치채지 못했다. 그는 열매를 던지며 놀고 가끔은 과일의 바깥층을 씹기도 했었는데, 일 년 팔 개월이나 조사를 하고 나서야 처음으로 커피나무를 커피나무인 줄 알고 만져보았다.

잎사귀는 놀랍도록 단단하고 반짝였다. 가장자리는 구불구불했고 표면에 주름이 잡혀 있었다. 풍성하고 질긴 밝은 황록색 잎사귀였다. 줄지은 잎사귀 아래마다 열매가 몸을 숨기고 있었다. 열매는 당혹스러울 정도로 상태가 다양했다. 열매 열다섯 개가 있다면 익은 정도도 열다섯 단계였다. 몇 개는 밝은 초록색, 다른 몇 개는 열은 황록색, 몇 개는 주황색으로 변해가고 있었으며 또 몇 개는 자홍색이었고, 마지막으로는 완전히 빨간 열매들이 서너 개 있었다. 그는 선명한 빨간색 열매를 나무에서 따며 줄기의 저항을 느꼈다. 나무는 과일을 순순히 내놓지 않으려 들었다.

책에서 읽기도 했고 빌럼과 조디, 스티븐과 카밀로, 타데세에게서 들어 알고 있던 노동집약성이 이제 걱정스러울 만큼 현실적으로 느껴졌다. 이런 나무에 접근해 열매 군락을 구분해내고, 그 군락에서 과실 열다섯 개를 살펴본 다음 그날 딸 준비가 된 열매 단 서너 개만을, 저마다 약간씩 저항하는 열매를 따려면, 시간이 걸릴 터였다. 이건 마치 시장에서 사과나 멜론 하나하나에 시간을 들여 멍든 곳을 찾아보고 색깔을 살피는 과일 쇼핑과도 같았다. 수확 일꾼은 모든 나무에 달린 모든 열매를 대상으로 이 작업을 해야 했다. 어마어마한 일이었다. 이런 일을 잘해내려면 눈썰미가 좋고 체력이 정말 좋아야 했다.

목타르는 하무드 곁에 앉았다. 하무드는 낮은 돌담에 지팡이를 내려놓고 있었다.

"이 일을 할 생각이라면," 하무드가 말했다. "후바이시를 만나봐야 한다." 히프디 알라 알후바이시는 커피업계에서 가장 손이 큰 지역 무역상으로, 오십 년간 이 업계의 지배 세력이었다. 하무드의 말에 따르면 후바이시는 굴리는 자금만 수십억 리얄—수백만 달러—에 달하면서도 그 돈을 그리 대수롭지 않게 다루는 사람이었다. 또한 치열하다는 커피업계에서 일하면서도 대단히 윤리적이고 공정하다고 했다.

"할아버지가 아는 분이세요?" 목타르가 물었다.

"한 번도 만나본 적 없다." 하무드가 말했다.

후바이시는 부자처럼 보이지 않았다. 하무드는 후바이시의 주소만 주고, 별다른 안내 없이 목타르를 혼자 보내 후바이시를 만나게 했다. 목타르가 도착해보니 한 남자가 해진 옷을 입고 이브 시내의 작은 가게 앞에서 일을 하고 있었다. 하무드 할아버지와 같은 연배일 텐데도 훨씬 나이들어 보였다. 목타르는 하무드의 손자라고 하면 후바이시가 깊은 인상을 받을 거라고, 즉시 파트너십을 맺게 될 거라고 기대하며 자신을 소개했다. 하지만 별다른 존중도, 관심도 받지 못했다. 후바이시는 무뚝뚝하니 경계심을 보였다.

"학생인가?" 그가 물었다.

"네, 선생님." 목타르가 말했다.

후바이시는 그 말을 믿지 않는 듯했다. 만남은 빠르게 끝나버렸고 목타르는 심란한 기분으로 하무드의 집까지 걸어 돌아갔다. 지역 커피업계에서 가장 영향력이 큰 사람이 목타르와는 아무것도 하고 싶어하지 않았다. 게다가 예멘 커피업계에서 가장 성공한 사람이 거지꼴이라는 건 또 무슨 뜻이겠는가?

당분간은 상관없었다. 목타르에게는 보다 급박한 걱정거리들이 있었다. 빌럼이 며칠 후면 예멘에 오기로 되어 있었고 목타르는 그 준비를 해야 했다. 커피품질연구소는 미국국제개발처가 참여하는 컨퍼런스를 열 예정이었다. 예멘의 커피 농부들과 중개상들, 국제 무역상들 사이의 연결고리를 강화하는 것이 이 모임의 목적이었다. 목타르는 빌럼, 카밀로와 함께 패널로 참여할 예정이었으며, 빌럼을 통해 예멘 커피업계와 국제 유통업계의 주자들을 만날 터였다. 그다음에는 커피 카라반이 있을 예정이었다. 빌럼은 나름대로 방문하고 싶은 지역이 있었다. 하지만 목타르는 몇몇 부족의 영토에 접근하기 위해서는 자기가 없어서는 안 되리라는 걸 알고 있었다. 그는 여정을 생생하게 그려보았다. 셋이서 언덕과 계곡을 여행하며 농부들을 비롯한 여러 집단을 만나고, 커피 열매를 따고 로스팅하고 시음하며, 목타르의 미래 사업을 위한 초석을 놓는 것이다. 하지만 일단 목타르는 수도에 자리를 잡아야 했고, 그의 할아버지 하무드에게는 수도에 집이 없었다. 목타르의 어머니는 무함마드 외삼촌을 만나보라고 권했다.

이브 출신인 무함마드는 사우디아라비아에서 여러 해 동안 전기기술자로 일하다가 최근 은퇴 후 사나에서 살고 있었다. 삼촌과 켄자 숙모는 형편이 넉넉지 않아 숙모의 남자 형제인 타하와 야시르가 소유하고 있는 건물에서 지냈으며, 샌프란시스코의 현대 유대인 박물관에서 수위로 일하는 아들 아크람이 집으로 보내주는 수입에 의존해 살았다. 무함마드와 켄자는 아들이 보내주는 돈으로 공과금을 지불했으며, 부부의 세 딸과 어린 세 아들은 아직 집에서 생활했다. 그들의 집이 사나 한복판에 있었으므로, 목타르의 어머니를 통해 목타르가 잠시 가서 머물기로 협상이 이루어졌다. 공간이 별로 없어서 바닥에서 자야 하겠지만 말이다.

그래서 목타르는 바닥에서 잤다. 그는 이른 5월에 도착해, 밤이면 빠르게 이부자리를 마련해 거실 구석에서 자고 아침에는 이부

자리를 다시 정리하고 옷가지는 구석 의자 밑에 숨겼으며, 대체적으로 투명인간처럼 지내려고 노력했다. 그 대가로 목타르는 삼촌과 숙모의 체면을 세워주면서도 그들의 살림에 도움이 될 몇 가지 방법을 찾아냈다. 그들에게 노골적으로 돈을 주는 대신 식료품과 생필품을 사왔고 청소를 했으며 딸아이들의 숙제를 도와주었다. 식사시간에는 무함마드와 정치 이야기를 했다. 예멘에서는 모두가 정치 이야기를 나눴다. 상황이 계속 변했기 때문에 할 얘기가 떨어지는 경우는 결코 없었다. 게다가 무함마드는 정치적 폭력을 직접 목격한 사람이었다.

이브에서 보낸 어린 시절에 무함마드는 1970~80년대 예멘 정부와 예멘을 사회주의체제로 만들고 싶어하던 사람들 사이에 벌어진 격전을 목격했다. 사회주의자들은 소련의 엄청난 군사적, 재정적 지원을 받으면서 예멘의 부족주의를 청산하려고 했고, 지역 족장들을 제거하는 것을 전략의 요점으로 삼았다. 그들의 표적 중 한 사람이 샤이크 무함마드 나시르 알칸샬리라는 이브 지방 알다크의 부족 지도자였는데, 정말 있을 법하지 않은 일이지만, 그 사람이 바로 목타르의 할아버지 하무드의 형이었다. 1986년, 알칸샬리는 차를 몰고 가다가 바주카 로켓포 공격으로 사망했다. 무함마드가 그 일을 목격했다. 그가 알칸샬리의 그을린 시신을 자동차에서 끌어냈다.

목타르가 도착한 2014년 5월은 마르크스주의자들이 떠난 지 이미 오래였지만, 예멘에는 부족 간 전쟁이 다시 한번 절정에 이르러 있었다. 역사적으로 예멘은 오스만 튀르크에서 영국에 이르는 외부 세력에게 침공당하거나 식민 지배를 받지 않을 때면 늘 자기들끼리 싸웠다. 예멘이 아라비아반도의 첫 다당제 의회민주주의 국가가 된 건 불과 1990년의 일이었다. 1993년에는 선거가 있었고, 1999년에는 육군 원수 알리 압둘라 살레가 새로운 통일 국가의 대통령으로 선출되었다. 그가 인기를 얻은 기간은 길지 않았고, 보다 민주주의적이고 공정한 서아시아를 꿈꾸는 '아랍의 봄'이 예멘을 휩쓸었다. 예멘 내부와 국제 공동체의 압력을 받은 살레는 결국 사임했다. 대통령직은 압드라보 만수르 하디로 교체되었지만, 그때쯤 '아랍의 봄'이 야기한 일 년간의 세력 공백으로 반란군의 움직임이 대담해졌다. 일단은 우두머리인 후세인 알후티의 이름을 딴 후티 반군이 있었다. 후세인 알후티는 사나의 권력 지형에 불만족하여—반군은 사나의 지도자들이 역사적으로 자신들의 지역을 무시해왔다고 느꼈다—북부에서 기습 공격과 토지 점거를 벌이고 있었다. 아덴을 수도로 삼은 남부에서는 분리 독립 이야기가 나왔다.

한편 예멘에서는 알카에다 아라비아반도 지부가 존재감을 키우며 위협을 더해갔다. 알카에다 아라비아반도 지부는 1992년, 주로 해병대가 사용하던 아덴의 한 호텔에 폭탄 공격을 해 두 명을 살해한 이후부터 예멘에서 이십 년간 활동해왔다. 아덴의 해안에서 조금 떨어진 곳에서는 USS 콜함에 이천여 회의 공격을 가해 열일곱 명의 목숨을 앗아갔다. 2007년에는 스페인 관광객 여덟 명과 예멘 운전기사 두 사람이 마립 지방에서 자동차 폭탄 테러로 살해당했으며, 그로부터 일 년 후에는 미국 대사관 바깥에서 일어난 자동차 폭탄 테러로 시민 열두 명이 더 죽었다. 벵가지* 이전의 벵가지였다. 2009년에는 예멘 출신의 자살 폭탄 테러범이 사우디아라비아의 최상위 반테러 관료를 암살하려다 제다에서 살해당했다. (이 암살범 지망생은 항문에 숨겨두었던 폭탄이 폭발하면서 혼자 죽었을 뿐 사우디 장관에게는 부상만 입혔다.) 2011년, 알카에다 아라비아반도 지부가 예멘 남부의 도시인 진지바르를 점령했다. 2012년, 그들은 사나의 대통령궁 근처에서 자살 테러를 가해 백 명 이상의 예멘군을 죽였다.

미국은 예멘의 협조하에 몇 년간 알카에다 아라비아반도 지부를 표적으로 삼아 드론 공격을 해왔는데, 이 드론 공격이 예멘 사람들에게는 피할 수 없는 인생의 현실이 되었다. 2014년 4월에는 최소 네 건의 드론 폭격이 승인되어 서른일곱 명에서 마흔다섯 명이 죽었다. 이중에는 보고서의 종류에 따라 민간인도 네 명 혹은 열 명 포함되어 있었다. 목타르가 도착하기 겨우 몇 주 전인 4월 19일에는 CIA 드론들이 군부 세력 용의자들이 타고 있던 트럭을 폭격해 그중 열 명을 죽이는 데 성공했지만, 동시에 근처에 있던 노동자 세 명도 우연히 죽이고 말았다.

그렇지만 2014년 봄에는 조심스럽게나마 낙관적인 태도를 취할 만한 이유가 있었다. 하디 대통령이 막 전국 대화를 지켜본 터였

---

* 리비아의 항구도시. 제2차세계대전 격전지였다.

고, 열 달에 걸친 토론 끝에 대표단들은 새로운 헌법의 기본 조항들에 합의했다. 그로부터 얼마 후 대통령 자문단은 예멘을 여섯 지역으로 이루어진 연방으로 만들겠다는 계획을 비준했다.

이것이 북부의 후티 반군들을 달래줄지는 미지수였다. 지금 목타르가 걱정해야 하는 것은 며칠 뒤면 캘리포니아에서 도착할 빌럼이었다. 위험 평가는 어렵고도 대단히 주관적인 일이었다. 수도 사나는 서구인들에게 그다지 안전한 공간으로 간주되지 않았지만, 대부분의 대사관이 그때까지도 사나에서 운영되고 있었으며 예멘 전체에는 여전히 관광객과 외국인 노동자 수천 명이 있었다. 수도를 드나드는 상용 비행기들도 있었는데, 그것도 예멘의 상대적 안정성에 대한 어느 정도 최소한의 지표가 되었다. 하지만 그렇더라도 예멘 여행에 대한 국무부의 경고는 무시무시했다. 미국국제개발처 컨퍼런스가 계획대로 흘러갈 것인지, 혹은 어떻게, 왜 그런지는 전적으로 불투명했다.

그 무렵 알카에다 아라비아반도 지부의 지도자인 나시르 알우하이시가 영상 경고를 내보내기도 했다. 그들은 미국, 영국, 프랑스 같은 국가에서 온 '십자군'들을 사냥할 거라고 했다. 컨퍼런스 전주에는 사나에서 독일과 러시아 국적자들의 납치 미수 사건이 있었다. 5월 5일, 빌럼이 도착하기 전날에는 예멘의 EU 대표단을 경호하던 프랑스의 외주 경호원이 살해되었고, 또다른 경호원은 수도의 외교관 거주지역에서 무장괴한들이 차량에 발포하는 바람에 부상을 입었다. 같은 날, 국방부 언어연구소 근처에서 오토바이를 탄 무장괴한 두 명이 경찰을 살해했다. 다 합치면 3월과 4월에 쉰

세 명이 암살당했다.

빌럼 부트는 예전에도 위험 지역에 가본 적이 있었고, 카밀로는 콜롬비아인인 만큼 위험한 환경이나 불안정한 정부가 낯설지 않았다. 하지만 아무리 그들이라도 사나에서 직면한 일에는 대비할 수 없었을 것이다. 미국을 떠나기 전, 빌럼은 컨퍼런스의 보안을 책임지고 있는 회사인 가르다 월드로부터 이메일을 한 통 받았다. 전부 대문자로 작성된 그 이메일은 수신자에게 반드시 이메일을 열어 첨부파일을 인쇄한 다음, 해당되는 모든 문서에 서명해 회신하라고 강력히 요구했다. 이메일에 첨부된 것은 스물여섯 페이지짜리 예멘 안전 지침서로서, 발생 가능한 다양한 사건들―테러 공격, 군중의 적대행위, 폭탄물 우편 발송, 안내서에서 강취 공격 혹은 단기 납치라 지칭하는 납치의 가능성 등―을 다룬, 대단히 자세한 안전수칙을 담고 있어 경각심을 불러일으켰다. '고립 대비'라는 제목이 붙은 한 문서는 납치당하는 경우 당국이 신분을 확인할 수 있도록 빌럼에게 개인적 특징, 손 글씨, 가장 가까운 친척에 관한 두 페이지짜리 목록을 작성해달라고 요구했다. 지침서에는 "보안 문제에 과잉 반응할 필요는 없습니다. 단지 상대보다 한발 계속 앞서 나가자는 것뿐입니다. 개인 안전에 시간과 노력을 조금만 기울이면 테러리스트를 효과적으로 저지하고, 그들의 관심을 보다 약하고 접근 가능한 표적으로 돌릴 수 있습니다"라고 적혀 있었다.

빌럼이 사나에 착륙하자 외주 보안업체의 아일랜드인 직원이 마중을 나왔다. 그 직원은 예멘에 있는 동안 그의 편의는 자신이 책임질 거라고 말했다. 그는 빌럼을 공항 밖에 주차되어 있던 커다란 무장 SUV 두 대로 데려갔고, 그다음부터 빌럼은 그를 한 번도 보지 못했다.

한 SUV에는 운전기사와 기관총으로 무장한 보안업체 직원 한 명이 있었다. 두번째 SUV가 중무장한 직원 세 명을 태우고 따라왔다. 빌럼과 함께 차를 타고 가던 보안업체 직원이 그에게 봉투를 하나 건넸는데, 봉투 안에는 핸드폰 한 대와 그 핸드폰을 켜서 연락처를 불러온 다음 칼리드라는 남자에게 전화를 걸라는 지시사항이 들어 있었다. 빌럼은 핸드폰을 켜보려 했지만 작동되지 않았다.

SUV들은 어떤 검문소에서도 멈춰 서지 않고 빠르게 도시를 통과했다. 무장 경호원들이 호텔 정문 밖과 로비 앞에 서 있었다. 빌럼은 안전하다고 생각했으므로 여행가방을 가지고 방으로 올라가 짐을 풀었고, 달리 할일이 없었기에 커피를 내리기 시작했다. 그는 케멕스 세트와 커다란 프랑스식 압축기 두 개를 가지고 왔다.

그날 밤, 목타르는 삼촌 집에서 나와 택시를 탄 다음 기사에게 호텔로 가달라고 했다. 그에게는 간단한 일이었다. 경호원도, 봉투에 든 핸드폰도, 아일랜드 출신 보안업체 직원도 없었다. 호텔 로비에서 만난 목타르에게 빌럼이 호텔까지 온 이야기를 전해준 그때 둘의 관계가 미묘하게 변했다. 빌럼은 그의 스승이었지만 지금은 예멘에 와 있었다. 목타르에게 그가 필요한 만큼 그에게도 목타르가 필요했다.

그들은 시험을 한번 해보기로 했다. 저녁을 먹으러 잠깐 나가보기로 한 것이다. 도시를 여행하는 소수의 외국인들이 겪는 보안상의 위험을 가늠해보려는 것이었다. 목타르는 자기 가족의 베이지색 렉서스 SUV를 할아버지의 운전기사인 사미르가 운전하도록 해놓았다. 사미르는 초저녁에 도착했고, 빌럼과 카밀로, 목타르는 차에 올랐다. 몇 블록도 못 가서 그들은 검문소에서 제지당했다. 선팅이 되어 있는 SUV 창문 덕분에 뒷자리에 앉은 빌럼과 카밀로가 가려졌으므로 사미르와 목타르가 이야기를 했고, 검문소에서는 손짓으로 그들을 통과시켰다. 두번째 검문소에서도 같은 방법이 통했다.

하지만 세번째 검문소는 달랐다. 그곳 군인들은 비정규군인 듯 보였다. 그들은 각각 다른 옷과 두건을 두르고 있었으며, 거의 즉각적으로 창 너머에 손전등을 비추어 빌럼과 카밀로를 발견했다.

"이 사람들은 누굽니까?" 군인들이 물었다. "여기서 뭘 하는 겁니까?"

그들은 모든 창문을, 모든 문을 열라고 명령했다.

"그냥 식사하러 가는 중입니다." 목타르가 말했다.

하지만 그는 대화의 주도권을 놓쳤다. 마음이 흐트러졌다. 빌럼은 목타르의 목소리 톤이 변하는 것을 알아챘다. 머뭇거리는 듯한, 확신이 없는 듯한 말투였다.

모두 카트를 씹고 있던, 동요하는 듯 보이던 군인들은 빌럼과 카밀로의 여권을 검사하고 자동차를 수색했다. 빌럼은 납치당할지 모른다고, 먼 데로 끌려가 팔리게 될 거라고 생각했다. 목타르도 같은 생각을 하고 있었다. 목타르 자신이 납치당할 거라는 생각은 들지 않았지만, 친구이자 멘토인 두 사람은, 목타르의 나라에 와 있는 동안 전적으로 목타르의 책임이라고 느껴지는 두 사람은 현금화되거나 그보다 나쁜 처지에 빠지기 직전이었다. 몇 주 전 밀밸리에서 그들은 모두 저녁을 먹으러 나갔다. 목타르, 빌럼과 캐서린 부부, 그들의 아들 빈센트까지 함께였다. 캐서린은 이 여행에 대한 두려움을 드러냈고 목타르는 그녀의 두 눈을 보고 그녀가 심각하게 걱정하고 있다는 걸 알 수 있었다. 그는 테이블 너머로 손을 뻗어 그녀의 두 손을 잡고 말했다. "이제 빌럼은 알칸샬리 부족의 일원입니다. 저희가 목숨을 걸고 지켜드릴 거예요." 그녀는 안심한 듯 목타르에게 고맙다는 인사를 하며 말했다. "그냥, 저이가 집에 둘째 부인만 데려오지 않게 해주세요."

목타르는 군인들에게 간청했다. "부탁드립니다. 저는 그냥 이분들에게 진짜 예멘 음식을 맛보여드리고 싶었을 뿐이에요." 하지만 목타르는 군인 중 한 사람이 빌럼이나 카밀로를 볼 때마다 그들이 두 외국인의 몸값을 가늠해보고 있다는 생각이 들었다.

"정말 그냥 저녁을 먹으러 나가는 겁니다." 목타르는 그렇게 말하며 심지어 식당 이름까지 댔다. 그곳 음식이 호텔의 단조로운 음식보다 훨씬 낫다고 강조하면서 말이다. "여러분도 같이 가셔도 됩니다. 거기서 저희랑 만나시죠. 제가 저녁을 사겠습니다."

마침내 군인들의 기세가 수그러들었다. 그들은 목타르의 일행이 지나가게 해주었다. 일단 식당에 도착하여 먹는 둥 마는 둥 저녁식사를 하면서, 목타르는 군인 중 최소 한 명은 나타날 거라고 반쯤 예상했다. 아무도 오지 않았다.

좋은 시절이든 나쁜 시절이든 외국인 납치는 예멘에서 흔한 일이었다. 납치는 대부분 특정 부족이 돈이나 포로 교환을 원하거나 자신들의 필요와 요구에 예멘 정부가 관심을 기울여주길 바라기 때문에 일어났다. 예컨대 유럽과 아시아의 방문객들을 납치한 뒤, 정부가 자기네 지역 전력망의 결함을 의식하도록 만들겠다며 그들을 잡아두는 식이었다. 대부분의 포로들은 예외 없이 좋은 대접을 받았으며 아무 해를 입지 않고 풀려났다. 일 년 전에는 네덜란드인 부부가 사나의 가장 안전한 동네에 있는 자기 집 앞에서 납치를 당해 육개월간 억류되었다가 전혀 해를 입지 않은 채 풀려났다. 이 부부는 자신들이 받은 대접을 칭찬했고, 여전히 예멘을 아주 좋아한다고 신경써서 말했다. 엽기적이긴 하지만, 이런 납치—지역 기간시설에 관한 문제를 해결하기 위해 사람이 납치될 수 있다는 눈앞의 가능성—는 일반적으로 용인되는 예멘 여행 비용이었다.

하지만 알카에다 시대가 오면서 뚜렷한 변화가 일어났다. 2009년, 독일인 간호사 두 명과 한국인 교사 한 명의 시신이 훼손된 채로 발견되었다. 이를 포함한 여러 사건들 때문에 예멘 방식과 알카에다 방식이 얼마나 다른지가 다시 한번 부각되었다. 이 모든 일이 목타르의 머릿속에 들어 있었다. 그는 빌럼을 위험에 빠뜨리거나, 빌럼이 어떤 식으로든 위험을 자초하도록 내버려둘 수 없었다. 그들은 겁을 먹었지만 아직 커피 카라반에 대한 열정은 잃지 않은 채 식당을 나섰다.

다음날 밤, 빌럼과 목타르, 카밀로는 저녁식사 초대를 받아 미국인 NGO 대표의 집에 갔다. 그녀는 미국국제개발처의 기금을 지원받으며 예멘의 농업 관련 사업 전반을 감독하고 있었다. 그녀는 컨퍼런스가 열리는 호텔과 가까운 곳에 살면서도 일행에게 무장 경호업체 직원들을 대동하고 차량 세 대의 호위를 받으면서 오라고 고집을 부렸다. SUV들은 호텔 정문을 지나고 또다른 대문을 지나서 그녀의 건물에 들어가더니, 무장 경호원 한 쌍을 또 한번 지났다. 그들이 차를 타고 온 거리는 겨우 한 블록이었다.

저녁식사 전에 그녀는 빌럼과 카밀로에게는 위스키를, 목타르에게는 차를 대접했다. 그들은 예멘의 커피와 예멘이라는 나라 자체의 미래에 대해 이야기를 나누었다. 그녀는 낙관적이지 않았다. 아프가니스탄에도 가보았는데 예멘의 상황이 훨씬 더 나쁘다고 말했다. 그녀의 말에 따르면 문제는 후티만이 아니었다. 미국인 입장에서 볼 때 후티 반군은 알려진 부분이었다. 비록 그들이 '미국에 죽음을'이라는 슬로건을 내걸었긴 하지만 서서히 도시를 포위해가는 반군치고 지금까지 그들이 보여준 행동은 뭐랄까, 교양 있었다. 어느 미국인에게든, 아니, 사실 어느 서구인에게든 문제는 알카에다였다.

그녀는 다시는 호텔을 떠나지 말라고, 도시 밖 어디로든 여행을 떠나는 건 생각할 가치도 없는 일이라고 말했다. 어쨌든 그러기 위한 허가도 받지 못할 것이고, 허가를 받도록 도와줄 수도 없다고 말이다.

커피 카라반은 끝이었다. 빌럼과 카밀로는 미국국제개발처의 손님으로 예멘에 와 있었지만 미국은 더이상 그들의 안전을 책임질 수 없었다. 그들은 떠나야 했다.

다음날, 그들은 사나에서 비행기를 타고 에티오피아로 향했다.

목타르는 삼촌과 숙모의 집 바닥에 누워 벽을 빤히 바라보았다. 빌럼은 떠나버렸고, 목타르 자신도 머잖아 집으로 돌아가는 비행기를 예약해야 했다. 시작하기도 전에 전부 끝나버렸다. 그는 캘리포니아로 돌아갈 것이다. 어쨌든 큐그레이더 시험도 다시 봐야 했다. 어쩌면 대학도 졸업해야 할지 모른다. 항상 로스쿨이라는 선택지가 있긴 했다. 하지만 그 모든 일을 하는 데에는 돈이 필요했다. 그는 인피니티를 생각했다. 트레저 아일랜드의 부모님 집 바닥에서 자며 다시 수위 생활을 할 수도 있을 것이다. 삼사 년 동안 돈을 모아야겠지. 학사학위를 받을 때쯤에는 글쎄, 서른 살쯤 되어 있을까? 밤이 그를 죄어왔다. 새벽 네시, 기도시간을 알리는 소리가 들려올 때까지도 그는 잠들지 못했다.

21
꿈, 옷을 갈아입다

    목타르의 어린 사촌들은 아침에 일어나 식사를 하고 학교에 갔다. 목타르는 갈 곳이 없었다. 약속도, 계획도 없었다. 커피 워크숍은 끝나버렸고 그는 혼자 남았다. 그는 아무것도 몰랐으므로 아무것도 할 수 없었다. 그는 커피의 품종이나 경작법, 토양이나 관개 유형에 대해서 아는 게 별로 없었다. 돈도 없었고 영웅들은 떠나버렸다.

    그는 그날 짓밟힌 듯한 기분으로, 하지만 한편으로는 꿈이 주는 부담감에서 자유로워진 기분으로 사나를 헤매고 다녔다. 그에게는 꿈이 있었으며 꿈이란 무거운 존재, 지속적인 돌봄과 가지치기를 필요로 하는 존재였다. 꿈이 사라진 지금, 목타르는 잃을 것이 아무것도 없는 사람처럼 거리를 걸어다녔다. 무엇이든 할 수 있었다. 아무것도 안 할 수도 있었다. 심지어 예멘에 이대로 머물 수도 있었다. 그는 사나대학교 근처를 걸어가다가 아무 이유 없이 안으로 들어가, 어둡고 오래된 복도를 헤매고 다닌 끝에 다음날 열리는 농업 축제 공고문을 보았다. 예멘에서 재배되는 모든 것—바나나, 망고, 무화과, 꿀, 그리고 커피—이 출품되었다.

　별다른 기대는 없었지만 목타르는 그 축제에 갈 계획을 세웠다. 달리 갈 곳이 아무데도 없었다. 그는 무함마드와 켄자의 집으로 돌아가 다시 한번 잠 못 이루는 밤을 보냈다. 하지만 가장 암담한 시간에, 그는 어린 시절에 알았던 어떤 과일나무를 생각했다. 텐더로인 한복판에 있는 나무였다. 동네에는 나무가 별로 없었다. 아마 전혀 없었을지도, 그 나무를 빼면 한 그루도 없었을지도 모른다. 그 나무는 노숙자들과 도시에서 가장 취약한 계층의 사람들이 음식과 잠잘 곳을 얻으려고 길게 줄을 서는 글라이드메모리얼교회에서 겨우 한 블록 떨어진 엘리스 스트리트에 있었다. 바로 레몬나무였다. 목타르는 아이였을 때 그 나무를, 텐더로인에 있는 진짜 레몬나무를 발견했다. 처음에는 가짜라고 생각했다. 열매는 너무 깨끗하고 노랬고, 껍질은 너무 매끄러워 보였다. 하지만 그때 그는 나무에서 레몬을 따 냄새를 맡아보았다. 진짜였다. 그는 레몬을 집으로 가져와 잘라보았다. 레몬은 즙이 많고 살아 있는 듯했다.

　그는 무함마드와 켄자의 집 바닥에서 그 레몬과 나무를 생각하며, 그런 생각이 드는 이유를 희미하게 떠올리며 다시 잠들었다.

　다음날 축제에 도착한 그는 하마터면 웃음이 터질 뻔했다. 이 축제와 비교하면 미국국제개발처 모임은 초소형이나 마찬가지였다.

사나대학교 농업 축제는 실외에서 열렸으며 규모도 엄청났다. 가장 중요하게는 예멘 현지에서 열리는 축제였기에 예멘에서 뭔가 재배하는 사람들 모두를 망라했다. 아몬드 재배자, 양봉업자, 구아바 농부, 밀 재배자, 농업용 장비와 살충제 공급업자 들이 와 있었다. 커피업계 사람들도 전부 그곳에 있었다. 예멘이 얼마나 비옥한지 떠올리자 목타르는 자긍심이 부풀어올랐다.

루퍼트처럼 옷을 입은 목타르는 어떻게 자신을 소개해야 할지 확신이 서지 않은 채로 이 테이블에서 저 테이블로 돌아다녔다. 지금 나는 미국국제개발처 소속인가? 딱히 그렇지는 않았다. 커피품질연구소는? 아니었다. 할아버지가 조언한 대로 학생이라고 할까? 바이어라는 말은 하지 마라. 하무드 할아버지는 그렇게 말했다. 빌럼도 같은 얘기를 했다. 아무 약속도 하지 마세요.

한 커피 조합에서 커피콩을 보여주었다. 콩은 금이 가 있고 품질이 심하게 불균등했다. 그는 그 점을 지적하지 않을 수 없었다. 그다음에는 참지 못하고 전부가 루비처럼 빨갛고 초록색이라곤 하나도 없는, 핸드폰에 저장된 적절한 열매 사진들을 보여주었다. 그리고 빨간 열매들로 가득찬 에티오피아의 건조대 사진을 보여주었다. 조합에서 나온 사람들은 그런 걸 한 번도 본 적이 없었다.

목타르는 주머니 가득 명함과 전화번호를 받아가지고 축제를 떠났다. 특히 한 손에 꼽을 만큼의 사람들이 머리에 남았다. 노련한 NGO 활동가이자 식물학자인 루프 나삽이라는 사람이 있었다. 하이마 지방 알아말협동조합의 대표인 유수프 하마디도 있었다. 그날 밤, 무함마드와 켄자의 집 바닥에 누워 밤의 사나가 내는 소리에 귀를 기울이며 목타르는 혼자만의 커피 카라반을 할 수 있겠다는 생각을 했다. 빌럼이 없으니 그가 모든 이야기를 해야 할 것이다. 조용히 관찰하면서 따라다니거나 배울 수는 없었다. 그는 일종의 유명인사처럼, 농부들이 시간을 내줄 가치가 있을 만한 사람인 양 처신해야 했다.

다음날 그는 모아들인 모든 전화번호로 전화를 걸어 메시지를 남기고 약속을 잡으려고 했다. 유수프 하마디에게도 연락했다. 목타르는 다음날 농장을 구경시켜줄 수 있겠느냐고 물었다. 그러겠다는 유수프의 대답을 듣고 목타르는 루프 나삽에게 전화를 걸었다. 하이마로 가려는데 함께 갈 생각이 있으신가요? 루프도 그러겠다고 했다. 목타르는 루프가 일종의 예멘인 빌럼이, 그러니까 멘토이자 전문가가 되어줄 수 있을 거라고 생각했다. 그는 이 지역과 커피를 잘 알았다. 그 점을 제외하면 목타르는 루프에 대해 아는 것이 거의 없었다. 루프가 조력자로 남아줄지 장애물이 되어버릴지는 걱정하지 않으려 애썼다. 할아버지의 말이 머릿속 가장 깊은 곳에 박혀 있었다. 아무도 믿지 마라. 누구와도 손잡지 마라. 자세를 낮춰라.

목타르는 새벽에 일어났다. 그와 유수프는 사나에 있는 파나소닉 건물 아래 로터리에서 여섯시에 루프와 만날 계획이었다. 목타르는 일어나 세수를 하고 침낭을 무함마드와 켄자의 집 거실 구석에 쑤셔넣은 다음 외모를 신중하게 가다듬었다. 외모는 중요했고 액세서리는 결정적이었다. 그는 이미 입지를 다진 사람처럼 복장을 갖춰 어린 나이를 보완해야 했다.

우선 시계였다. 예멘에서는 재산가라면 누구나 인상적인 손목시계를 차고 있었다. 목타르의 스위스제 시계는 은으로 만들었고 튼튼했다. 질투심이나 절도를 유발할 만큼 지나치게 비싸지는 않았지만 경영인이 가질 법한, 세계를 여행하는 사람이 찰 만한 시계였다.

다음은 안경. 그는 최근에야 자신이 근시라는 사실을 깨달았다. 몇 년 전 어느 날 장난삼아 친구의 안경을 써보았는데 갑자기 세상의 해상도가 높아졌다. 트레저 아일랜드에 있던 그는 밤에 버스에서 내리다가 안경을 써봤고, 그 순간 도시와 별, 베이 에어리어의 모든 파도가 그리는, 조각된 듯한 선들의 또렷한 윤곽선이 보였다. 그는 1941년에 만들어진, 육각형 금속테 안경을 샀다. 그 안경은 귀 뒤쪽을 감싸주며 모험을 별로 낯설어하지 않은 학자 같은 분위기를 선사했다.

다음은 노트였다. 오클랜드에서 그와 저스틴은 수제 가죽제품을 파는 가게에 간 적이 있었다. 목타르는 내구성이 좋지만 골동품처럼 생긴, 중요한 순간이라면 언제든 꺼내들어 농장 방문의 중대한 세부 사항들을 휘갈겨쓸 수 있는 노트를 원했다. 그들은 긴 가죽 끈으로 종잇장을 묶어 공들여 만든 노트를 골랐다. 필기한 내용을 한데 모아 이메일을 보내기에는 핸드폰에 메모를 입력하는 편이 훨씬 쉬웠으니 결국 노트도, 펜도 별로 사용하지 않게 되겠지만 상관없었다.

하지만 이런 차림의 가장 중요한 부분은 반지였다. 이 반지는 예멘의 역사에, 커피에, 살레 대통령의 몰락으로 이어진 '아랍의 봄'에 뿌리를 두고 있었다. 몇 년 전에 생긴 반지였는데, 그 당시 최연소 노벨평화상 수상자이자 첫 아랍 여성 수상자이며 첫 예멘인 수상자인 타우왁쿨 카르만이 목타르의 손가락에 이 반지를 끼워준 주역이었다. '아랍의 봄' 동안 예멘인들을 조직하는 데 기여한 공로로 노벨평화상을 받은 카르만은 2011년 캘리포니아대학교 볼트 법학대학에 연설을 하러 왔고, 목타르가 그녀의 통역을 맡았었다. 그는 행사가 끝난 뒤 피로연 자리에서 기획자 중 한 사람인 무함마드 알레메리를 만났다. 알레메리는 안쪽에 홍옥수가 박혀 있고 은으로 복잡하게 세공된 반지를 끼고 있었다.

"그 반지 어디에서 난 건지 알아요." 목타르가 말했다. 사나 인근에 자와시라는 동네가 있었다. 역사상 대체로 유대인이던 은세공장들이 그곳에서 수백 년 동안 이런 반지를 만들어왔었다. 알레메리에게 이 얘기를 해주자 그는 깜짝 놀랐다. 알레메리는 아랍식으로—아랍에서는 뭔가를 기억하거나 칭찬하면, 그 물건을 가지라는 제안을 받게 된다—목타르가 그 반지를 가져야 한다고 고집을 피웠다. "그럴 순 없어요." 목타르가 말했다. 그들은 타우왁쿨 카르만이 끼어들 때까지 옥신각신했다. "반지 받으세요." 그녀가 말했다. 그래서 목타르는 반지를 받았고, 예멘에서 그 반지가 편리하게 쓰일 거라는 걸 알았다. 그는 이상적인 커피 열매 색깔을 설명할 때 루비색 홍옥수를 가리킬 수 있었다.

칼도 한 자루 챙겼다. 허리띠에 차는 단검인 전통 예멘식 잠비야가 아니라 30센티미터짜리 미국 제품으로, 그는 이것을 하무드 할아버지에게서 빌린 가죽 권총집에 넣어 옆으로 찼다. 인디애나 존스와 농과대학 대학원생이 섞인 듯한 모습으로 목타르는 준비를 마쳤다.

　그는 오전 여섯시 정각에 켄자와 무함마드의 아파트를 나서 유수프와 약속한 로터리로 갔다. 사나 바로 외곽, 파나소닉 건물 아래였다. 도착하니 루프가 보였고, 주위를 돌아보자 즉시 알아말협동조합의 수장인 유수프가 보였다. 그가 목타르에게 손을 흔들었다. 그때 다른 협동조합의 마케팅 및 영업부 부장인 알리 무함마드가 보였다. 안 돼, 목타르는 생각했다. 안 돼, 안 돼, 안 돼.

　약속을 이중으로 잡았단 말인가? 자신이 그랬다는 걸 목타르는 금세 알아차렸지만, 아직은 믿고 싶지 않았다. 목타르는 유수프에게 말을 걸었다. 이날, 이 시간, 이 장소에서 만나기로 했다고 유수프가 약속을 확인해주었다. 하지만 알리 무함마드는 왜 거기에 있단 말인가? 전날 사방으로 정신없이 전화를 걸어대다가 알리 무함마드와도 약속을 잡은 게 틀림없었다. 목타르는 뱃속이 철렁해 그에게 갔다. 알리는 자신도 목타르와 이날, 이 시간, 이 로터리에서 약속을 잡았다고 강하게 주장했다.

　그는 다시 유수프에게로 가 같은 날 농장 두 곳을 돌아볼 수 있을지 물었다. 어쩌면 유수프의 협동조합에 먼저 갔다가, 그다음에 알리 무함마드의 협동조합을 방문할 수도 있지 않을까?

　"두 농장은 몇 시간 떨어진 거리에 있습니다." 유수프가 말했다. "그리고 제대로 보시려면, 반드시 하루를 통으로 저희에게 내주셔야 합니다."

목타르는 자신을 저주했다. 어떤 얼간이가 예멘의 커피 농장을 처음으로 방문하면서 일정을 이중으로 잡는단 말인가? 그는 함께 일하려 했던 첫 협동조합 두 곳에 시작부터 미심쩍은 모습을 보여주었다. 하지만 당장은 선택을 해야 했다.

그는 유수프를 선택했다. 유수프는 사나대학교에서도 만난 적 있었고 아주 성실해 보였다.

목타르는 알리 무함마드에게로 가 다른 때에 농장을 방문해야 할 것 같다며 사과했다. 언제라도 좋다고 말했다. 제가 보상하겠습니다. 실수가 좀 있었습니다. 어쩔 수 없이요.

알리 무함마드는 물러났다. 목타르는 아침 여섯시까지 약속 장소에 오기 위해 알리 무함마드가 동이 트기도 전에 일어났으리라는 사실을 알고 있었다. 이제 그는 두 시간 거리를 운전해 돌아가야 했다. 아무 소득도 없이 말이다.

"죄송합니다!" 트럭이 빠르게 멀어지는 가운데 목타르가 다시 소리쳤다.

목타르와 루프는 유수프에게로 돌아가 트럭에 올랐다. 차 안에서 그들은 유수프의 오른팔인 무함마드 바젤을 만났다. 키가 크고 깡마른 체격에 금속테 안경을 쓴 유수프가 알아말협동조합의 조합장이었고, 비교적 키가 작고 비웃는 듯한 표정에 한쪽 뺨 가득히 카트를 물고 있는 무함마드 바젤이 영업과 마케팅을 담당했다.

그들은 사나와 도로 상태, 대학에서 만났던 일에 관해 한담을 나누었다. 유수프는 그들이 이제 방문하려는 마을에서 어린 시절을 보냈으며 사나대학교에서, 이후에는 예멘 공군사관학교에서 교육을 받았다. 그는 예멘 공군에서 제트기를 몰다가 현재는 귀향해 협동조합 농장을 경영하고 있었다. 대단히 진정성 있고 세심해 보이는 사람이었다. 전직 전투기 조종사라기보다는 고전시문학 조교수처럼 보였다.

그들은 수도를 떠났다. 도시가 멀어지며 사나 외곽의 야트막한 마을들에 자리를 내주었다. 고속도로가 눈앞에 펼쳐졌고 이따금 도로 양옆에 자리잡은 주유소나 작은 상가가 보였다. 머잖아 도로는 사차선에서 이차선으로 좁아지더니 좁은 곡선을 그리며 구부러졌다. 트럭은 포장도로에 바짝 달라붙은 채 가파른 산길을 오르락내리락했다. 30미터이던 절벽이 300미터가 되었다. 건축물은 수백 년 세월을 발산했고, 중앙정부나 정부의 통제력이 존재한다는 증거는 점점 사라져갔다.

그들이 지나친 대부분의 남자들은 늙은이든 젊은이든 십대 소년이든 자동소총을 들고 있었다. 일행은 부족민의 세력권에 들어왔다. 목타르가 이런 광경에 익숙해질 때쯤—사나나 이브에서는 중무장한 사람들을 이렇게 많이 본 적이 없었다—트럭은 가파른 언덕을 돌았다. 어느새 그들은 포위당했다. 무장한 남자 열두 명이 길을 막고 있었다.

무함마드 바젤이 트럭을 멈추었다. 남자들은 창문마다 AK-47을 겨누며 동요했다. 누구냐? 여기서 뭘 하는 거지? 남자들이 소리쳤다. 언덕배기에는 로켓 추진형 수류탄 발사기와 독일제 G3 돌격

소총으로 무장한 남자들이 스무 명 더 서 있었다.

"무슨 일입니까?" 목타르가 물었다.

"걱정 마세요. 부족 간 분쟁입니다." 루프가 말했다.

남자들은 트럭에 탄 모든 사람의 신분증을 요구했다.

목타르는 차창 너머로 신분증을 건네주었다.

목타르가 속한 부족은 대략 십 년 전 부족 간 분쟁에 휘말린 적이 있었다. 그는 당시 미국에 있었지만, 이 분쟁은 예멘 전체와 예멘인 망명자들 사이에서도 뉴스였다. 듣기로는 목타르의 부족, 알칸샬리 부족의 어느 젊은이가 소중한 새 랜드 크루저를 몰고 사나에 간 모양이었다. 어느 날 밤 주차를 해놓았는데 아침에 보니 차가 도난당해 없어진 상태였다. 동네에는 절도범이 누구인지에 관한 소문이 돌았고, 도둑이 속한 부족인 알아크와는 이 절도를 묵과하지 않을 거라고 공표했다. 그리고 도둑이 누구였든 간에 자신이 누구의 물건을 훔친 건지, 그 부족의 힘이 어느 정도인지는 몰랐을 거라고 했다. 그래서 두 부족의 지도자들이 만나 화해를 했다. 반성과 존중의 표시로 알아크와 사람들은 도둑맞은 차량만이 아니라 보상으로 다른 차 한 대와 소가 가득 실린 트럭에 행렬을 이끌고 왔다. 알아크와의 지도자는 사죄와 존중의 시를 낭송했고, 알칸샬리의 지도자는 선물을 받아들인다는 시를 읊었다.

루프는 이것도 같은 일이라고 설명했다. 겉보기에는 금방이라도 폭력 사태가 벌어질 것 같지만 평화적으로 해결될 부족 간의 다툼이라는 것이다. 루프는 걱정하지 않았고 유수프와 무함마드 바젤도 마찬가지였다. 하지만 하이마로 가는 길에 무장괴한들이 점거

한 검문소라니, 이건 새로웠다. 권력 공백이 명백히 드러나는, 살레에게 도움이 될 만한 사안이었다. 목타르의 가족들은 살레가 예멘에는 자기가 필요하다는 주장을 강화하고자 일부러 국가를 불안정화시키려 한다고 생각했다.

부족민들이 신분증을 살펴보는 동안, 유수프는 그들이 상대편 부족 사람들을 찾는 중이라고 설명해줬다. 살인사건이 벌어져 복수를 하려는 거라고 말이다. 일행 중 한 명이라도 상대편 부족과 같은 성씨를 가지고 있다면 결과는 심각할 터였다.

"걱정 마세요. 우리는 상관없습니다." 유수프가 말했다.

몇 분 후 그들은 신분증을 돌려받았고, 무함마드 바젤은 다시 자동차를 몰았다. 트럭 안의 모든 사람들은 대단한 일 같은 건 전혀 일어나지 않은 듯 행동했다.

그들은 차를 몰아 하이마로 들어갔고, 아부 아스크르라는 주유소에서 가파르게 우회전을 했다가—목타르는 거기에 길이 있는지조차 몰랐다—계곡으로 내려갔다. 흙길은 거칠었고 구덩이가 잔뜩 패어 있었으며 잡석으로 뒤덮여 있었다. 그러다 목타르의 머리가 트럭 천장에 부딪혔다. 또 이런 일이 일어날 리 없을 거라 생각하며 웃어넘기려는데 그때 똑같은 일이 벌어졌다. 열두 번은 더. 그는 한 손은 천장에 대고 다른 한 손으로는 차체를 잡아 머리가 창문에 부딪히지 않도록 자세를 잡아야 했다. 운전기사에게 일관적인 계획이라고는 전혀 없는 듯했다. 가끔은 거친 길을 그냥 갈아엎고 돌파하려는 것처럼, 다 끝내버리고 싶은 것처럼 속도를 높였고 그러고 나서는 속도를 늦추어 길의 턱과 깊은 구덩이 위를 낙타처럼 터덜터덜 나아갔다.

목타르는 욕지기가 났다. 끔찍한 열기였다. 그는 언제라도 멈출 준비가 되어 있었다. 간절하게 멈추고 싶었다. 트럭에 탄 지 겨우 두 시간밖에 되지 않았는데 말이다. 하지만 그는 이런 일은 일상적으로 겪는 척해야 했다. 그는 애매하게나마 커피품질연구소, 미국 국제개발처, 혹은 두 기관 모두의 대표자였으며, 이런 도로를 수천 킬로미터씩 달려보았을 터였다. 모퉁이를 돌 때마다 풍경은 장관이었다. 불가능해 보이는 계단식 밭이 줄무늬처럼 들어가 있는, 울퉁불퉁한 석판 같은 회색 산들이 보였다. 건물들은 황갈색과 흰색으로 이루어진 벽돌집으로 단순했다. 튼튼하게 지어져 잘 보존된 건물들 대부분이 도저히 다다를 수 없을 듯 보이는 산봉우리와 산등성이에 얹혀 있었다. 마을들 아래로는 푸른 언덕배기가 보였다. 목타르는 그게 커피라고 생각했다.

"대부분 카트입니다." 유수프가 말했다.

십 년 전이라면 이 모든 것의 85퍼센트가, 이십 년 전에는 전부가 커피였을 거라고 유수프가 설명했다. 하지만 매년 카트가 점점 더 많은 땅을 차지해갔다.

그들은 작은 마을들을 지났고, 그럴 때마다 트럭은 걷는 정도로 속도를 늦추어야 했다. 그러면 무슨 일인지, 이 사람들은 누구인지 궁금해하는 마을 사람들이 나왔다.

목타르와 루프는 정장 차림에 도시적인 모습이었다. 그래서 트럭으로 다가오는 마을 사람들은 그들이 UN이나 미국국제개발처

같은 국제기구에서 나왔을 거라고 생각했다.

그들은 차를 몰아 대여섯 군데 마을을 통과한 뒤에야 바이트 알람에 도착했다. 무함마드 바젤이 트럭을 세웠다. 시간은 아침나절이었고 기온은 대략 32도쯤이었다.

목타르는 트럭에서 내려 눈을 가늘게 뜨고 해를 바라보다가, 마을 사람 수십 명이 트럭을 둘러싼 것을 알아차렸다. 그들이 노래를 시작하고 있었다.

"평화가 함께하기를, 명예로운 손님이여." 마을 사람들은 노래했다. "바이트 알람에 어서 오세요. 이곳에서 우리의 강은 흘러넘치고 우리의 열매는 그대를 위해 영글었나니! 알함단 부족은 평화롭게 이 땅을 지나는 모든 이들을 환영합니다!" 이것은 예멘 마을 특유의 전통 노래, 자밀이었다. 노래는 마을마다 달랐고, 보통 특별한 손님과 상황에 맞게 특화되어 있었다. 목타르는 미소 지으며 감사 인사를 전했다. 마을 사람들이 노래를 마친 뒤 한 줄로 늘어섰다. 그러자 한 노인이 그들의 머리를 하나하나 헤아렸다.

"무슨 일이죠?" 목타르가 무함마드 바젤에게 물었다.

"누가 당신을 집으로 모셔 대접할지 제비를 뽑는 겁니다." 그가 말했다.

"이리 오세요." 유수프가 말하며 목타르의 손을 잡았다. 그는 유수프를 따라 언덕 쪽으로 가파른 경사 길을 올랐다. 계단 몇 백 개를 오르자 커피나무가 있는 계단식 밭이 나왔다. 목타르는 처음으로 진짜 커피 농장에 와 있었다. 그는 잎사귀를 만져보고 냄새도 맡아보았다. 그는 전문적인 사람으로, 나아가 몇 가지 결함을 발견하고 걱정하는 것처럼 보이고 싶었다. 여기가 이 모든 일이 시작된 곳이야, 라고 그는 생각했다. 그의 황홀경은 약 일 분간 지속되었다.

"그건 커피가 아닙니다." 유수프가 말했다.

목타르가 신중히 살펴본 것은 올리브나무였다.

"압니다." 목타르가 체면을 차리려고 말했다. "하지만 커피 주변의 식물들도 커피의 건강 상태에 영향을 주니까요."

즉석에서 생각해낸 핑계였다. 나중에야 그는 그 말이 사실이라는 걸 알게 됐다. 유수프는 존경심을 보이며 고개를 끄덕였고 그들은 계속 걸었다.

"여기에 있는 것들이 커피나무입니다." 유수프가 말했다.

목타르는 잎사귀를 만지며, 잎사귀들이 뭉쳐 있는 곳 아래의 빨간색과 초록색 열매 군락을 보았다. 언덕배기는 선명한 초록색의 코페아 아라비카 나무들이 이룬 넘실거리는 그물망으로 뒤덮여 있었다. 불모의 산등성이처럼 보이는 곳에서도 커피는 잘 자라고 있었다. 재스민 냄새가 풍겨왔고 빽빽한 나뭇잎 사이로 불어오는 희미한 산들바람 소리가 들렸다.

"어떻게 생각하십니까?" 유수프가 물었다.

"좋게요?" 목타르가 말했다.

그는 유수프가 뭘 기대하고 있는지 몰랐다. 그들은 계속 걸었다. 머잖아 농부며 수확 일꾼 들이 줄지어 점점 불어나더니 끼어들어 연달아 질문을 던졌다.

"벌레들이 자꾸 잎사귀를 뜯어먹어요. 어떻게 해야 할까요?"

"살충제는요?"

"여기 땅은 어떤 것 같나요?"

"이 나무줄기에 고리처럼 생긴 이 흰 건 뭐죠?"

목타르는 전혀 알 수 없었다. 그는 농학자가 아니었다. 이곳은 그가 방문한 첫번째 커피 농장이었다. 누구에게도 이런 말을 할 수는 없었다. 하지만 루프는 농학자였고, 그가 끼어들었다.

"그건 나트륨입니다." 그가 흰색 고리에 대해 말했다. "이 나무는 염분을 너무 많이 받고 있어요." 그는 잎사귀를 만져보고 쭈그려앉아 토질을 살펴보며 질문에 답하기 시작했다. 그는 농부들의 모든 질문에 대답해줄 수 있었고, 목타르는 텐더로인 시절의 암기용 두뇌를 발동시켜 나중에 읊을 수 있도록 루프가 하는 말을 모두 흡수했다. 루프는 가지치기의 이점을 설명하기 시작했다. 그는 나무가 가족이라면 가지는 하나하나 자식이며, 나무 한 그루가 지원해줄 수 있는 가지는 건강한 가지들뿐이라고, 생존이 불가능한 가지들은 쳐내야 한다고 말했다. 그는 서로 다른 품종을 짚어냈다. 농부들과 수확꾼들은 그가 말한 이름을 대부분 몰랐다.

"이건 투파히입니다." 그가 말했다. "이건 다위리. 이건 우다이니고요."

농부들은 그저 커피를, 두번째 물결의 대중화된 커피를 재배해왔을 뿐이었다. 유수프는 더 넓은 세상에 뭔가가 있다는 걸, 뭔가 변하고 있다는 걸, 뭔가 새로운 관심이 지역과 품종으로 향하고 있다는 걸 알았지만 그의 협동조합은 충분한 정보도, 그 정보에 접근할 방법도 없었다. 그들은 뭐가 어떤 품종이고 어디에서 잘 자라는지, 이런 다양한 품종의 열매를 따서 가공하는 최선의 방법은 무엇인지, 그리고 무엇보다도 누가 그 대가를 지불할지 모르고 있었다.

목타르는 신중했다. 그가 나서서 공급 체인에 관한 도움을 전해줄 수 있는 곳이 어딘가 있을 거라는 느낌이 들었고, 이 농부들을 미국과 유럽, 일본에 있는 고급 바이어들과 연결해줄 수 있을지 모른다는 기대도 생겼지만, 지금은 그중 어떤 말도 할 수 없었다. 목타르의 할아버지는 이 점을 반복해서 가르쳤다. 실행할 수 있다는 확신이 들기 전까지는 약속하지 말거라. 실천할 자금이 생길 때까지도 약속하지 말고.

그래서 당장은 유수프, 루프와 함께 걸으며 귀를 기울였다. 루프가 열매를 따는 가장 좋은 방법과 시기에 대해 하는 말을 귀담아들었다. 루프가 말하는 방식을, 그의 태도를 관찰했고 나중에 써먹을 때를 위해 기억 속에 담아두었다. 그는 토끼처럼 계단식 밭을 위아래로 움직이는 유수프와 나이든 사람들, 심지어 노인이라고 할 만한 재배자들과 수확 일꾼들을 따라잡느라 애썼다. 절벽에서 떨어질 뻔해 다른 사람이 뒤에서 잡아주기도 했고 계단에서 미끄러지는 바람에 누가 붙들어줘야 하는 경우도 있었다. 공기가 희박해 숨을 골라야 했다. 지역민들은 그의 불안정한 모습을 재미있어했다.

"저건 누굽니까?" 목타르가 물었다.

목타르는 키가 크고 유난히 우람한 커피나무 아래에 홀로 앉아 있는 한 남자를 발견했다.

"저 사람은 말리크입니다." 유수프가 말했다. "우리 중 가장 솜씨 좋은 농부죠."

말리크라는 남자가 가부좌를 틀고 그늘에 앉아 있었다. 엄청나게 만족해하는 모습이었다.

"저런 행동을 많이 합니다." 유수프가 말했다. "항상 여기 나와 있죠. 열매를 따지 않을 때면 여기, 나무들 사이에 나와 앉아 있습니다."

말리크는 테가 없고 둥글납작한 쿠피라는 회색 모자를 쓰고 있었다. 모자에는 정교하게 수가 놓아져 있었다. 목타르는 그 남자의 기운과 복장에 흥미를 느껴 사진을 몇 장 찍었다. 그러다 그 남자가 그날 딴 열매를 발치의 타월 천 위에 놓아둔 게 눈에 들어왔다. 오백 개쯤 되는 열매가 모두 루비처럼 빨간색이었다.

"저래서 말리크가 우리 중 최고의 농부인 겁니다." 유수프가 말했다. 보아하니 말리크는 아내와 가족 몇 사람의 도움을 받을 뿐 수확을 대부분 혼자 하는 듯했다. 그 사람들에게는 커피 따기가 일거리나 취미, 혹은 부주의한 시급 일꾼들에게 위임할 만한 무언가가 아니었다. 그것은 소명, 즐겁고도 영적인 자존감을 느끼게 해주는 무언가였다.

말리크는 협동조합 내에 커피나무를 대략 사백 그루 정도 소유하고 있었다. 그 나무들은 다른 농부의 나무들과 나란히 서 있었다. 농부들은 모두 자기 커피나무의 열매를 땄지만 이후에는 열매들이 붉은 것이든 푸른 것이든, 익은 것이든 썩은 것이든 한 무더기로 뒤섞였다. 그다음에는 열매가 중개상에게 판매되었으며 중개상들은 대체로 농부들의 재정적 불리함을 이용했다. 구획별로도, 품종별로도 커피는 구분되지 않았다. 모두가 하나의 커다란 더미가 되어, 얼마가 됐든 중개상들이 제시하는 가격에 팔려갔다.

목타르는 나무 아래에 앉아 있는 말리크에게 다가갔다. 말리크는 일어나지도, 어떤 식으로든 공손하게 굴지도 않았다. 사실 그는 사나에서, 또 미국에서 온 이 남자를 만나게 된 게 조금도 놀랍거나 신나지 않은 기색이었다. 하지만 목타르가 열매 견본을 사나로 가져가도 되겠느냐고 물었을 때에는 정중하게 동의했다.

"나중에 큰 자루로 드리겠습니다." 유수프가 말했다.

"저는 이게 필요합니다." 목타르가 말했다. "이분의 열매가 필요한 겁니다. 다른 모든 열매와 이분의 열매를 구분해주시면 좋겠습니다."

유수프는 점심시간에 일행을 자기 집으로 초대했다. 어째서인지 목타르가 처음 도착했을 때 뽑은 제비에 그가 당첨되었던 것이다. 유수프의 집은 예멘의 전통적인 시골 가옥이었다. 일층은 탁 트인 어두운 공간으로 가축들이 쓰게 되어 있었다. 이층 이상의 모든 층은 일족의 가족들이 썼다. 일곱 층 각각이 모두 하나의 집이라고 불리며 서로 다른 하나 이상의 가족에게 주어졌는데, 그들 모두가 친척이었다. 유수프의 저택에는 네 세대가 살았다.

목타르와 루프를 위해 연회가 열렸다. 마을의 상대적 가난이 드러나는 음식들이긴 했지만. 닭고기는 기름기가 없고 사냥 고기 냄새가 났다. 밥은 충분했고 빵과 사하우카라는, 지역 명물인 고추로 만든 살사 비슷한 요리도 있었다.

음식과 함께, 목타르와 루프에게는 엄청난 의식을 곁들여 커피가 접대되었다. 유수프는 그 커피가 방금 거닐었던 커피나무들의 열매로 만든 것이라고 강조했다. 하지만 그건 커피가, 세계의 다른 모든 지역에서 소비되는 그런 커피가 아니었다. 커피 열매의 껍질을 말려 만든 음료였다. 목타르와 대부분의 비예멘인들이 키시르라고 부르는, 달콤한 종류의 차였다. 캐러멜 색깔이 나지만 그 중심에는 어떤 단맛이, 희미한 체리향이 있었다. 맛있었지만 커피는 아니었다. 목타르는 유수프에게 이 말을 어떻게 전해야 할지 알 수 없었고, 이게 별로 좋은 조짐이 아니라는 것은 알고 있었다. 협동조합의 조합장이 커피와 차의 차이를 모른다면 예상보다 더 많은 문제가 있는 셈이었다.

점심시간이 지나고 그들은 앉아서 카트를 씹었다. 남자 수십 명이 합류했다. 대부분은 농부였고 마을을 방문한 예멘계 미국인과 그의 사나 출신 친구에게 흥미를 느낀 마을 사람들도 다수였다. 모두들 목타르에게 큰 호기심을 보였는데, 단 한 사람만 예외였다. 목타르는 그날 하루종일 그 사람을 이곳저곳에서 보았다. 옛날 군인 외투를 입고 털 귀마개가 위로 접어올려진 러시아 모자 같은 걸 쓴 뚱뚱한 남자였다. 어깨에는 AK-47을 걸치고 있었고 수류탄 두 개가 가슴에 매여 있었다. 목타르는 그의 의심스러운 시선을 알아채고 유수프에게 그에 대해 물었다.

"저 사람은 장군입니다." 유수프가 말했다. "신경쓰지 마세요. 성미가 까다로운 사람입니다." 그는 예멘군의 장군이었으며 은퇴하자마자 하이마 계곡에 땅을 사 카트와 커피를 둘 다 심었다. 이 지역에서 가장 큰 지주 중 한 사람이었다. 장군은 식사시간 내내 목타르에게 눈을 부라렸다.

루프는 카트를 씹지 않으려 했다. 절대 씹지 않았다. 목타르는 손님 대접을 하는 사람들을 불쾌하게 만들지 않으려면 즐길 만큼 즐기는 것이 최선이라고 생각했지만 루프는 꼼짝도 하지 않았다. 게다가 이건 카트를 즐기는 색다른 방식이었다. 도시에서는 깔끔하게 잘린 카트가 세심하게 제공되었다. 여기에서는 카트가 불쏘시개라도 되는 양 바닥 한가운데에 내던져졌다. 하지만 목타르는 잎사귀를 집어 뺨을 가득 채웠고, 그들은 모두 카트의 효과가 나타날 때까지 한담을 나누었다. 한차례 부드러운 황홀감이 방안 전체에 번졌고, 목타르는 바로 그 순간을 골라 과거와 미래를 제시했다.

그는 사람들에게 커피의 탄생에 대해서 이야기했다. 커피가 최초로 경작된 곳이 바로 이곳, 예멘이고, 커피는 이 나라 역사의 중심적인 부분이며 그들의 타고난 권리라고. 사람들은 대부분 이 얘기를 듣고 놀란 듯했다. 과연 이 사실을 알고는 있었을까? 목타르는 확신이 서지 않았다. 그는 계속 말을 이었다. 네덜란드 사람들이 묘목을 훔쳐가 자바에 심었고, 그걸 프랑스에 넘겨주었으며, 프랑스인들이 커피를 마르티니크에 심었고, 포르투갈 사람들이 다시 프랑스 사람들에게서 밀반출해 브라질에 심었다고. 그래서 이제는 700억 달러 규모의 커피 시장이 생겼고 모두가 커피로 돈을 벌어들이고 있는 것 같다고 말했다. 예멘인들, 애초에 이 사업을 시작한 예멘인들을 제외한 모두가.

카트 때문이었을지도 모르지만 목타르는 사람들의 관심을 이끌어냈다. 심지어 장군까지도, 의심스러운 눈길이지만 귀를 기울이고 있었다. 목타르는 예멘의 커피 대부분이 사우디아라비아로 흘러간다고 설명했다. 농부들은 거저나 다름없는 가격으로 팔고 있었고, 이 점은 바뀌어야만 했다. 일단 그들은 관행을 개선해야 했다. 열매는 오직 붉을 때만 수확해야 했다. 이 말을 하며 목타르는 홍옥수가 박힌 자기 반지를 보여주었다. 그리고 열매는 공기가 순환되어 고르게 건조될 수 있도록 지상의 평대에 놓고 말려야 했다. 그런 다음에는 열매를 적절하게, 시원하고 건조한 공간에서 보관해야 발효되거나 곰팡이가 끼는 일을 막을 수 있었다. 지금은 열매를 따는 시기가 너무 이른데다가 초록색과 노란색, 빨간색 열매들이 함께 섞이고 부적절하게 건조되어 부주의하게 운반되고 있으며, 분류도 아예 되지 않거나 부주의하게 이뤄지고 있다고 설명했다. 사우디아라비아의 로스팅은 재앙이나 다름없으므로 예멘의 커피나무는 공급 라인 전체에서 존중받지 못하고 커피는 함부로 다루어지고 있다고 말이다.

그는 계속해서 모카의 수도사에 대해, 유산을 되찾아야 한다는 점과 공정을 개선하기만 한다면, 다시 말해 수확과 건조, 저장, 운송을 더 잘해내기만 한다면 가격도 임금도 높아질지 모른다는 점에 대해 말했다.

"저흴 도와주실 겁니까?" 한 남자가 물었고, 목타르는 장군의 눈에서 아주 작은 기대감의 흔적을 포착했다.

내가? 목타르는 생각했다. 적어도 아직은 아니야. 그는 발뺌했다. 도와주고 싶긴 했지만, 목타르는 자기가 이 모든 것을 컨설턴트로서만, 커피품질연구소나 미국국제개발처의 무슨 애매한 대표자로

서만 바라보는 것이 아니라 잠재적인 바이어로서, 잠재적인 수출상으로서 바라보고 있다는 이야기는 할 수 없었다.

카트를 씹은 뒤에는 그와 루프에게 마을의 방명록에 서명을 남겨달라는 요청이 들어왔다. 수백 년 동안 모든 손님들이 방명록에, 페이지가 누렇게 바랜 거대한 책에 서명을 해왔다. 목타르는 자기 이름을 적어넣고 그 아래에 "여러분의 땀과 피와 고된 노동으로, 여러분의 커피는 세계 최고가 될 것입니다"라고 적었다. 그렇게 말해야 맞을 것 같았다.

돌아오는 길에 유수프는 눈에 띄게 흥분해 있었다.

"그러니까 저희가 더 나은 가격을 받도록 도와주실 수 있단 말이죠?"

"모르겠습니다." 목타르가 말했다.

"하지만 저희가 공정을 개선하면, 더 높은 가격을 받을 수 있는 거죠?"

"잘 모르겠네요." 목타르가 말했다. "개선은 가능한 겁니까?"

그들은 사나로 늦게 돌아왔다. 도시는 조용했고 목타르는 무함마드와 켄자의 집으로 들어가 커피 견본을 구석 의자 밑에 놓고 침낭을 편 다음 자리에 누웠다.

이건 못해. 그는 생각했다. 가망이 없어.

목타르는 차를 타고 집으로 돌아오던 중 수백 킬로미터 펼쳐진 이차선 도로를 구불구불 나아가며 무수히 많은 무장한 낯선 이들을 지나치고, 어느 순간에든 검문소에서 다시 트럭을 멈춰 세울지 모른다고 생각하다가 의구심에 압도당해버렸다. 첫번째 여행에서 부터 그는 이미 복수심으로 가득한 부족민들의 언덕배기를 마주했다. 한번은 허풍을 쳐서 어찌어찌 농장 방문을 해냈다지만, 이건 감당하기 벅찬 일이었다. 미친 짓이었다.

게다가 고리대금업자들도 있었다. 고리대금업자들과 정면으로 맞서게 될 텐데 그들에 대해서는 아무것도 몰랐다. 할아버지가 강력한 부족 출신이긴 했지만, 과연 그는 피에 굶주린 대부업자들을 커피 수출 과정에서 뭉텅 잘라낼 준비가 된 걸까? 확실히 고리대금업자들의 양심은 의심스러웠다. 그들은 농부들을 손아귀에 쥐고 있을 뿐 자신들이 파는 커피의 품질에는 아무런 주의를 기울이지 않았다. 샌프란시스코 출신의 목타르가 끼어들어 그들을 그 고리에서 잘라낸다면 무슨 일이 일어날 것인가?

게다가 농장들의 상태도 재앙에 가까웠다. 커피콩 중에는 저장된 지 오 년이나 지난 것도 있었다! 농부들은 커피콩이 불후의 현금이라도 되는 것처럼, 너무 묵어 못쓰게 되는 일은 결코 없는 것처럼 깔고 앉아 있었다. 차 문제도 그랬다. 과연 그들은 열매 껍질로 만든 차와 커피콩으로 만든 커피의 차이를 알고 있을까? 정말로 수확 관행을 개선해서 커피가 실제로 월등한 가치를 갖도록 할수 있을까? 게다가 애초에, 그 콩이 좋은지 누가 알겠는가? 그러니까 설령 제대로 수확하고 건조하여 가공한다 하더라도, 다른 모든 것을 제대로 한다 하더라도, 그 커피가 실제로 좋을지 누가 알겠는가? 그 콩으로 만든 커피는 끔찍할지도 몰랐다. 그건 아무리 공급 라인을 조절하더라도 고칠 수 없는 사실이 될 것이다.

더 나아가 목타르는 아무것도 몰랐다. 그는 몇 달 동안 커피 공부를 해왔고 최고의 전문가들에게—블루보틀과 빌럼 부트에게서—배웠으며 시음과 로스팅에 관한 지식을 어느 정도 얻었지만, 이 식물을 기르는 방법이나 수확하는 법, 분류하는 법에 대해서는 아무것도 몰랐다. 실제 세상에서 실제 식물을 재배하는 방법은 전혀 몰랐다. 루프가 그보다 한참 앞서 있었다.

　안 돼. 그는 생각했다. 그는 광대였다. 회사 이름과 로고가 있을 뿐 목타르는 자기가 하려는 일을 제대로 몰랐다. 오마르에게서 돈을 빌렸는데 이제는 그 모든 게 낭비가 될 것 같았다. 그는 집에 갈 수 있었고 가야만 했다. 대학에 가서 뭐라도 공부할 수 있었다. 잔머리를 굴려 살아온 기간은 충분했다. 하지만 여기에서는 실제로 해낼 때까지는 꾸며내라는 요령이 통하지 않았다.

22
출발점

그래도 전에는 통하는 방법이었다.

로터리가 출발점이 되었다. 목타르는 다음 석 달 동안 거의 매일 파나소닉 로터리로 가서 다른 트럭에 올랐고, 그때마다 예멘의 커피 생산지 서른두 곳을 모두 방문하겠다는 결심을 품고 다양한 지역으로 모험을 떠났다. 어떤 지역은 하이마와 같았다. 성실한 노동이 이루어졌고 합리적으로 발전해 있었으며, 함께 일할 수 있겠다는 확신이 드는 농부들이 있었다. 실망스러운 방문도 있었다. 한 번은 일곱 시간 동안 차를 몰고 간 지역에서 겨우 한 줌 정도 되는—스무 그루도 되지 않는—커피나무만을 기르고 있는 걸 확인하고 오기도 했다. 어떤 농부들은 간단히 말해 믿음이 가지 않았다.

게다가 의심은 상호적이었다. 목타르가 방문한 대부분의 지방에서 농부들은 정중한 의심을 품고 그를 맞이했다. 그들은 거의 수십 년 내내 NGO의 방문을 받았으며, 9.11 이후로는 미국국제개발처가 더욱 자주 방문했다. 가끔은 개선이 이루어졌고 가끔은 그렇지 않았다. 이따금 물받이가 만들어졌고, 또다른 경우에는 물받이나 다른 프로젝트가 시작은 되었지만 완료되지 못했다. 이런 원조 기구 직원들은 의도가 좋았고 가끔 의지도 투철했지만 마무리에는 일관성이 없었다. 목타르가 도착했을 때의 상황도 그랬다. 그는 미국 여권을 들고 옷을 잘 차려입고 정통 아랍어로 이야기했고, 사람들은 그에게 해답과 통찰력, 가장 중요하게는 자신들의 커피를 보다 높은 가격에 시장에 내갈 무슨 방법이 있을 거라고 믿고 싶어했지만, 정작 선뜻 믿지는 못했다.

그러나 환대의 관습 때문에 그들은 목타르를 잘 대해주었다. 그래서 목타르에게 계단식 밭을 보여주었고 점심을 대접했으며 오후에는 함께 카트를 씹었고 가끔은 하룻밤 재워주기도 했다. 그들은 과연 목타르를 다시 보리라 기대했을까? 완전히는 아니었다. 그가 자신들의 삶을 바꾸어줄 거라고 기대했을까? 그건 아니었다.

목타르는 자신이 그들의 재배 방법을 개선할 수 있다는 걸 알고 있었다. 수확 일꾼들이 잘 익은, 홍옥수 색깔의 열매만을 선택하는지 확인하는 것만으로도 커피의 품질이 극적으로 높아지리라는 건 분명했다. 가지치기를 하면 나무의 생산량이 늘어날 것이고, 열매를 높은 건조대에서 건조시키면 품질은 더욱 향상될 터였다. 콩을 올 굵은 삼베가 아니라 비닐 안에 담아두면 수분이 보존되어 맛이 더욱 나아질 것이다. 이건 농업 측면에서 할 수 있는 기본적인 일들이었다. 더 제대로 수확해 처리한 열매를 확보할 수만 있다면 목타르는 분명 기존 관행보다 더 신중하게 커피 열매를 가공하고, 일단 그 열매들이 커피콩이 되고 나면 지난 백 년간 이루어진 방식보다 훨씬 더 신중하게 그것들을 분류할 수 있을 터였다. 목타르는 자신이 실제적인 영향을 끼칠 수 있다고 확신했다.

문제는 다음 수확 때까지 목숨을 부지하는 것이었다. 여행을 하다보니 살아남는 것 자체가 힘든 일이었다. 첫째 주에 그는 말라리아에 걸렸다. 예멘의 극서지방인 부라에 있는데 자고 일어나보니 눈이 노래져 있었다. 부라 혹은 하이마에서 병에 걸린 것이었다. 하지만 어디서 걸렸든 걸린 것만은 사실이었고 그는 꼼짝할 수 없었다. 오한이 났다. 팔다리가 축 늘어지고 힘이 없었다. 부라에서 그를 맞이한 집주인들이 알약을 주었지만 목타르는 자기가 죽을 거라고 확신했다. 그들은 목타르를 지역 병원으로 데려갔고 목타르는 그곳에서 이틀 밤 내내 열에 시달렸다.

사나에서 회복된 그는 다시 길을 나섰고, 이번에는 바니 이스마일에서 미칠 듯한 설사병에 걸리고 말았다. 그는 똥구덩이─마을에는 변기가 없었다─주변을 맴돌며 이틀을 보냈다. 대장에서 빠져나올 다음 것은 자기 간이 될 거라는 확신이 들었다.

그로부터 몇 주 후, 목타르는 그를 포함한 모든 사람들이 촌충이라 생각한 무언가에 감염됐다. 낮이고 밤이고 계속 먹었지만 도저히 살이 오르지 않았다. 어떤 사람은 말라리아와 설사에 걸렸을 때 일어난 체중 감소를 몸이 바로잡는 과정이라고 말했다. 목타르는 더 많이 먹었지만 어째서인지 살은 더 빠졌다.

촌충이랑 같이 살면 되겠네. 한 친구가 말했다. 공존하는 거야.

등유를 좀 먹어봐. 다른 친구가 말했다.

등유를 마셔서 기생충을 죽이는 것은 오랜 관행인 듯했다. 목타르는 그런 짓은 좀 두고 보다가 하기로 했다. 일주일 후에 신진대사가 정상으로 돌아왔다. 목타르는 촌충이 알아서 생겨난 건지, 애초부터 감염되어 있었던 건지 전혀 알 수 없었다. 그리고 소화기관의 기능을 몇 주 즐긴 후에는 일생에 한 번 겪을까 말까 한 담석의 고통을 알게 되었다. 이 일로 또 하룻밤을 입원한 그는 몸이 극도로 허해진 채 병원을 나섰다.

예멘에서 석 달간 머무는 동안 목타르는 나흘이나 닷새 만에 한 번씩은 꼭 아팠다. 그는 마시는 물, 먹는 과일, 세균이 들어 있을지 모르는 모든 것에 주의하라는 얘기를 들었다. 그는 미국인이기에 예멘인들의 몸속에 사는, 예멘인들은 견딜 수 있는 미생물들에 익숙하지 않다고 했다. 목타르는 몇몇 마을에서 몇몇 음식들을—혹은 모든 마을에서 대부분의 음식을, 익히지 않은 모든 음식과 모든 물, 모든 과즙, 모든 과일을—거절해야 한다는 걸 알고 있었지만 그럴 수가 없었다. 그는 손님, 그것도 공손하게 굴어야 하는 손님이었다. 예멘인으로서의 문화유산을 강조하고 이질감이나 희귀함을 두드러지게 드러내서는 안 되는 손님 말이다. 그래서 그는 앞에 놓인 것이 무엇이든 일단 먹으면서 행운을 기대했다. 더이상 셀 수도 없고 신경쓰지도 못할 만큼 설사병에 걸렸다. 예멘인들의 전설적인 너그러움에 도움을 받기 위해 지불해야 하는 작은 대가였다.

그는 계속해서 길을 떠났다. 다시 차에 올랐다. 바퀴 자국이 깊이 팬 도로를 지나고 좁다란 산길을 통과해 새로운 마을로 들어갈 때마다 그는 전통 노래 자밀을 부르는 남자들의 환영을 받았고, 이 환영식은 누가 그를 대접하는 영예를 누릴지 결정하는 제비뽑기로 이어졌다. 점심시간에나 카트를 씹을 때면 그들은 항상 방 웃목에 베개와 담요를 산더미처럼 쌓아서 목타르를 몽골의 장군이라도 되는 것처럼 받쳐주었다. 항상 차가운 탄산음료가 있었는데, 목타르가 도착하자마자 마을 사람들이 수 킬로미터 떨어진 곳까지 아이들을 보내 사오도록 했던 것이었다. 그리고 계단식 밭을 둘러보고 점심식사를 하고 카트를 씹은 다음에는 선물이, 항상 선물이 있었다. 만일 그 지역이 망고로 잘 알려져 있다면 목타르는 도저히 먹을 수 없을 만큼 많은 망고를 받아 떠나곤 했다. 꿀이 생산되는 곳이라면, 욕조를 가득 채울 수 있을 만큼의 꿀을 받아 떠났다. 물론 매번 그는 커피 열매를, 그 마을에서 나는 가장 좋은 커피의 견본을 가지고 떠났으며 사나로 돌아가서는 그 견본을 무함마드와 켄자의 거실 구석에 놓아두고 다시 잠자리에 들었다.

그는 사나에서 두 시간 거리에 있는, 해발고도 2000미터 이상인 바이트 알리야로 갔다. 풍부한 지하수라는 축복을 받은 그곳 농부들은 커피나무 삼천 그루를 재배했다. 사나에서 대략 두 시간 떨어져 있는 해발고도 1800미터의 바니 마타르에도 갔다. 바니 이스마일에서는 예멘 커피 중 가장 귀하고 값비싼 커피를 보았다. 커피콩은 작고 거의 원형이었는데, 강우량에 심하게 의존했다. 지역 협동조합은 정감 있고 잘 조직되어 있었지만 자신들이 얼마나 많은 커피를 생산할 수 있을지 장담하지 못했다. 어떤 때는 한 주에 트럭

두 대 분 수확량을 채우는 날이 팔 주나 이어졌다. 그보다 자세한 측정은 해본 적이 없었다. 알우다인에서는 시각적으로 예멘 전체에서 가장 아름다운 커피콩을 보았다. 하지만 여행이 보편적으로 성공적인 것은 아니었다. 사실, 대부분의 여행은 그렇지 못했다. 하루는 일곱 시간 동안 차를 타고 하자로 향했다. 그의 조사에 따르면 커피를 재배한다는 지역이었다. 하지만 도착해보니 커피나무가 전혀 보이지 않았다. 먼지 나는 도로를 걷던 지역 농부는 목타르가 아무 소유 없이 그렇게 먼 곳까지 왔다는 걸 알고 충격을 받았다.

"저희 할아버지의 할아버지가 커피를 기르셨죠." 그가 말했다. "한 백 년쯤 늦으셨네요."

무함마드와 켄자는 목타르가 사나로 돌아올 때마다 자루가 하나씩 더 생겨난다는 걸 알아차렸고, 거실이 줄어드는 듯 보인다는 것도 알아차렸다. 하지만 그들은 목타르가 자신들에게 한 말—예멘의 커피에 관한 보고서를 쓰고 있다는 말—이 순수한 진실이라고 생각했기에 아무 말도 하지 않았다.

하지만 얼마쯤 지나자 목타르는 더이상 그들을 속일 수 없었다.

"사업을 하려고요." 그가 말했다.

"왜 말하지 않았니?" 그들이 물었다.

답하자면 복잡하다고, 그는 말했다. 하무드 할아버지는 계획이란 혼자만 알고 있어야 한다고 강하게 주장했었다. 하지만 예멘인들이 내수 커피 사업을 바라보는 시각에도 문제가 있었다. 커피사업은 진지하게 여겨지지 않았다. 커피업계에 있다는 말은 막대사탕을 판다고 말하는 것과 비슷했다. 누구도 커피를 팔아서는 생계를 유지하지 못했다.

"하지만 이건 될 거예요." 그가 말했다.

그는 그동안 다녀왔던 곳들에 대해 이야기하며 사진들을 보여주었다. 두 사람은 경이로워했다. 그들은 예멘의 그런 지역을 한 번도 본 적이 없었다. 물론 이브에는 가봤지만 하이마나 부라, 하자, 바니 하마드에는 가본 적이 없었다.

"우리도 데려가지 그랬니?" 그들이 말했다.

목타르는 가끔 그들의 아들인 누리딘을 데려갔다. 열여덟 살인 누리딘은 아직 독립하지 않은 여섯 자녀 중 맏이였다. 그는 이제 막 학교를 졸업했으며 별다른 계획이 없었다. 미국에서 대학을 다녀볼까 하는 생각에 미국 대사관에 비자를 신청했고, 우스울 정도로 멸시를 당하며 거절당했다.

"후원자는 누구입니까?" 그런 질문을 받았다고 했다.

"저희 형 아크람요." 그의 대답이었다. "샌프란시스코에 있는 현대 유대인 박물관에서 수위로 일하고 있어요."

"샌프란시스코라고요? 거기는 이 세상에서 가장 돈이 많이 드는 도시예요!" 직원은 그렇게 말하고 신청서를 반려했다.

이후 누리딘은 한국에 취업 비자를 신청해 취득했다. 그는 비행기를 타고 서울로 갔지만, 착륙하자 한국에서 그를 받아주지 않았다. 모든 서류가 제대로 있었는데도 한국에서는 그를 돌려세워 다시 비행기에 오르게 했다. 그는 대신 역사적으로 예멘인들을 환대해온 말레이시아로 가 낮은 급료에 학대를 당하며 식당에서 잠시 일했다.

이제는 목타르가 도움이 필요했다. 그는 자신과 함께 여러 지방으로 가 커피 견본 목록을 작성하고 농부들과 수확 상황을 추적할 사람이 필요했다. 누리딘이 목타르의 첫번째 직원이 되었다. 물론 적절한 급료를 지불하는 문제는 보류되었지만.

목타르는 계속해서 사나로부터 몇 시간, 혹은 며칠 거리 떨어진 부족 영토로 떠났다. 그때마다 단검과 지그 자우어 권총을 챙겼다. 운전기사에게는 반자동 소총이 있었다. 좀더 문제가 많은 지역 혹은 잘 알려지지 않은 지역에 갈 때면 AK-47과 수류탄을 소지한 사람 한 명을 더 대동했다. 이 모든 일은 특이한 게 아니었다. 총인구 이천오백만 명의 예멘에는 총이 최소한 천삼백만 자루는 있었다. 미국을 제외하면, 예멘은 전 세계에서 일인당 무기 소지 비율이 가장 높은 나라였다. 남자들은 걸어다니는 AK나 마찬가지였다. 그들은 결혼식에도 AK를 들고 갔다.

목타르가 어렸을 때, 하무드 할아버지는 그에게 권총, 그러니까 콜트 45구경 한 자루를 주었고 목타르는 아직도 그 총을 가지고 있었다. 마침내 그는 낡은 AK-47 한 자루를 샀고 가끔씩 할아버지의 1983 크린코프를 빌렸다. 그는 부족 간 분쟁에 휘말리거나 허리띠 아래에 죄어놓은 현금을 누군가가 빼앗으려 할 경우를 대비해 이 총들을 트럭에 두는 게 좋았다. 아니면 휘발유가 필요할 때를 대비해서나.

소문에 따르면 축출된 살레를 지지하는 자들이 휘발유 송유관을 폭파시켰다고 했다. 살레는 기간시설을 마비시켜 예멘 사람들에게 자신이 국정을 맡는 편이 낫다는 걸 확신시키고 싶어했다. 그래서 가끔은 휘발유가 모자랐고, 가격이 하늘 높은 줄 모르고 치솟았으며, 휘발유를 사려는 줄이 길게 늘어졌다. 줄이 길 때면 사람들은 열을 받았다. 누군가가 새치기를 하려 들면 사람들이 총을 꺼내 허공에 쏘아대기 일쑤였다.

목타르는 지방으로 나갔다가 먼지투성이가 되어 씻지도 못하고 면도도 못하고 부족민처럼 옷을 입고서 사나로 돌아오는 일에 너무 익숙해진 나머지 순간적으로 자기가 속한 세계가 어디인지 잊어버리기도 했다. 일주일에 한 번씩 그는 수도로 와서 부유하고 세속적인 예멘인들과 서구인 몇몇이 자주 들르는 상류층 공간인 커피 코너 카페로 가곤 했다. 거기에서 와이파이를 사용해 보고서를 작성했다.

어느 날 아침, 그는 샤워도 못하고 잠도 별로 못 잔 채 그곳에 들렀다. 자리를 잡고 보니 값비싼 신발을 신고 밝은색 히잡을 걸친, 세련되게 은은한 화장을 한 젊은 여성 두 사람 근처였다. 둘 중 하나가 노트북을 꺼내 헤드폰을 끼지 않은 채로 〈뱀파이어 다이어리〉를 보기 시작했다. 카페 전체에 TV 프로그램 소리가, 고함소리와 비명소리가 들렸다. 두 젊은 여성은 신경쓰지 않았다. 하지만 머잖아 그들의 관심이 목타르에게 집중됐다.

"저 사람 좀 봐." 둘 중 한 여자가 말했다. "너무 야만적이고 구식이야." 목타르는 시간이 좀 지나고서야 그게 자기 얘기라는 걸 알 수 있었다. 그녀는 목타르를 어쩌다가 이 세련된 도시의 카페에 들어오게 된 가난뱅이 농부쯤으로 생각했는지 영어로 말하고 있었다. 목타르는 단검을 차고 권총을 들고 있었으며, 옷차림까지 단정치 못했으니 예멘 북부 내륙지역에서 온 부족민처럼, 거칠고 폭력적이며 도시민들에게 종종 조롱당하는 그런 사람처럼 보일 만도 했다.

후티 반군은 자이드파라 불리는, 이슬람 시아파의 한 분파를 고수했다. 자이드파는 예멘 이슬람교도 중 35퍼센트를 차지했다. 자이드파는 1962년까지 천 년간 예멘 북부를 통치했으며, 후티 반군은 북쪽의 사우디나 남쪽의 예멘 정부 등 이웃들과 영토 문제로 자주 충돌했다. 사나에서는 그들을 골칫거리로, 기를 쓰고 피해를 주는 교양 없는 산골 촌뜨기로 간주했다.

"저런 사람이 문제야." 그 여자가 말을 이었다. "저런 인간들이 온 나라 발목을 잡고 있다고."

목타르는 해야 할 일이 있었고 피곤했다. 하지만 그의 마음속 웅변가가 깨어나 준비를 마치고 있었다. "죄송합니다만," 그가 영어로 말했다. "당신이야말로 문제입니다."

여자의 입이 쩍 벌어졌다. 그녀는 어쩌다 말하는 방법을 배운 동물이라도 보듯 목타르를 바라보았다.

"저를 비하하시다뇨." 그가 말을 이었다. "헤드폰도 끼지 않고 청소년 드라마를 보면서 말입니다."

여자들은 목타르의 말을 누가 더빙한 것은 아닌지 알아보려 애쓰는 듯 그의 입을 바라보았다. 그들은 어떻게 이런 단어들이, 미국식 영어가 이 야만인의 입에서 나오는 것인지 알 수 없었다.

"존중해주시죠." 목타르가 말했다. "이 공간도, 이곳 사람들도 존중하셔야 하고요. 제 겉모습을 근거로 섣부른 추정은 하지 마십시오. 그리고 사실, 전 당신들이 나가야 한다고 생각합니다."

그래서 그들은 떠났다.

부족민 같은 차림새에도 나름의 이점이 있었다. 건조대며 다음번 수확에 대해 유수프, 말리크와 이야기하려고 한번 더 하이마에 들렀을 때였다. 목타르는 계곡에서 총성이 울려퍼지는 바람에 잠에서 깨고 말았다.

AK를 챙기고 소리를 따라 계곡까지 가보니 사람들이 무리 지어 표적 사격 대회를 하고 있었다. 장군도 그중 한 명이었다. 장군은 목타르가 어깨에 둘러멘 AK를 알아보았다.

"쏠 줄은 아나?" 그가 의심스러운 듯 물었다.

"그럼요." 목타르가 말했다.

남자들은 약 70미터쯤 떨어진 이랑에 놓인 작은 흰색 돌을 겨누고 있었다. 아직 아무도 맞히지 못했다.

"자네 차례일세." 장군이 말했다.

라피크와 라칸 삼촌이 베이커스필드의 리치그로브에서 길 아래에 바로 있는 5 도그 레인지 사격 연습장에서 목타르에게 22구경과 권총, AK 쏘는 방법을 알려주었고, 라피크는 다양한 화기에 쓰이는 화약과 각 무기의 상대적 정확도에 대해 가르쳐주었다. 그날 아침 사격을 하던 남자들은 모두 현대식 AK를 쓰고 있었는데, 이 무기는 강력하고 효율적이었지만 목타르가 들고 다니는 1974년 이전에 제작된 AK에 비해 정확도가 떨어졌다. 표적 사격에는 목타르의 총이 우월한 도구였다.

목타르는 앞으로 나서서 조준을 하고 숨을 내쉰 뒤 총을 쏘았다.

돌이 이랑에서 날아갔다.

뒤로 물러나 사람들의 축하를 받던 그는 장군의 얼굴에서 존중 비슷한 무언가를 보았다.

아마 다시 그렇게 쏘지는 못할 것이라는 걸 알았기에, 또 적당할 때 마이크를 놓는 일이 얼마나 가치 있는지 알았기에 목타르는 총을 어깨에 걸치고 떠났다.

23
사나 밖으로

목타르는 사나에서 출발하는 비행기들을 확인한 끝에 카타르를 경유하는 비행기를 한 대 찾아냈다. 목타르는 미국으로 돌아가야 했다. 수집한 견본들을 시험해봐야 했고―그는 스물한 종의 견본을 가지고 돌아갈 계획이었다―가족을 만나야 했으며, 어떤 견본이라도 좋은 점수를 받는다면 실제로 그 커피를 살 수 있는 자금을 몇십만 달러 정도라도 모금할 수 있는지 알아봐야 했다.

그는 예멘 중부와 북부 이곳저곳에서 모은 견본 정리를 마무리하느라 미친 듯이 닷새를 보냈다. 때는 라마단 기간이었고, 후티 반군이 사나를 점령하기 전 마지막 북부 방어선인 암란을 점령하고 있을 때였다.

목타르는 매일 밤 견본의 껍질을 까느라 새벽 네시까지 깨어 있다가 머리에 커피 가루를 묻힌 채로 잠자리에 들었다. 결국 그는 출국 전날 밤에야 옷가지를 챙겼다. 그리고 아파트에 두었던 견본들을 꾸렸다. 절반은 이브에 들어가 있었지만—몇 가지는 후바이시에게 맡겨두었다—기다려야 할 터였다. 빌어먹을 나라라고, 그는 생각했다. 여기가 암스테르담이라면 그는 오늘밤에든, 그 어떤 밤에든 페덱스로 택배만 부치면 됐다. 출국을 한 다음 사미르에게든 무함마드에게든, 아니 그 누구에게든 전화를 걸어 보내달라고 부탁할 수도 있을 것이었다. 하지만 예멘에서는 뭔가를 제때 국외로 반출하고 싶다면 그게 무엇이든 직접 들고 나가야 했다.

그는 여행가방 다섯 개를 사서 스물한 개 농장에서 가져온 견본 스물두 개로 채우기 시작했다. 뭐라도 내놓을 수 있는 모든 지역에서 가져온 커피였다. 또 뭐가 있을까? 꿀은 가져가야 했다. 부모님이 예멘 꿀을 원했다. 부모님은 그 외에도 예멘 아몬드와 건포도도 가져다달라고 했으므로 목타르는 사나의 구도심에 가기로 했다. 그는 사촌 누리딘에게 전화를 걸어 도와달라고 부탁했다. 누리딘은 깨어 있었고—라마단이라 모두가 깨어 있었다—그들은 함께 택시를 대절해 짧은 시간 동안 도시를 쏘다니며 목타르에게 필요한 모든 물건을 구했다. 캘리포니아를 떠올리면 생각나는 모든 사람들에게 줄 선물 약 열 가지—엽서, 유향, 알로에, 묵주, 홍옥수가 박힌 은반지, 수제 캐시미어 숄 등이었다.

목타르가 미국으로 돌아간다는 소식이 친척들에게 알려지자 비슷한 또래의 한 친척이 같은 캘리포니아행 비행기를 타는 여섯 살배기 딸 데나를 부탁한다고 연락해왔다. 나중에 목타르는 이런 식의 계획이 어떻게 그토록 태평하게 이루어질 수 있었는지 설명하기 어려웠다. 한 번도 만나본 적 없는 여자아이를, 먼 친척의 딸을 대륙과 바다 너머로 데려다달라니. 하지만 예멘을 들고 나는 일은 너무 어려웠고, 목타르 같은 사람이 떠나는 길에, 가족을 만나러 머데스토로 가는 데나 같은 여자아이를 돌봐주는 일도 흔치 않았다.

그래서 데나가 짐을 싸는 동안 목타르와 누리딘은 잠들지 못하는 도시를 계속해서 분주히 돌아다녔다. 동틀녘에 두 사람은 아주 생기가 넘쳤고, 그 모든 일에 대해 웃고 있었다. 그러다가 그들은 모퉁이를 돌아 사나의 가장 붐비는 도로에 접어들었다. 실제 총격전이 벌어지는 한복판이었다.

기관총 총성이 아침 공기를 찢어발겼다. 목타르는 눈을 들어 AK 총구들이 길 건너편 건물 여러 채의 지붕에서 삐져나와 있는 것을 보았다. 재빨리 후진을 해야 하는데 운전기사가 움직이지 않았다.

"후진, 후진!" 목타르가 소리쳤다.

"후진 같은 건 없어요!" 기사가 소리쳤다. "내려서 밀어!"

목타르와 누리딘은 내려서 택시를 뒤로 밀었다. 그들은 웃었다. 참을 수가 없었다.

"만나서 반가웠다." 목타르가 말했다. 그는 생존 확률이 6대 4 정도라고 생각했다.

택시를 밀면서, 목타르는 트렁크에 붙어 있는 프로판 탱크를 발견했다. 휘발유 부족을 생각하면 예멘에서는 흔한 일이었다. 기사들이 엔진을 불법 조작해 프로판으로 작동하도록 만든 것이다.

목타르와 누리딘은 더 크게 웃었다. 머리 위로 기관총이 철컥거리는 와중에 프로판 탱크가 드러난 택시를 밀고 있다니. 그들은 도 망칠 수 없었다. 커피가 전부 택시에 있었으니까.

한 시간 후 목타르는 공항 대기실에 앉아 이 모든 일을, 거의 죽을 뻔했던 한 시간 전을 생각하고 있었다. 그는 주위를 대충 훑어보다가 여섯 살짜리 소녀가 함께 있다는 사실이 떠올랐다. 그 소녀는 아직 그에게 한 마디도 하지 않고 있었다. 아이 어머니가 그녀의 이마에 입을 맞추면서 착하게 굴라고, 미국으로 가는 길에 말썽을 부리지 말라고 말해두었던 것이다.

아주 예쁜 아이였다. 커다란 짙은 갈색 눈과 헝클어진 검은 머리카락. 헬로키티 셔츠를 입고 스펀지밥 배낭을 들고 있는 아이는 카타르를 거쳐 대서양 너머 필라델피아까지, 다시 샌프란시스코까지 가는 동안 스물여섯 시간가량 이어질 이 여행의 동행자에게 이상할 만큼 별 관심이 없어 보였다. 데나는 사막과 대양을 가로질러 여행하는 이 모든 일—예멘을 떠난다는 사실, 목타르와 함께 예멘을 떠난다는 사실, 목타르를 거의 알지도 못한다는 사실—에 동요하지 않았다.

"나한테 말은 안 할 생각이야?" 그가 물었다.

아이는 그를 보고 아무 말도 하지 않은 채 시선을 돌렸다. 카타르로 가는 동안에도 한 마디도 하지 않았다. 비행기에서는 영화가 나왔고 목타르는 잠이 절실했다. 그는 카타르의 하마드국제공항에 착륙할 때 깨어났다. 공항에서 열 시간을 체류해야 했으므로 목타르는 아이에게 점심을 사주었고, 아이는 만족스럽게 점심을 먹었다. 필라델피아행 비행기를 기다리는 동안 데나는 결국 그의 어깨를 베고 잠들었다. 아이는 그 비행시간 동안 많이 잤고, 잠들어 있지 않을 때면 비닐로 포장된 기내식을 먹거나 일곱 시간씩 만화영화를 보았다.

필라델피아에 착륙했을 때 목타르는 데나의 손을 잡고—너무 졸렸던 데나는 그를 그냥 내버려두었다—세관으로 향했다. 줄이 두 개 있었는데, 한 줄은 젊은 남자가, 다른 줄은 나이든 남자가 부스를 지키고 있었다. 두 줄 다 그리 길지는 않았지만 한 쪽이 다른 쪽보다 빨랐으므로 목타르는 빠른 줄을 골랐고, 머잖아 젊은 남자와 인사를 하게 되었다. 이후 그는 이게 실수였던 건 아닐까 생각했다. 이런 고민은 목타르를 포함한 수많은 아랍계 미국인들이 벌써 몇 년째 해오고 있는, 예측 불가능한 게임이었다. 계몽되어 있을 가능성이 높은 사람은, 비교적 다양성이 높고 연결된 세상에서 어린 시절을 보낸 젊은 당국자인가? 아니면 미국 공항을 지나는 사람들을 더 많이 봐오며 이해심이 깊어진 나이든 당국자인가?
"안녕하세요!" 목타르는 가장 미국인다운 어조로, 외국인 억양이 없다는 걸 보여주려고, 자기가 미국인으로서 어린 시절을 보냈다는 걸 알리고자 말했다. 아무 변화가 없었다. 이 분 만에 젊은 관리는 목타르의 여권을 빨간 봉투에 넣었다.
"이쪽으로 오세요." 관리가 말했다. "걱정 마시고요. 문제가 생긴 건 아닙니다."

목타르와 데나는 옆방으로 안내되었고, 문이 열리자 아랍인들의 얼굴로 이루어진 작은 바다가 보였다. 무척 이상하게도, 목타르는 여러 차례 비행기를 타고 미국 내를 오가고 예멘 안팎을 드나들었음에도 한 번도 2차 심사에 걸린 적이 없었다. 추가 인터뷰도, 아무것도 없었다. 그토록 오랜 세월 동안 이 방에 대한 이야기를 들어왔지만 이렇게 직접 보니, 그 새로움이 부조리에 대한 감각을 활성화시켰다.

"살람 알라이쿰!" 그가 큰 소리로 말했다. 사람들 사이로 반원형의 물결이 번져나갔다. 몇몇은 웃었다. 대부분은 인사를 돌려주었다. "와 알라이쿰 아살람.*" 그 밖의 사람들은 너무 걱정하고 있거나 지쳐 있거나 멍한 표정이었다. 몇몇 사람들은 대여섯 시간이나 기다리는 중이었다. 이곳은 시간의 의미가 없어지는 공간이었고, 방 안에 있는 남녀 몇 사람은 인내심의 한계를 지난 지 한참인 듯했다.

데나와 함께 잠시 앉아 있던 목타르에게 결국 순해 보이는 얼굴의 직원이 다가왔다. 이름표를 보니 그의 이름은 조엘이었다.

"안녕하세요, 목타르." 그가 말했다. "'모'라고 불러도 될까요?"

"아뇨." 목타르는 그렇게 말한 뒤 참지 못하고 덧붙였다. "'조'라고 불러도 됩니까?" 조엘은 응석을 받아주듯 미소를 지었고 목타르는 심사 과정 자체가 인종차별적이고 결함이 있다는 점을 전달하면서도 지금 당장은 유머감각을 유지하겠다는 뜻을 전달하고자 마주 미소 지었다.

---

* 아랍어로 '당신에게도 평화가 깃들기를'. 일상적 인사에 대한 대답으로 쓰인다.

조엘은 미안해하는 표정이었다. 그 방을 나서 복도를 따라 목타르의 여행가방을 되찾을, 수하물 찾는 곳까지 가면서 그는 이게, 이 모든 게 그냥 공식적인 절차일 뿐이라고 말했다. 목타르가 여행가방을 몇 개나 찾는지 지켜본 조엘은 흥미를 느꼈지만 문제가 아니라면서, 이건 그냥 공식적인 절차, 정상적인 과정일 뿐이라고 말하며 계속 미소를 지었다.

여행가방은 다른 관리 한 명의 도움을 받아 강철 탁자로 옮겨지고 열렸다. 아주 많은 비닐봉지에 담긴 커피콩이 드러났다. 목타르는 이게 조엘에게, 일반적인 세관에 지나칠 만큼 흥미로우리라는 걸 알아차렸다. 그는 연결 항공편을 놓치게 될 게 뻔하다고 생각했다. 그는 대서양 연안에 사는, 전화를 걸 만한 변호사들을 떠올려보았다.

"그래서, 직업이 무엇인가요?" 조엘이 물었다.

답답한 마음을 억누르려 애쓰며 목타르는 커피업계에서 일하는 수입상이라고, 예멘 농부들이 처한 상황을 개선하는 데 도움을 주고 있다고 자신을 소개했다. 그리고 말이 나와서 얘기지만, 이 작업은 상당 부분 미국국제개발처의 협조하에 진행되고 있다고, 자신이 미국 정부를 돕고 있다고도 말했다. "우리 나라 정부 말입니다." 그가 말했다. 목소리가 높아졌다. "전 저쪽에서 우리 나라 이미지를 관리하는 데 도움을 주고 있다고요!"

그제야 조엘은 관심을 보였다. 대화의 분위기가 바뀐 듯했다. 그는 목타르에게 커피에 대해서, 어떤 커피가 가장 좋은지에 대해서, 다크 로스트와 라이트 로스트 중 무엇이 뛰어나다고 생각하는지에 대해서, 전문가들은 어느 쪽을 선호하는지에 대해서 물었다. 목타르는 약간 침착해져 여러 품종과 다양한 로스팅 기법, 커피 열매의 품질 향상이 가져올 효과와 예멘 커피의 상대적 이점에 대해 이야기하고 다음번에 카페에 들르면 예멘 커피를 찾아야 한다고, 머잖아 조엘은 목타르가 수입한 커피를 주문할 수 있게 될 거라고 말했다. 최대한 가볍게. 이 모든 커피 관련 대화가 잘 진행되는 듯 보였기에 목타르는 방심했다. 그와 데나가 머잖아 모든 여행가방의 지퍼를 채우고 갈 길을 갈 수 있게 될 거라고 믿었다.

하지만 조엘은 일단 농산물 검역을 받아야 한다고 했다. 모든 여행가방에 다시 지퍼가 채워졌고, 그들은 가방을 밀며 또다른 복도를 따라가 또다른 방에 들어갔다. 그곳에서 가방들은 다시 한번 강철 탁자에 올려졌다.

제복을 입은 한 여성이 목타르에게 서류를 작성하고 허가를 받지 않으면 이 모든 초록색 견본을 들여갈 수 없다고 말했고, 목타르는 이후로 그녀가 하는 말이 하나도 들리지 않았다. 커피콩을 포장할 때에는 이런 생각을 전혀 못했다. 목타르는 인종차별적 인터뷰라 할 만한 것에서는 살아남았지만, 이제는 여행가방 여섯 개에 가득한, 침입종이나 잘 알려지지 않은 박테리아를 반입시킬지 모르는 초록색 콩의 적법성에 관하여 대단히 합리적인 여성의 타당한 질문과 맞닥뜨리고 말았다.

하지만 그 여성은 커피를 어느 분류에 넣어야 할지 잘 모르는 듯했다. 어쨌든 커피는 살아 있는 식물은 아니었다. 이것들은 콩이었다. 그리고 이야기를 나누면서 그녀는 조엘과 마찬가지로 평범한 대화 순서를 따라갔다. 예멘에서 오셨나요? 예멘에서도 커피가 나요? 비옥한 지역이라고요? 정말 거기서 뭐가 자라긴 하나요? 저는 커피를 아주 좋아하거든요. 그녀가 말했다. 이건 좋은 커피인가요? 식료품점에서 살 수 있어요? 스타벅스에서도 예멘 커피를 파나요?

믿을 수 없게도, 농산물 검역관과 십 분을 보낸 뒤 목타르는 여행가방의 지퍼를 다시 채울 수 있었고 가도 좋다는 허락을 받았다. 커피의 힘인지, 아니면 목타르의 매력이 발휘한 힘인지는 모르겠지만 그는 데나의 손을 꽉 잡고, 이 모든 일에 기분이 아주 좋아진 채로, 늦지 않게 연결 항공편을 탈 수 있겠다고 거의 확신하며 걸음을 옮기고 있었다.

그때 조엘이 그를 다시 심사 대기선 맨 뒤로 데려갔다.

"보안검색대를 다시 통과하셔야 합니다."

그는 기내 반입용 짐과 데나의 스펀지밥 배낭을 컨베이어벨트에 올려놓으며, 이게 마지막 단계라고, 사실 별로 부담스럽지는 않았다고 생각했다. 하지만 엑스레이와 검사 장치들을 지난 뒤 그와 데나는 다시 옆으로 불려나갔다. 교통안전국에서 폭발물질 잔여물을 찾겠다며 그의 기내반입용 짐을 면봉으로 닦아내는 동안 그는 뒤를 돌아보았다가 데나가 몸수색을 당하는 걸 보았다.

결국 무사히 통과되어 연결 항공편을 찾아 복도를 걸어갔지만, 농산물 검역을 거치느라 공항의 낯선 구역으로, 그들의 게이트와는 먼 곳으로 가고 말았다. 교통안전국 직원이 그에게 왼쪽, 오른쪽, 다시 왼쪽으로 가야 한다며 길을 안내해주었지만 그는 길을 잃어 다시 보안검색대 바깥에 서게 되었다. 게이트로 갈 유일한 방법은 또 한번 심사를 받는 것뿐이었다.

그래서 그들은 또 한번 심사를 받았다. 심사를 받은 뒤, 비행기를 타기까지 몇 분밖에 남지 않은 상태에서 게이트로 달려가던 목타르는 지나가던 교통안전국 관리와 마주쳤다.

"몇 가지 질문 좀 해도 되겠습니까?"

질문은 목타르의 예멘 여행과 그의 직업, 미국 내 주거지에 관한 것이었다. 이 질문은 십 분 동안, 목타르와 데나가 비행기를 놓칠 만큼 오래 이어졌다.

그들은 이미 필라델피아공항에 네 시간째 머물고 있었다. 다음 비행기는 여섯 시간 뒤에나 있었다. 목타르는 항공사 데스크로 갔다. 아프리카계 미국인 여성이 그에게 인사하며, 그가 겪은 곤란에 대해 사과하고 그와 데나에게 새 표를 끊어주었다. 새 표로는 둘의 자리가 따로 떨어져 있었다.

목타르는 좌석을 붙여달라고 부탁했고, 직원은 그렇게 할 수는 있지만 추가요금을 내야 한다고 말했다.

그는 추가요금을 냈고, 그녀는 목타르에게 새 표를 내주었다. 거기에는 표의 소지자가 별도의 추가 심사를 받았다는 점을 알려주는 코드가 적혀 있었다.

"그거 아세요?" 목타르가 말했다. "당신은 인종차별적인 기관에서 일하고 있어요. 이런 문제에 대해 아셔야 한다고요. 저는 몇 시간 동안이나 심사를 받았고 비행기를 놓쳤습니다. 제가 여기 와서 새 비행기표를 받는 이유가 바로 그거예요. 그런데 제 피부가 갈색이라는 이유로 또 한번 심사를 받게 만드시는군요."

목타르는 줄줄 쏟아냈다. 목소리가 높아졌다. 주변 사람들이 귀를 기울이고 있었다. 그는 계속 말을 이었고—노동조합에는 가입하셨어요? 당신이 일하는 곳은 인종차별적인 조직입니다. 이건 인종차별적인 시스템이에요—마침내 아프리카계 미국인 직원과 그녀의 옆에 있던 백인 남자 직원이 사과를 하기 시작했다. 그러다가 그 백인 남자가 데스크를 돌아나와 데나에게 몸을 숙였다.

"스티커 하나 줄까?" 남자가 물었다.

"우린 당신들 스티커 필요 없어요!" 그가 말했다. "우리가 원하는 건 존엄성입니다."

게이트의 모두가 귀를 기울이고 있었다. 몇몇 사람들은 손뼉을 쳤다. 그는 탑승이 시작될 때까지 씩씩댔다. 그가 직원에게 표를 건네주고 표가 검표기를 거치자, 직원에게 그를 옆으로 불러내라고 알려주는 신호가 또 한번 울렸다. 직원은 뒤를 돌아보며 말했다. "그냥 가세요." 목타르는 데나의 손을 잡고 비행기에 올랐다.

24
이건 흥미로운데

"살이 빠졌네요." 부트 커피의 모두가 처음으로 한 말이 그것이었다. 목타르는 11킬로그램이 빠져 있었다. "엉덩이가 없어졌어요." 사람들이 말했다.

목타르와 스티븐은 예멘 커피 견본들을 세척하는 데 열 시간을 썼다. 그 견본들은 더러웠고 분류되지 않았으며 깨지거나 결함 있는 콩으로 가득했다. 작업할 만한 것이 생기자 스티븐은 스물한 개 품종 전체를 조심스럽게 로스팅했고, 목타르와 스티븐, 빌럼은 아주 공식적인 시음회를 열어 목타르에게, 더 나아가 예멘에 명품 커피 세계에서 성공할 가망성이 있는지 살폈다.

첫번째 견본은 형편없이 질이 낮았다.

"폐기." 빌럼은 여러 커피에 대해 연달아 말했다.

밀 밸리의 부트 커피에서였다. 목타르는 그 순간 자기가 만난 농부들을, 장군과 말리크와 유수프를 떠올리며 이 커피들이 최선의 결과를 거두기를 희망하고 있었다. 커피가 더 높은 가격, 프리미엄 가격을 받을 수 있는지 여부에 따라 그 농부들의 희망도 높아지거나 추락했다.

"폐기." 빌럼이 또다른 견본에 대해 그렇게 말했다.

그날 그들은 열 가지 견본을 시음했고, 열 가지 모두에 대한 빌럼의 판결은 똑같았다—실행 불가. 견본은 흙과 진흙투성이에 더러웠고 오래됐고 지나치게 발효되어 있었다. 깨끗하지도 않고 장점도 없었다.

목타르가 아주 특별한 걸 기대한 건 아니었다. 80점대의 견본 몇 종만 있으면 그걸로 해볼 수 있을 거라고 생각했다. 계절이 가고 해가 지나면 그가 직접 점수를 90점 이상으로 끌어올릴 수 있을 것이다. 하지만 지금까지 그가 가져온 커피 중 70점 이상을 기록한 건 하나도 없었다. 이렇게 나쁜 커피밖에 없다면 예멘으로 다시 돌아가리라는 확신도 들지 않았다. 가봐야 아무 의미가 없을 테니까.

다음날, 스티븐은 남은 견본 열한 종을 조심스럽게 로스팅했다. 커피가 아슬아슬하게나마 존중받을 확률을 끌어올리기 위해 최선을 다했다. "폐기." 빌럼이 다시 말했다.

남은 견본 열 개 중 다섯 개는 아무 가치가 없었다. 그 정도로는 예멘에서 커피를 들여오는 데 쓸 비용이 정당화되지 않았다. 목타르는 계속하는 게 의미가 있을지 자신이 없어졌다. '폐기'라는 말을 또 들으면 견딜 수 없을 것 같았다.

그때 빌럼이 무슨 소리를 냈다. 놀란 듯한 소리였다.

"이건 흥미로운데." 그가 말했다.

며칠 후 목타르는 로열 그라운드 커피라는, 캘리포니아 북부에 근거지를 둔 이 지역의 대규모 로스터이자 수입상사 바깥에 서서 울고 있었다. 빌럼과 조디, 다른 큐그레이더들이 목타르의 견본 중 세 개에 90점대 점수를 주었다. 두 개는 하이마에서, 한 개는 이브에서 난 것이었다. 그중 하나는 말리크의 커피였다.

목타르는 이 견본들을 로열 그라운드에 가져갔고, 로열 그라운드에서는 커피가 받은 점수에 기반하여 18톤을 매입하겠다고 했다. 목타르는 그중 어느것도 18톤씩 가지고 있지 않았지만, 이론상으로는 구할 수 있었다. 돈만 지불할 수 있다면 말이다.

이번에도 그는 오마르에게 갔다. 그는 점수 얘기를, 주요 로스터와 소매상들이 상당량의 주문을 약속했다는 얘기를 전했다. 오마르는 소규모 투자자들을 모아들였다. 그들은 모두 기술 분야에서 잘나가는 아랍계 미국인들이었다. 그들은 힘을 합쳐 컨테이너 하나 분량의 커피를 살 수 있도록 목타르에게 필요한 기금—대략 30만 달러—을 빌려주기로 했다. 물론 부대 조항이 있었다. 커피의 품질은 최고여야 했으며, 불안정한 국가에서 어떻게든 빼내와야 했다. 그들은 목타르가 커피의 가치를, 커피를 빼내올 수 있다는 걸 증명하기까지는 목타르에게 돈을 내줄 수 없었다.

목타르는 동의했다. 그보다 나은 방법이 생각나지도 않았고 다른 선택지도 없었다. 그리고 그는 자신이 해낼 수 있다고 믿었다.

언젠가 엄청난 현금을 가지고 있었을 때는 그 돈을 가방에 넣어두었다가 주차장에서 잃어버리고 말았지만 말이다.

부모님은 그가 예멘에서 해낸 일을 자랑스러워했지만 예멘으로 돌아가는 건 바라지 않았다. 그가 떠날 때보다 11킬로그램이 빠져서, 피부는 창백해지고 두 눈은 푹 꺼져서 돌아왔기 때문이다. 말라리아와 촌충—혹은 그게 뭐였든 간에—이 그의 몸을 망쳐놓았다. 그들은 목타르의 건강도 걱정했지만, 후티 반군이 몇 주 전인 9월 21에 사나를 점령했다는 사실을 더욱 걱정했다. 국가가 내전으로 치달을 가능성이 있었다.

하지만 목타르는 비행기표를 끊었다. 머잖아 다음 수확이 다가오고 있었고, 이제 그는 실제로 커피를 살 수 있었다. 커피를 사야만 했다. 투자자들이 그걸 기대하고 있었고, 그가 커피를 사오기를 기다리는 로열 그라운드도 있었다. 이제는 큐그레이더 시험을 마쳐, 역사상 최초의 아랍인 큐그레이더가 되어 예멘으로 돌아가는 문제만 남아 있었다. 그쯤이야.

'그쯤이야'가 아니었다. 그는 다시 시험을 치렀다. 이번에도 감독관은 조디였고, 시험은 지난번만큼 어려웠다. 하지만 지난번에 너무 아깝게 탈락한데다가 이제 그는, 적어도 그의 생각에는, 커피 원산지와도 접촉해보았고 운명과 신이 추진하는 사명을 수행하는 중이었다. 그는 통과했다.

2014년 9월, 목타르는 세계 최초의 아랍 출신 아라비카 큐그레이더가 되었다. 10월에 그는 예멘으로, 하이마로 돌아갔다. 그는 말리크를, 처음 만났을 때 커피나무 아래에 있던 그 남자를 찾아가고 싶었다. 가장 높은 점수를 받아 그의 꿈을 펼쳐준 것이 바로 말리크의 커피였다.

목타르는 뉴욕을 거쳐 런던으로, 이어 사나로 날아간 다음 시간의 손길을 전혀 타지 않은 계곡을 넘어 하이마까지 가는 상상을 했다. 그곳에서 그는 직접 가꾼 커피나무 아래에 앉아 있는 말리크를 찾아 그에게 소식을, 그의 커피가 세계 최고의 커피 중 하나라는 소식을 전해줄 것이었다.

25
정부 없는 나라

AK-47을 들고 있는 아이들이라니, 이건 새로웠다. 목타르는 2014년 10월 27일 사나에 착륙했고, 군대와 경비대, 후티 혹은 준 후티 반군에 소속된 어중이떠중이들이 공항 전체와 수도로 가는 길에 뒤섞인 채 각양각색으로 모여 있는 모습을 마주했다.

크지도 않은 규모의 산골 촌뜨기들이 어떻게 한 나라를 점령한 걸까? 목타르는 인생 대부분을 캘리포니아에서 살았으므로 그게 머릿속에 떠오른 자연스러운 결론이었다. 이건 오리건주 경계선 근처의 거의 알려지지도 않은 웬 군사 집단이 별 저항도 받지 않고 새크라멘토, 샌프란시스코, 로스앤젤레스를 모두 휩쓸어 차지한 격이었다. 하루는 하디 대통령이 예멘을 통치하다가, 다음날에는 도주중인 신세가 되고 북부의 후티 반군이—예전에는 예멘의 정치에 진정한 영향력이라고는 거의 없던 자들이—갑자기 지배권을 잡은 것이다.

9월에는 후티 반군이 수도 대부분 지역을 점령했다. 그들은 진군하며 마주친 예멘군 거의 대부분에게서 항복 혹은 공모를 끌어냈다. 예멘군은 하향식 지휘 체계 없이 장교들의 지휘에 따라 움직였는데, 그중 하디에게 믿을 만한 충성심을 보이는 자들은 거의 없었으므로 후티 반군은 거의 아무 방해도 받지 않았다. 그들은 사령관 몇몇에게 뇌물을 썼고, 살레 쪽 사령관들은 순순히 물러났다. 이후 수도는 후티의 수중에 떨어지고 말았다.

목타르는 공항을 가로지르며 사방에서 후티 반군을 보았는데—중무장을 했지만 터번을 쓰고 단검을 찬 전통 복장이었다—그들 모두가 평소의 공항 경비대와 이상하게 공존하고 있었다. 목타르는 택시를 탔고 몇 분 안에 후티 세력이 점거하고 있는 검문소에 다다랐다. 혹은 옷을 후티처럼 입고 있는 걸지도 몰랐다. 하지만 그들은 아이들이었다. 많아봐야 열세 살이었다. 어떤 아이는 열 살처럼 보였다.

그들이 택시기사에게 차를 세우라고 손짓하자 기사가 차를 세웠고, 목타르는 엽기적인 무언극이 시작되는 모습을 지켜보았다. 아이들은 다 큰 어른처럼, 군인처럼 굴었고 택시기사는 군인들이 아이들이라는 사실을 알아채지도 못하고 신경쓰지도 않는 체했다. 아이들은 택시기사에게 서류를 보여달라고, 목적지를 대라고 요구했고 대충 검사를 한 뒤에는 그냥 지나가도록 해주었다.

후티 반군의 놀라운 점은 예의가 바르다는 점이었다. 목타르는 예멘으로 돌아오기 전부터 친구들에게 이 얘기를 들었는데, 이제

공항에서 직접 그 모습을 본 것이다. 예멘에서의 첫 며칠 동안에도 반복해서 그 모습을 목격하게 될 터였다. 그들의 말씨는 상냥했고, 보통은 평상시의 당국에 비해 더 전문적이며 배려심도 깊었다. 더 효율적이고 친절했다.

도시로 들어가는 길의 검문소 몇 군데에서도 택시를 멈춰 세웠다. 어떤 곳에는 예멘 경찰이, 어떤 곳에는 후티 반군이 근무하고 있었으며 그러는 내내 목타르는 자동차가 수색당하지 않기를, 자기 몸이 수색당하지 않기를 바랐다. 그는 미국 돈으로 1000달러를 가지고 있었으며, 발견되면 그 돈이 틀림없이 사라질 거라고 생각했다. 투자자들은 그만큼의 돈을 목타르에게 점처럼 찍어두고 나머지는 미리 합의한 조건에 따르기로 했다. 당분간 목타르는 지폐를 많이 소지하지 않은 걸 다행으로 여겼다. 소문이 돌아 후티나 도둑들이 지나친 관심을 보일 수 있었다. 목타르에게도, 목타르의 안전에도—또한 부족 지역에서의 사업 역량에 있어서도—가장 중요한 것은 누구에게도 별다른 관심을 끌지 않는 상태를 지속하는 것이었다.

그가 하고 싶은 사업은 그리 복잡하지 않았다. 단지 가장 높은 점수를 받은 커피를 재배하는 지역을 방문해 두 달 후면 수확될 작물이 잘 관리되고 있는지 확인하고, 열매들이 홍옥수처럼 빨갛게, 가장 잘 익었을 때 거둬지도록 도움을 주면 됐다. 그런 다음에는 건조된 열매 대략 18톤—운송용 컨테이너 하나를 가득 채울 분량—을 사야 했다. 계약금으로 지불할 돈은 없었고, 농부들은 샌프란시스코 출신의 스물여섯 살짜리가—이때 목타르의 나이가 스물여섯 살이었다―이름도 모르는 투자자들에게서 언젠가 어떤 식으로든 수십만 달러를 확보해올 수 있을 거라는 기대만 가지고, 평소 거래처를 포기하라는 요청을 받게 될 터였다.

그런 다음 그는 이 열매들을 사나로 가져가 껍질을 벗기고 분류할 생각이었다. 하지만 일단은 가공시설을 찾아 임대해야 했다. 그런 다음에는, 모든 것이 계획대로 돌아간다면―그가 열매를 사고, 가공시설을 임대하거나 매수하고, 열매를 그 시설로 가져가 가공하고 분류할 수 있다면―예멘 밖으로 18톤의 커피를 운송해갈 방법을 생각해야 했다. 그리고 이 모든 일을 내전중에, 후티 반군이 대부분의 항구를 장악하고 있는 상황에서 해야 했다.

별로 복잡할 건 없었다.

목타르는 딴사람이 되어 무함마드와 켄자의 집에 도착했다. 그들은 목타르가 적어도 이론상으로는 재정적 지원을 받고 있는데다가 그들이 알기로는 커피 세계에서 엄청나게 의미 있는 존재인 큐 그레이더가 되었다는 사실을 알았으므로 새로이 경의를 품고 그를 맞이했다. 그는 더이상 학생이 아니었고, 창업을 하겠다고 주장하는 젊은이도 아니었다. 그는 실제로 커피를 사서 가공하고 저장해 국제시장에 판매하려고 예멘에 와 있었다. 목타르는 중요한 사람이 되어 돌아왔다.

하지만 그는 여전히 바닥에서 잤다. 다른 곳이 없었다.

목타르는 누리딘과 함께 후티에 대해, 사나가 9월 어느 날에는 하디의 지배하에 있다가 다음날에는 후티 반군의 손에 떨어졌다는 사실에 대해, 그러는 동안에도 예멘에서의 삶은 그럭저럭 계속되었다는 사실에 대해 이야기를 나누었다. 은행과 기업은 침공 날에도, 그다음날에도 문을 열었다. 그들은 목타르의 작업에 후티의 진격이 영향을 미치기는 할지, 미친다면 어떤 영향을 미칠지 이야기했으며 무슨 영향이든 미미할 거라는 결론을 내렸다.

하지만 이제 목타르는 미국인 수출상으로서 엄청난 현금을 가지고 부족 세력이 다스리는 시골 지방을 여행할 터였다. 신중한 계획이 필요했다. 그와 누리딘은 심사숙고했다. 목타르에게는 평소처럼 운전기사가 필요하겠지만, 그 운전기사는 무장을 해야 할 것이다. 예멘의 어떤 지방에서는 경호원이 한 명 더 필요할 테고, 그 사람은 AK-47을 소지해야 했다. 목타르는 지그 자우어를 가지고 다닐 계획이었다. 평소에도 예멘에서는 그 총을 가지고 여행하곤 했다. 그리고 이제는 수류탄도 몇 개 장착할 생각이었다. (예멘에서는 수류탄이 딱히 무슨 목적이 있다기보다는 과시용이었다. 남자들은 어떤 말다툼도 불사하고 논리적 결론에 이르고야 말겠다는 의지를 표현하는 수단으로 가슴팍이나 조끼에 매달았다.) 그렇다면 어느 여행에서든 자동차마다 최소한 세 자루의 총이 있어야 했다. 그리고 커피를 운송하게 된다면, 트럭이 여러 대 필요할 테고 그 트럭마다 무장 경호대가 붙어야 했다.

예멘에 도착한 다음날 목타르는 누리딘과 함께 하이마로 갔다. 아부 아스크르라는 주유소에서 그들은 평소처럼 우회전해 계곡 쪽으로 내려갔다.

알아말협동조합에 도착한 목타르는 트럭에서 내려 안면이 있는 모든 농부들과 인사를 나누었다. 노래도, 악수도, 포옹도 있었지만 목타르가 찾는 사람은 커피나무 아래에서 봤던 그 남자, 말리크였다. 그는 주민회관에서 다른 남자 세 명과 함께 앉아 있는 말리크를 발견했다. 목타르는 허리를 숙이고 말리크의 머리를 두 손으로 감싸며 그의 이마에 입을 맞추었다.

"선생님의 커피가 세계 제일입니다." 목타르가 말했다.

말리크가 고개를 끄덕였다. 그는 아무 말도 하지 않았다.

"감사합니다." 목타르는 그렇게 말한 뒤 말리크의 과묵함으로 미루어볼 때 더 자세히 설명할 필요가 있다고 느꼈다. 목타르는 자신이 그의 커피를 샌프란시스코까지 가져갔다고 말했다. 그곳에서 커피를 세척하고 분류해 로스팅한 뒤 시음을 했는데, 말리크의 커피가 그 어떤 예멘 커피보다 높은 점수를 받았다고 말이다.

말리크는 미소를 지으며 고개를 끄덕였다.

"감사합니다." 목타르는 다시 말했고, 말리크에게 지금부터는 그의 커피를 전부 자신이 사겠다고, 그가 예전에 받던 가격의 다섯 배를 주겠다고 말했다. 말리크의 재배와 수확 방법이 협동조합 모두에게 본이 될 거라고, 합심하면 그들은 하이마 계곡을, 결과적으로 예멘의 모든 커피를 변화시키게 될 거라고 말이다.

말리크는 고개를 끄덕이며 미소를 지었다.

목타르는 의미심장하게 말리크의 어깨에 손을 얹었다가 그 자리를 떠났다. 하마터면 웃을 뻔했다. 말리크는 초자연적일 정도로 금욕주의적이고 무감정한 사람이거나 이 소식을 예상하고 있었던 것 같았다. 어쩌면 그에게는 뻔한 일을 확인한 것에 불과한지도 몰랐다.

목타르는 그날을 협동조합에서 보냈다. 농장을 걸어다녔다. 가지치기에 대해서, 다음번 수확에 대해서 이야기했다. 그는 농부들에게 자신이 큐그레이더가 되었다고 이야기했다. 나무들 사이로, 계단식 밭 위아래로 그를 따라다니던 농부들은 말리크의 커피 소식에 들떴다. 이 소식은 협동조합 전체에 빠르게 번졌고, 그들은 목타르가 진짜 변화를 가져올지도 모른다고 느꼈다.

그들은 기분 나빠하지는 말라고, 하지만 그가 미국인 옷을 입고 커피나무와 올리브나무도 구분하지 못하는 채로 처음 도착했을 때에는 의심을 품었었다고 하루종일 다양한 방법으로 털어놓았다.

목타르는 한 번도 에티오피아에 가본 적이 없었다. 그를 비롯해 그 지역을 여행하는 모든 사람들은 아디스아바바공항을 통했는데, 목타르는 한 번도 아디스아바바를 넘어가본 적이 없었다. 이번 여행은 세계은행의 기금을 받아 예멘 전체의 소상공인들에게 더 나은 경제적 기회를 제공하려는 NGO, 소규모미시경제촉진서비스의 아이디어였다. 예멘 출신의 소규모 커피 농부 열여섯 명을 에티오피아의 성공한 농장에 방문시킨다는 계획이었다. 어쩌면 에티오피아를 떠날 때쯤이면 예멘 농부들이 영감을 받고 최선의 업무 방식을 습득할지도 몰랐다. 목타르는 압도 알가잘리라는, 소규모미시경제촉진서비스의 한 책임자와 아는 사이였는데, 그가 목타르를 초대했다. 그들은 2015년 10월 31일, 홍해를 건너는 짧은 비행을 통해 아디스아바바로 향했다.

　대부분의 예멘 농부들에게는 그 여행이 첫 출국이었고, 에티오피아에 가는 건 확실히 처음이었다. 명품 커피가 대규모로 재배, 수확, 가공되는 방법을 볼 수 있는 가장 좋은 기회를 제공할 곳으로 하라르 근방이 선택되었다. 아디스아바바에서 하라르까지 차로 이동하는 여덟 시간 동안 무수히 많은 작은 마을들을 지났다. 경관은 장려했다. 에티오피아는 푸르렀다. 가는 길에 보이는 모든 것이 푸르렀다. 에티오피아도 예멘처럼 세계 다른 지역의 오해로 괴로워하는 국가였다. 서구 사람들은 에티오피아에 대해 생각할 때면 가난과 기근, 사막에서 죽어가는 야윈 아이들을 떠올렸다. 하지만 목타르가 본 에티오피아는 도시와 농장, 호수가 여럿 있는 동아프리카의 분주한 국가였고, 나이로비나 요하네스버그와 쌍벽을 이루는 에티오피아의 수도 아디스아바바는 고등교육을 받은 중산층 인구가 대규모로 자리잡고 있으며 언론은 거침없는 도시였다.

　하지만 아디스아바바는 그들의 종착지가 아니었다. 아디스아바바는 커피의 탄생지인 하라르로 가는 길에 지나는 경유지였다. 신화 속 양치기 칼디가 양떼의 발걸음에서 잠 못 이루며 활기찬 기색을 처음 알아채고, 양떼들이 먹는 커피 열매를 먹어보았던 곳이 바로 하라르의 언덕이었다. 에티오피아의 이 지역, 이르가체페의 거대한 언덕 위 농장에서는 풍부한 계절성 강우라는 축복을 받아 지금까지도 커피를 재배하고 있었다.

　하지만 하라르는 어딘가 독특했다. 아주 오래된 도시, 에티오피아에서 가장 오래된 모스크들의 고향인 이 도시에는 현대 건축의 손길이 거의 닿지 않았다. 하라르는 에티오피아 전역에서 가장 예멘적인 도시, 천 년 동안 아랍인 무역상들이 들르던 곳이자 지금까지도 어마어마한 문화적 영향력을 행사하는 곳이었다. 하라르는 또한 아르튀르 랭보가 고향으로 삼은 곳이기도 했다. 초현실주의자들 사이에서 중심적인 인물이었던 그 젊은 프랑스 시인은 도시 고지대에 있는 금방이라도 무너질 듯한 집으로 스스로를 추방했다. 마약 중독자이자 가끔은 총기 밀반입도 했던 그는 잠시 동안 커피 무역을 하기도 했다. 그는 1891년 프랑스에서, 아프리카로 돌아갈 계획을 세우던 중 서른일곱 살 나이로 사망하고 말았다.

명품 커피를 만드는 에티오피아의 방식은 경이로웠다. 목타르가 예멘 농부들에게 설교해오던 방법과 표준이 실행되는 모습을 이제 직접 눈으로 볼 수 있었다. 목타르가 선명한 빨간 열매들로 가득 찬 거대한 건조대를 사진으로 보여주었을 때는 믿지 않았을지 모르나, 이제는 농부들이 직접 그 모습을 보고 있었다. 이건 해낼 수 있는 일이었다.

그것도 어마어마한 돈이나 선진기술 없이 이루어지고 있었다. 에티오피아 사람들은 예멘 사람들과 똑같은 방식으로, 손으로 열매를 땄다. 다만 훨씬 더 많은 주의를 기울였고, 생산 체인 전체에 걸쳐 더욱 정확한 방법을 사용했다. 예멘식 경작에서는 전혀 사용하지 않는 에티오피아식 생산의 유일한 요소는 습식 가공법이었다. 에티오피아 사람들은 엄청나게 많은 물을 사용해 콩을 세척했다. 커피 농장들은 일반적으로 강 근처에 위치해 있었으며, 에티오피아 사람들은 강물의 방향을 돌려 커피를 세척한 뒤 흐르는 물이 다시 수계로 들어가도록 했다.

하지만 흘러나간 물은 마실 수 없었다. 게다가 커피에서 나온 당분이 섞여 있었기 때문에 흘러들어가는 강이나 지류, 혹은 지하수면의 화학성분을 바꿔놓았다. 물의 사용과 줄어만 가는 담수 접근성—그리고 치솟는 담수 가격—을 걱정하는 세상에서는 커피 가공에 그렇게 많은 물이 쓰인다는 것이 장기적으로 볼 때 정치적으로나 재정적으로 뒷받침할 수 없는 일일 듯했다.

몇몇 에티오피아 커피 농부들은 이미 건식 가공을 실험하고 있었다. 목타르는 예멘에 선택의 여지가 없다는 걸 알고 있었다. 예멘의 생산자들은 다른 방식을 몰랐고, 습식 가공에 필수인 많은 양의 물에 접근할 수 있는 경우도 드물었다. 태초부터 예멘 커피에는 건식 가공만이 유일한 방식이었다. 이건 예멘 커피의 강점이자 약점이었다. 전통 건식 가공 방식에는 커피에서 비범한 맛을 포착하고 가장 거칠고 대담한 부분들을 끌어낼 잠재력이 있었다. 하지만 엄청난 주의를 기울이지 않으면 너무도 들쭉날쭉한 품질이어서 아무리 잘해봐야 일반 등급 정도의 커피밖에 낼 수 없었다.

에티오피아에서 목타르는 루비처럼 붉은 열매들로 가득한 거대한 지상 건조대를 보았다. 그는 자기만의 품종 상표를 가지고 있는 소규모 농장들을, 자체적으로 생산한 커피를 유럽과 일본의 로스터들에게 직접 보내는 농장들을 보았다. 그는 직접무역의 효과를 목격했다. 직접무역을 하면 로스터들이 농부들에게 필요한 게 무엇인지 말해주었고, 농부들은 그런 필요를 어떻게 충족시켜야 할지 알고 있었다. 생산자들에게서 이윤을 빨아먹는 데에만 혈안이 되어 있는 여러 층의 중개상들과 고리대금업자들이 없는 아름다운 공생이었다.

목타르는 자신이 본 것을 유수프와 알아말협동조합과 공유하고 싶어 비행기를 타고 예멘으로 돌아갔다. 여러 날 동안 전화를 걸어보았지만 받는 사람이 없더니 마침내 유수프가 전화를 받았다.

"죄송합니다." 그가 말했다. "마을에 죽은 사람이 있어서요."

"누가요?" 목타르가 물었다.

"말리크입니다." 유수프가 말했다. "당신이 떠난 날 밤에 돌아가셨습니다."

목타르는 그 말을 이해할 수 없었다.

"말리크는 아주 나이가 많았습니다." 유수프가 말했다.

목타르는 조의를 표하기 위해 하이마로 갔다. 그는 자기 집 위층에 앉아 있던 말리크의 아내 와르다를 발견했다. 서늘한 산들바람이 열린 창문들로 들어와 방을 훑었다. 머리 위 지붕에서는 붉은 열매들이 건조되고 있었다. 목타르는 와르다에게 얼마나 유감인지 이야기했다. 남편처럼 그녀도 아주 조용했고 속을 알기 어려운 사람이었다. 그리고 말리크처럼 그녀도 덩치가 아주 작았다. 150센티미터 이상은 되지 않을 것 같았다.

"제가 돌봐드리겠습니다." 목타르가 말했다. 그는 그녀와 그녀의 남편이 재배한 커피가 자신에게 얼마나 큰 의미인지에 대해서 이야기하며 항상 그녀를 지원하겠다고 말했다.

그녀는 무슨 이야기인지 전혀 이해하지 못하는 듯했다. 목타르는 그녀의 눈에 이 광경이 어떻게 보일지 상상해보았다. 오십 년 동안 남편이었던 사람이 며칠 전에 죽었는데, 이제는 한 번 만나본 적도 없는 미국인이 자기를 돌봐주겠다고 약속하는 중이라니?

목타르는 그녀의 아들 아흐마드를 만났고, 둘은 미래에 관해 이야기했다. 목타르는 갈등을 느꼈다. 말리크와 와르다의 농장이 한 달 전에 그토록 높은 점수를 받았던 커피와 같은 품질을 계속 생산할 능력이 있는지에 목타르의 사업이 달려 있었다. 농장이 말리크 없이도 계속해나갈 수 있을지 의심스러웠다.

장군님이 만나고 싶다고 하십니다. 이런 메시지가 목타르에게 전달되었다. 그는 장군의 농장으로 걸어갔다. 처음부터 장군은 목타르의 루퍼트 복장과 도시적인 태도를 보고 그 누구보다 의심스러워했지만, 표적 사격 대회 때문에 어느 정도 누그러진 상태였다.

그들은 단둘이 앉아 카트를 씹었다. 목타르는 장군에게 에티오피아에서 찍은 사진을, 빨간 열매들과 건조대를 보여주었고 장군은 그 사진들을 자세히 살펴보았다. 카트 때문에 기분이 좋아진 장군은 군에서 보낸 시절에 대해 이야기했고, 목타르가 그토록 총을 잘 쏘게 된 경위는 무엇인지 알고 싶어했다. 목타르는 그에게 진실을 말했다. 베이커스필드에서는 라칸과 라피크 삼촌에게, 이브에서는 하무드 할아버지에게 배웠다고 말이다. 그는 라피크 삼촌이 오클랜드에서 경찰로 일한 적이 있었으며, 경찰학교에서 최고 점수를 받은 사격수였다고도 언급했다. 어째서인지 이 이야기는 장군에게서 마을 전체로 돌며 점점 번지더니 몇 주를 거치며 변질되어갔다. 결국 목타르는 특수부대 군인에게 훈련을 받은 캘리포니아 최고의 명사수로 알려지게 되었다.

장군은 목타르의 일에 전적인 도움을 주겠다고 맹세했으며, 하이마 최초의 건조대를 만들겠다고 약속했다. 몇 주 후 그는 그 약속을 지켰다. 에티오피아식 건조대는 알루미늄으로 용접되어 있었는데, 그 점을 제외하면 장군의 건조대는 에티오피아식과 거의 똑같아 보였다. 그것은 거대하고 견고했으며 만 개의 열매를, 그의 수확물 전체를 펼쳐놓을 수 있었다. 장군은 목타르의 핸드폰 사진을 한번 쓱 보고서 인근의 나무로 건조대를 만들어냈다.

후바이시는 목타르에게 전화를 자주 걸지 않았다. 보통 전화를 거는 사람은 목타르였다.

"20톤을 마련해두었네." 후바이시가 말했다. "자네가 부탁한 대로 땄어. 전부 빨간색일세."

목타르는 의심스러웠다. 후바이시는 거의 여든 살에 가까웠으며, 오십 년간 저품질의 일반 등급 커피를 거래해왔다. 목타르는 그에게 명품 커피 기준을 만족시키기 위한 지침을 주었지만, 이 노인이 그 수준에 도달할 수 있을 거라는—혹은, 그럴 시도라도 해볼 거라는 기대는 품지 않았다. 그런데 이제 그가 명품 커피 20톤을 가지고 있다고 말하는 것이다.

목타르가 다음날 가보니 그 말은 사실이었다. 후바이시의 직원들은 루비처럼 빨간 열매들을 따서 분리해두었다. 그들은 목타르가 지시한 대로 커피를 자루에 담아 이름표를 붙여두었다. 주요 원산지는 세 곳이었다. 이브 지방의 후와르 계곡, 우다인 지역의 라와아트 마을, 그리고 패러다이스 계곡의 와디 알자나트에서 난 커피였다. 전부 합해 20톤. 이것은 알아말협동조합이 모을 수 있는 것보다 훨씬 많은 양이었다.

후바이시의 커피가 잘 우러나고, 목타르에게 그 커피를 실제로 살 돈이 있다면, 그는 충분한 명품 커피를, 컨테이너 하나를 가득 채울 18톤의 커피를 갖게 될 터였다.

이브 계곡 전체를 여행하는 동안 목타르는 일행이 늘었다. 누리딘이야 항상 함께였지만, 이제는 알아말협동조합에서 나온 유수프도 자주 동행했다. 목타르가 함께하자고 설득한 여러 농부들도 돌아가며 따라왔다. 그중에서도 장군만큼 열심인 사람은 없었다. 그는 다른 농장 견학을 무척 좋아했으며, 다른 마을이나 협동조합이 목타르의 방법을 받아들이도록 설득하는 데에는 그의 존재가 특히 중요했다.

어느 날, 하이마에서 160킬로미터 떨어진 어느 작은 마을에서 일행은 농장들을 둘러보고 점심을 먹었다. 이후 그 지역 남자들 약 스무 명이 긴장을 풀고 카트를 씹고 있을 때였다. 아마 카트 때문에 지나치게 대담해져서였는지, 목타르는 장광설을 늘어놓고 말았다. 농부들이 경작법을 향상시킬 수 있는 방법에 대해서, 또 그렇게 해야만 하는 이유에 대해서 이야기했을 뿐 아니라 그들이 지금이 지역 고리대금업자들에게 착취당하고 있다고, 심지어 노예처럼 생활하고 있다고 설명했다.

"그 사람들은 여러분을 이용하는 겁니다." 그는 고함을 쳤다. "너무 지나치게 싼 가격으로 팔고 계시는 거예요. 대신 저한테 파시면 이런 범죄자들의 손아귀에서 놓여날 수 있습니다. 자유로워질 겁니다. 확실히요. 그 이리떼 같은 놈들에게 영원히 빚을 지고 있을 필요가 없습니다."

목타르는 보통 농부들을 청중으로 두고 이야기할 때면 그곳의 중요한 인물을, 협동조합의 수장과 주도권을 쥔 노인들을 잊지 않고 미리 알아두었다. 하지만 이번에는 판단력이 흐려졌다. 그의 옆에 앉아 있던, 체크무늬 카피예*를 쓰고 조끼에는 종이와 현금을 누더기처럼 섞어 가지고 있던 남자가 바로 고리대금업자, 지역의 농부들 모두를 손바닥 위에 올려놓고 있는 바로 그 고리대금업자였다.

그가 일어나 목타르를 돌아보았다. "어떻게 여기에 와서 이 사람들한테 이런 헛소리를 할 수 있는 거요?" 그는 눈을 가늘게 뜨고 목타르를 쳐다보았다. "알겠지만, 당신 같은 남자가 몇 년 전에도 여기에 왔었소. 그자는 사우디아라비아 출신이었고, 여기에 와서는 똑같은 것들을 약속했지. 그리고 끝이 별로 좋진 않았소."

목타르는 그 말을 알아들었다. 이 남자는 목타르를 죽이겠다고 위협하는 중이었다. 목타르는 사롱에 숨겨둔 지그 자우어로 천천

---

* 아랍 국가 남성들이 머리에 두르는 천.

히 손을 뻗었다. 총을 쏠 의도는 없었지만, 살아서 이 마을을 빠져 나가려면 총이 필요할지도 모른다고 생각했다. 방안의 분위기는 헤아리기 어려웠다. 그들은 고리대금업자와 한편인가, 아니면 목타르와 한편인가?

방 건너편에서 다른 남자가 일어섰다. 목타르는 누구인지 보려고 안경을 썼다. 장군이 눈에 노기를 띠고 있었다. 그가 재킷에서 수류탄 하나를 빼들더니, 방을 가로질러 목타르에게, 그다음에는 고리대금업자에게 성큼성큼 다가가며 머리 위로 높이 들어올렸다. 그는 목타르와 고리대금업자 사이에 자리를 잡았다. 고리대금업자의 떨리는 얼굴에 수류탄이 거의 닿을 지경이었다.

"목타르를 방해하려면," 장군이 씩씩거렸다. "나를 상대해야 할 거다."

고리대금업자는 경직된 미소와 함께 자리에 앉았다.

26
돈은 마음이 아닌 손에

목타르는 커피를 사들이고 있었지만 가공할 곳이 없었다.

그가 아는 유일한 가공장은 아라핀 자피르라는 사람이 운영하는 곳이었다. 목타르는 그를 몇 달 전에 만나 그의 명성을 알고 있었다. 자피르는 인도네시아 사람으로 아랍어 실력이 형편없었지만, 아시아와 유럽의 바이어들에게는 자기가 예멘 사람이라고 말했다. 예멘에는 이민자 수십만 명이 있었고 그들 대부분이 어느 정도 동화된 상태였지만, 자피르의 방식에는 어딘지 목타르의 신경을 거슬리게 하는 부분이 있었다. 게다가 그는 종이를 만드는 곳과 같은 공간에서 커피를 가공했는데, 그래서 자피르의 커피는 그럭저럭 봐줄 만한 정도 이상이 되지 못했다. 커피에서 희미한 종이 냄새를 없앨 방법이 전혀 없었다.

하지만 지금으로서는 목타르에게 선택의 여지가 없었다. 목타르가 알기로 사나에 가공장을 소유한 다른 사람은 앤드루 니콜슨뿐이었는데, 압도 알가잘리가 목타르에게 그와는 일하지 말라고 했다. 그 앤드루 니콜슨—목타르의 애초 SWOT 차트에 등장했던 인물—을 피해야 하는 이유는 모호했지만 압도 알가잘리는 고집을 피웠다. 목타르도 언젠가 자신만의 가공장을 소유할 때가 올지 모르지만, 그때까지는 둘 중 그나마 덜 나쁜 쪽을 선택해야 했고 그게 자피르였다. 목타르는 후바이시의 커피 세 종 모두의 견본을 가지고 사나로 갔다.

자피르의 가공장에서 목타르는 수하라는, 매일매일의 공장 운영을 처리하는 사람과 논쟁을 벌여야 했다. 목타르는 그녀에게 후바이시의 견본을 주고 그 견본의 껍질을 벗겨서 분류해달라는 주문을 넣었다. 수하는 항상 오만했고 대개 퉁명스러웠는데, 그녀에게 이야기를 하면서 목타르는 각자의 자리를 지키고 있는 분류 작업자들을 보았다. 앞에 있는 나무 탁자에 커피를 두 더미로 쌓아놓고 앉아 있는 여자들이 대략 스무 명이었다. 그들은 조용했다. 음악을 듣는 게 금지되어 있었던 것이다. 목타르는 그때도 다음주 방문 때도 그들에게 연민을 느꼈다. 세 차례 방문 때마다 목타르는 서로 다른 시간에 나왔는데 그가 언제 나오든 견본 분류 작업은 아직 끝나지 않고 있었다.

수하는 변명을 했지만 목타르는 시간이 없었다. 그는 견본을 로스팅과 시음이 가능하도록 가공한 다음 에티오피아에 있는 빌럼에게 보내야 했다. 하지만 수하는 일을 질질 끌고 있었다. 어느 날 목타르는 조용한 분류 작업자들 스무 명 사이에서 분을 터뜨리고 말왔다.

"이 가공장을 운영할 수 없다면," 그가 고함을 쳤다. "나한테 파세요!"

목타르는 자신이 왜 그런 말을 했는지 알 수 없었다. 그에게는 가공장을 살 만한 돈이 없었다. 하지만 때때로 그는 부유한 예멘계 미국인의 옷을 입었다. 이런 공간에 있는 사람들이라면 그가 허풍을 떠는 건지, 아닌지 모르리라는 사실을 알고 있었다. 분류 작업자들은 잠깐 눈을 들었다가 다시 작업으로 돌아갔다. 하지만 수하가 그 방을 떠나자 분류 작업자들 중 한 사람이, 대략 서른 살 정도에 얼굴을 가리지 않은 여인이 다가왔다.

"이 가공장을 사실 거라면 저도 데려가주세요." 그녀가 영어로 말했다.

그녀의 두 눈은 흔들림이 없었다. 목타르는 깜짝 놀랐다. 커피 가공장에 영어를 할 줄 아는 분류 작업자가 있다는 사실 자체가 예상 밖이었지만, 나머지 작업자들 앞에서 목타르에게 말을 거는 그녀의 대담함은 놀라울 정도였다.

"그러겠습니다." 그가 영어로 말했다. "성함이 뭐죠?"

"아말이에요." 그녀가 말했다.

"어디서 얘기 좀 했으면 좋겠는데요."

그들은 다음날 커피숍에서 만나기로 약속을 잡았다.

목타르와 만났을 때 그녀는 자피르가 운영하는 공장의 열악한 상황에 대해 이야기해주었다. 노동시간은 길었고 급료는 형편없는데다 제때 나오는 일도 드물었다. 말을 하거나 노래를 하거나 음악을 틀어놓지도 못하게 했다. 여자들 중 한 명은 임신 초기에도 내내 일했는데 유산을 하고 건강이 나빠지자 해고당했다. 목타르는 리치그로브에 있는 할머니를, 할머니가 전해준 센트럴밸리의 농장 노동자들에게 닥치는 수많은 불공평한 사연들을 생각했다. 할머니의 분노는 목타르의 것이기도 했다.

"선생님이 직접 가공장을 세우시면," 아말이 말했다. "저는 따라갈게요. 나머지 직원들한테도 같이 가자고 하겠습니다."

다음 이틀 동안 자피르의 가공장 여성들은 목타르의 견본 분류를 마쳤다. 그리고 목타르는 아디스아바바의 빌럼에게 보낼 수 있도록 그것들을 서둘러 포장했다. 그는 사나의 DHL 센터로 갔다가 예멘에서 마주칠 법한 추가 금액과 맞닥뜨리게 되었다. 그는 견본의 무게를 반복적으로 재보았으며 자기가 빌럼에게 세 종류의 견본을 총 3킬로그램 보낸다는 걸 알고 있었다. 하지만 DHL 직원은 무게가 4.2킬로그램이라고 말하며 이에 대해 100달러의 추가 요금을 내라고 했다.

"부탁입니다." 목타르가 말했다. "이러지 마시죠. 3킬로그램이라는 거 알고 있습니다."

직원은 다시 소포 무게를 재보았고, 이번에도 전자식 표시기에는 4.2킬로그램이 떴다. 목타르는 직원의 손이 저울에 올라가 있는지 확인해보았지만 그의 두 손은 몸 옆에 놓여 있었다. 목타르는 예멘에서 이런 식의 작은 사기를 수십 번이나 목격해왔지만 이번 건 인상적이었다. 직원이 어떤 식으로든 저울을 조작했을 거라는 생각이 들었다.

목타르는 저울에서 소포를 내렸다가 다시 올려놓았다. 이번에도 무게는 4.2킬로그램이었다. 이제 그는 호기심이 들었다. 그는 상자를 뜯어 자루 세 개를 모두 열었다. 첫번째 자루는 그대로였다. 두번째 자루도 바뀌지 않았다. 하지만 세번째 자루를 열었을 때는 뭔가 반짝거리는 검은 것이 보였다. 지그 자우어 권총처럼 보였다. 그의 지그 자우어 권총이었다. 견본을 준비하면서 서두르다가 목타르는 자루에 권총을 던져넣었고, 하마터면 장전된 총을 에티오피아로 보낼 뻔했던 것이다.

빌럼은 견본을 시음해보고, 셋 중 둘이 훌륭하다고 판정했다. 후와아르 계곡의 견본은 88.75점을, 우다인의 견본은 89.5점을 기록했다. 하지만 패러다이스 계곡의 견본은 지나치게 발효되어 열등하다는 판정을 받았다.

하지만 상관없었다. 목타르의 지침을 따랐기에, 이제 후바이시는 후와아르 계곡에서 난 고품질 커피 10톤과 우다인산 커피 7톤을 확보한 셈이었다. 그리고 목타르는 자신이 그 커피 전부를 살 수 있다는 걸 알고 있었다. 건조된 열매 18톤을 모두 사는 데에는 20만 달러가 들 테고, 빌럼의 도움을 받는다면 미국과 유럽, 일본의 명품 커피 소매상들에게 그 컨테이너를 팔아 이윤을 남기는 것도 어렵지 않을 터였다. 후바이시는 이미 트럭과 트럭 기사들을 보유하고 있었으며, 예멘을 가로질러 커피를 운반하는 방법도 알았다. 목타르가 해야 할 일이라고는 값을 지불하고, 가공하여 분류하는 것뿐이었다.

목타르는 투자자들도 높은 점수를 받은 다량의 커피를 이용할
수 있다는—그것도 즉시—자신의 열정을 공유할 거라고 확신하
며 전화를 걸었지만, 그들은 별 감흥을 보이지 않았다. 그들은 예
멘의 보안 상황이 걱정된다고 말했다. 예멘은 붕괴되기 직전인 듯
보였다.

"어떻게 됐나?" 후바이시가 목타르에게 물었다. 그는 매일 전화
를 해오고 있었다.

"그냥 기금을 기다리고 있습니다." 목타르가 거짓말을 했다.
"당장이라도 준비될 겁니다."

매일 아침 목타르는 투자자들에게 전화를 걸어, 그가 예멘에 온
건 바로 이 스타트업을 세우기 위해서이니 실제로 투자를 해달라
고 간청했다. 후바이시는 매일같이 전화를 걸어, 목타르가 사겠다
고 약속한 커피 대금을 지불할지 알고 싶어했다. 후바이시는 점잖
게 말했지만 몇 주가 흐르자 목타르는 전화 한 통에 커피를 1톤씩
잃게 되리라는 걸 알아차렸다. 후바이시에게는 급료를 주어야 할
농부들과 조합들이 있었다. 그는 우다인 커피 5톤을, 그다음에는
후와아르 계곡 커피 5톤을 팔았다. 커피가 슬금슬금 사라지는 것
을 보자 목타르는 절망 속으로 빠져들었다.

후바이시는 선의의 표시로 그에게 우다인산 커피 5톤을 내주었
다. 후바이시는 1000달러를 받았고, 나머지 비용—거의 10만 달
러—은 외상으로 달아두었다. 그건 문제가 아니었다. 목타르는 결
과적으로 투자자들이 그를 보내 사도록 한 커피를 살 수 있을 거라

고 확신했다. 하지만 당분간은 커피 5톤을 어디에 보관할 것인가 하는 문제가 있었다.

목타르에게는 창고도, 가공장도 없었다. 작업환경을 알고 있는 만큼 자피르의 가공장에서 커피를 가공하고 싶지는 않았다. 하지만 목타르가 아는 사나의 다른 가공장은 라이얀이라는, 앤드루 니콜슨이 운영하는 곳이 유일했다. 니콜슨은 목타르가 예멘의 커피 업계에서 찾아낸 첫번째 미국인이었다. 압도가 경고했지만 목타르에게는 선택의 여지가 없었다. 후바이시는 커피를 옮겨야 했고, 목타르에게는 그 커피를 가공할 공간이 필요했다.

27
미국인들

목타르가 앤드루 니콜슨의 가공장에 도착하자 그의 오른팔 알리 알하즈리가 허공에 대고 소총을 쏘았다. 환영하는 분위기였다. 목타르는 알리와 앤드루에게 인사를 했고, 안의 기류는 목타르가 주변 사람들에게 들어서 생각했던 것과는 정반대였다. 직원들은 만족스럽게 일하고 있었고 우호적이었다. 분류 작업자들은 노래를 부르고 있었다. 거의 즉시, 목타르는 압도 알가잘리가 목타르와 앤드루를 떼어놓으려 했던 게 앤드루가 파렴치한 기업가이기 때문이 아니라 목타르와 앤드루가 잘 어울릴 것이며, 두 사람이 함께라면 막을 수 없으리라는 걸 알았기 때문이라는 걸 깨달았다.

앤드루는 사나 특유의 억양이 실린 아랍어를 썼다. 잠시 목타르와 앤드루는 예멘식 아랍어, 혹은 미국식 영어 중 무엇을 사용해야 할지 결정하지 못했다. 그들은 영어를 쓰기로 했고, 목타르는 미국

남동부의 질질 끄는 듯한 억양을 듣게 되었다. 예멘식 턱수염을 기르고 사롱을 입고 그럴싸하게 예멘식 단검을 허리띠에 쑤셔넣고 있는 남자의 입에서 나오는 그 소리를 듣자니 어울리지도 않고 심지어 우스꽝스럽기까지 했다. 그는 목타르만큼이나 예멘 현지인처럼 보였다.

하지만 앤드루는 루이지애나의 시골에서 어린 시절을 보냈다. 야구를 했고 고등학교 시절 여자친구인 제니퍼와 결혼했다. 대학에서는 공학을 전공했고 이후에는 영업 세계로 들어갔다. 거기서 성공했지만 가만있지 못하는 앤드루는 다시 학교로 돌아가 간호학을 배웠다. 몇 년 후 휴스턴병원에서 간호사로 일하던 그는 이슬람교도이면서 아랍어를 쓰는 세계의 의사들이나 다른 전문가들과 작업하며 흥미를 느꼈다. 때는 9.11 이후였으며, 어쩌면 루이지애나에서 어린 시절을 보내며 보고 들은 몇 가지 편협성에 대한 반작용일지 몰랐지만 그는 이집트와 요르단 출신 동료들에게 끌렸다. 다른 무엇보다도 그는 그 동료들이 환영받고 있다는 사실을 알려주고 싶었다.

머잖아 앤드루와 제니퍼는 예멘으로 가 아랍어를 공부하기로 결정했다. 그들은 이십대였으며, 별로 얽매인 데가 없었다. 집을 소유한 것도 아니었고, 막 첫아이를 낳기는 했지만—사나로 이사했을 때 딸아이는 구 개월이었다—이런 일은 살면서 지금처럼 자유로운 때가 아니면 할 수 없는 모험이라고 느꼈다. 수도에서 일 년 반을 보내면서 그들은 친구도 사귀었고 예멘식 아랍어에도 유창해졌다. 그들은 다시 휴스턴으로 돌아갔고, 앤드루는 그곳에서 아랍 세계에서 활동하는 회사에 자문을 해주는 컨설턴트가 되었다.

앤드루의 친구 중 한 명인 숀 마셜은 휴스턴에 카페를 소유하고 있었는데, 그가 앤드루에게 명품 커피의 세번째 물결을 소개해주었다. 어느 날 그들은 커피에 대해서, 커피의 기원과 시장 상황에 대해 이야기를 나누고 있었다. 그때 숀이 말했다. "다시 예멘으로 돌아가서 견본을 좀 가져오면 어때? 어쩌면 예멘 커피를 수출해볼 수도 있잖아?"

앤드루는 그 말을 그냥 웃어넘겼지만, 아침이 되자 그 생각이 좀 더 그럴싸하게 보였다. 앤드루와 제니퍼는 이 문제에 대해 이야기했고, 육 개월 후에는 다시 사나로 이사했다. 처음에는 친구들과 함께 지내면서 앤드루가 매주 차를 몰고 산악지대의 커피 농장을 방문해 정보를 수집했다. 그는 견본을 가지고 수도로 돌아왔지만 예멘에는 열매를 적절히 가공할 수 있는 사람이 단 한 명도 없다는 걸 깨달았다. 직접 가공장을 차릴 의도는 없었지만 가공장이 없으면 사업도 없는 셈이었다. 그래서 그는 숀과 다른 동업자와 함께 운영 범위를 확장했다. 그들은 농부들과 함께 일하고, 커피를 사나로 들여온 다음, 그것들을 가공해 수출할 생각이었다. 그들은 이 회사를 라이얀이라고 불렀다.

투자 규모는 어마어마했고 라이얀은 첫해에도, 두번째 해에도 이윤을 내지 못했다. 앤드루는 믿을 만한 직원들을 찾지 못했으나 단 한 명 좋은 사람을, 알리 알하즈리를 데려왔다. 그가 공장의 부감독이 되었다. 앤드루가 고용한 다른 모든 사람들은 그의 재산을 도둑질했다. 앤드루는 알리에게, 알리는 자기 어머니에게 조언을 구했다. 알리의 어머니는 사나에서 이십 분 거리에 있는 자기 고향 마을로 돌아가 소식을 퍼뜨렸다. 도둑질을 하지 않을 믿음직한 직원들을 찾고 있다는 거였다. 몇 주 후, 알리의 어머니가 라이얀의 일자리들을 채웠다. 그녀는 자기 아들과 함께 일하는 모든 사람을, 미국인과 함께 일하는 모든 사람을 알고 있었다. 그렇게 앤드루와 알리는 보호받게 되었다.

라이얀이 사업을 시작한 건 2011년 '아랍의 봄' 때였다. 하지만 시가지의 혼란도 회사가 초기에 성공을 거두는 데에는 별 방해가 되지 않았다. 사람들은 예멘 커피를 원했고, 앤드루는 어느새 일본과 중국, 유럽, 북아메리카로 수출을 하고 있었다. 예멘의 격변으로 가끔은 작업이 불편해졌지만, 라이얀은 하디 대통령이 권좌에 오르고 추락할 때에도, 후티 반군이 도착할 때에도 계속 운영을 해나가는 데 성공했다. 그런 것쯤이야 사나에서 수출 기업을 운영할 때 모두 예상되는 일이었다.

목타르와 앤드루는 함께 일하기로, 경쟁자가 아닌 동업자로 함께하기로 합의했다. 목타르는 오지에서 고급 커피를 찾을 것이고, 그러는 동안 앤드루는 사나와 더 가까운 곳에 머물며 보다 저렴한 가격의 커피를 수출하는 데 주력할 터였다. 앤드루는 라이얀에서 목타르의 커피를 가공해주기로 했지만 분류 작업은 직접 할 수 없었다. 그에게는 공간도, 직원도 없었다.

무함마드와 켄자가 사는 건물 일층에는 거리에 면한 가게 공간, 최근까지 사탕과 탄산음료를 파는 구멍가게였던 공간이 비어 있었다. 목타르는 그곳이면 편리한 장소가 될 거라고 생각했지만 누리 딘은 의구심을 품었다. 물론 편리한 자리였지만, 지난번 그 공간을 쓰던 중에 악마에 홀린 아이가 목격되었다는 문제가 있었다.

몇 달 전 일이었다. 대낮에, 열세 살 아이가 손에 칼을 들고 가게 앞에 서서 눈알을 굴려대며 알아들을 수 없는 언어를 지껄이는 게 발견되었다. 아무도 그 아이와 제대로 이야기를 나눌 수 없었고 마 침내 그 아이에게 악마가 들었다는 데 의견이 모아졌다. 아이는 사 나의 퇴마사에게 보내졌는데, 퇴마사는 아이 안에 실제로 악마가 있으며 이 악마는 아이와 사랑에 빠졌다고 결론을 내렸다. 악마가 드리운 해악을 생각해 가게는 문을 닫았다. 누리딘이 이 모든 이야 기를 목타르에게 전해주었다.

"일층에 있는 그 가게 말하는 거, 맞지?" 목타르가 확인했다. 그 는 그 가게에 백 번은 들어가보았다. 핸드폰 카드도 그곳에서 샀 다. 목타르는 아이에게 악마가 들었다는 얘기를 믿지 않았으며, 그 결과로 가게 공간 자체가 오염되었다는 얘기는 더더욱 믿지 않았 다. 하지만 악마가 남겼다는 해악 때문에 그 가게 공간은 계속 비 어 있었으며, 임대료도 지불 가능한 수준이었다. 그래서 그는 그 공간을 빌렸다.

"하지만 분류 작업자들한테는 말하지 마." 누리딘이 경고했다.

예멘 사람들은 미신을 믿었고, 분류 작업자들 중 한 사람이라도 악마 들린 아이가 가게 터에 깃들었다는 이야기에 놀라기라도 하 면 나머지 분류 작업자들이 악마가 없는 자피르의 공장에 그대로 머물 동기가 충분하리라는 얘기였다. 그래서 목타르는 그들에게 아무 말도 하지 않았다.

목타르는 그 공간을 임차했고, 서로 인접한 가게도 두 군데 임차한 다음 가게들 사이의 벽을 허물었다. 그는 소파와 커피 테이블, 카펫이 있는 라운지 공간을 만들었다. 그는 아말을 비롯한 분류 작업자들의 급료를 두 배로 올렸고, 2015년 2월 어느 날 분류 작업자 열여섯 명이 자피르의 작업장을 떠나 목타르네로 왔다.

목타르는 이것을 일대 사건으로 만들었다. 그는 한 번도 누구를 고용해본 적이 없었지만, 친구들이 일하는 캘리포니아의 진보적인 회사에서 몇 가지 개념을 잡아냈다. 그는 일종의 직원 오리엔테이션을 염두에 두고 있었다. 그는 커피와 주스, 케이크를 제공하며 여성 열여섯 명을 모두 모아들여 원을 그리고 앉아달라고 부탁했다. 그들은 모두 니캅*을 두르고 있었다. 목타르에게는 그들의 눈만 보였다.

"저는 여러분 모두를 알고 싶습니다." 그는 그렇게 말하며, 여성들의 눈에서 이게 대단히 특이한 일이라는 사실을 읽어냈다. "원을 따라 돌아가면서, 여러분 모두 각자의 이름과 사는 곳을 얘기해주세요. 그리고 일단 분위기부터 푸는 차원에서, 여러분을 가장 잘 나타내는 음식과 이유를 말해주세요."

여성들은 목타르의 말이 무슨 뜻인지 어림잡지 못했다. 왜 그들이 음식이 된단 말인가? 왜 고용주가 그런 걸 알고 싶어한단 말

---

* 눈을 제외한 전신을 가리는 이슬람권 여성 복식.

인가? 목타르가 이 개념을 설명하는 데만 이십 분이 걸렸다. 마침내 그는 여성들 중 한 사람에게, 만일 자신이 음식이라면 풋사과일 거라는 말을 하도록 이끌어냈다. 그녀의 이름은 움 리야드였는데, '리야드의 어머니'라는 뜻이었다. 그녀는 일행 중 가장 나이가 많았으며 목타르는 그녀가 다른 사람들보다 대담하고 솔직하다는 걸 알 수 있었다.

"왜 풋사과인가요?" 목타르가 물었다.

"풋사과는 달 수도, 실 수도 있죠." 그녀가 말했다. "저도 똑같아요. 가끔은 달콤한 사과처럼 상냥하지만 가끔은 시큼한 사과처럼 성미가 고약하죠. 기분에 따라 달라져요."

다른 여성들이 머뭇거리며 웃었다.

"좋아요, 좋습니다!" 목타르가 말했다.

하지만 다음 사람 차례가 되자, 그녀 역시 풋사과가 자신을 잘 나타낸다고 말했다. 그다음도 똑같이, 자기는 풋사과라고 말했다. 여성들은 아직도 이 개념을 이해하지 못했으며 잘 모르는 모험에 뛰어들기보다는 서로를 베끼는 편을 택했다.

하지만 목타르는 어쨌든 그들의 이름과 고향을 알게 되었고 그들 모두의 출신지에 대해 뭔가 알고 있는 모습을 보여 그들을 놀라게 했다. 그들은 목타르가 예멘의 덜 알려진 지방에 대해서는 아무것도 모를 거라고 생각했다. 그러나 예멘에서 커피를 생산하는 서른두 지역을 모두 방문했던 목타르는 그 누구에게도 뒤처지지 않을 만큼 이 나라를 잘 알고 있었다.

아흘람은 자기가 우트마 출신이라고 말했다.

"가본 적 있어요." 목타르가 말했다. "구아바가 놀랄 만큼 맛있던데요."

움 리야드는 자기가 바니 이스마일 출신이라고 말했다.

"가봤습니다." 목타르가 말했다. "작은 원숭이들이 떼를 지어서 돌아다니더군요."

바그다드는 하이마 출신이었다.

목타르는 하이마 중심부 혹은 주변부 중 어디에서 왔는지 물었다. 그녀는 그가 하이마에 대해 뭐라도 알 거라고는 생각하지 않는 눈치였다. 그녀는 자기가 하이마 외곽 출신이라고 말했다.

"알마흐자르요?" 그가 물었다.

"그보다 아래요." 그녀가 말했다.

"바이트 알렐인가요? 바이트 알자바다니?" 그가 물었다.

"거의 비슷해요." 그녀가 말했다.

"알아산?" 그가 추측했다.

"네!" 그녀가 말했다.

환호성이 터져나왔다.

목타르는 노트북을 열어 예멘 전역을 여행하며 찍은 사진들을 보여주었다. 그들은 믿지 못하겠다는 듯 가까이 모여들었다. 그들은 예멘이 얼마나 다양하고 아름다운지 전혀 모르고 있었다.

몇 시간 뒤 목타르는 그들을 대강이나마 파악했다. 그들의 눈 말고는 거의 본 것이 없었지만 말이다. 자피르의 가공장에서는 분류 작업자들의 공간이 다른 더 큰 공장과 트여 있어서, 그곳의 여성들은 하루종일 니캅을 쓰고 있어야 했다. 분류 작업에 따르는 노동과 에어컨이 부족하다는 점을 생각해보면 불편하고 실용적이지도 못한 상황이었다.

목타르는 이 점을 고칠 작정이었다. 북적거리는 사나에서, 얼굴을 가리지 않고 행인들 앞에 모습을 드러낸 여자 열여섯 명이 일하는 회사를 운영할 수는 없었다. 다른 사람들과 마찬가지로 그도 예멘의 관습이 답답했지만 예멘 여성의 전통 복장에 대해 한마디하자고 사업 전체를 위험에 빠뜨릴 수는 없었다. 우선은 타협이 필요했다. 목타르는 벽이 높고 안쪽에서 닫아 잠글 수 있는 문이 달린 방으로 작업 공간을 재배치했다. 분류 작업자들은 누가 언제 들어올지 통제할 수 있었고, 자기들끼리 있을 때에는 니캅과 외투를 벗고 원하는 대로 행동할 수 있었다.

목타르는 인피니티에서 바꾸고 싶었던 정책들을 떠올렸다. 그는 아침과 점심을 무료로 제공했다. 무료 와이파이와 통근 수단도. 노동절 휴가를 제공했으며, 각자의 스마트폰과 연결할 수 있는 사운드 시스템도 마련했다.

"일하면서 하고 싶은 건 뭐든지 하세요." 그가 그들에게 말했다. "여러분이 저한테는 드림팀입니다." 그는 너그러운 마음이 들었고, 그들만의 작은 공간에서는 캘리포니아식 운영을 흉내낼 수 있을지 모른다고 생각했다. 자유롭고 평등하게.

하지만 목타르가 교육하는 첫 며칠 동안, 직원들은 별로 편안해하지 않았다. 사운드 시스템을 제공했는데도 그가 작업실 근처를 지나갈 때면 들리는 건 오직 침묵뿐이었다. 그는 소파와 기도용 공간이 있는 거실을 추가했다. 계속 아무 일도 벌어지지 않았다.

하지만 일주일이 지나자 소리가 들려왔다. 그는 라이얀으로 가던 길이었는데, 분류 작업실에서 베이스 소리가 낮게 쿵쿵거리며 흘러나왔다. 여성들은 문을 닫아 안에서 걸어놓았지만 문 근처에선 목타르는 그 노래를 확실히 알아들었다. 그건 어셔의 〈Yeah!〉였다.

그후로 분류 작업실에서는 매일 음악이 흘러나왔다. 가끔은 예멘 전통 음악이었다. 가끔은 케이티 페리였다. 작업자들은 특히 〈Roar〉를 좋아했다. 많은 경우 그들은 노래를 따라 불렀다.

"여러분은 제 얼굴 앞에 있습니다." 그가 그들에게 말했다.

그는 첫날에도 이 말을 했고, 회의가 있을 때마다, 그들이 자신에게 얼마나 중요한지 일깨워줄 필요가 있을 때마다 했다. 그들은 목타르를 따라 엄청난 위험을 감수했으며, 목타르는 그 점을 잊지 않을 터였다.

"여러분은 제 얼굴 앞에 있습니다." 그는 매일 그렇게 말했다.

이 말은 영어로 옮기기에는 까다로운 예멘의 옛 표현으로, 사랑하는 사람이나 친구에게 자기 얼굴을 가리키면서 하는 말이었다. 앞에 있는 사람이 절대 자기 시야에서 벗어난 적이 없다는 뜻이었다. 그들을 항상 마음속에서 가장 우선으로 둔다는 뜻이었다.

제4편

THE
MONK
OF
MOKHA

28
아수라장

때는 2014년 12월 31일, 예언자 무함마드 탄신일 사흘 전이었다. 온 나라에 축제가 벌어졌다. 목타르는 이브의 할아버지댁에서, 근처 헬스클럽에서 운동을 해야겠다고 생각하며 일어났다. 하지만 아침을 먹으러 아래층에 내려가보니 고모가 TV를 뚫어져라 바라보고 있었다. 이브에서 자살 폭탄 테러가 터진 것이다.

마흔아홉 명이 목숨을 잃고 일흔 명이 부상을 입었다. 이런 식의 폭력과 거리를 유지해온 도시 이브에서 처음 발생한 공격이었다. 시작됐구나, 라고 목타르는 생각했다. 그는 그날 사나로 가야 했으므로 이브를 떠나 북쪽으로 차를 몰았다.

무함마드와 켄자의 집에 도착하니 이브의 무고한 사람들을 대상으로 한 폭탄 테러의 함의를 놓고 긴급한 토론이 벌어지고 있었다.

심지어 알카에다라도 예멘에서는 그렇게 터무니없는 공격을 저지르지 않을 터였다. 알카에다가 분노를 겨냥한 표적은 보통 서구인이나 군인이었다. 예멘 민간인들을 상대로 하지는 않았다.

일주일 후, 목타르는 무함마드와 켄자의 집에 돌아와 있었다. 어느 날 아침식사 후 그는 운동을 하기로 했다. 가장 가까운 헬스클럽은 헬스 앤드 스포츠클럽 아널드라는, 아널드 슈워제네거의 이름을 따서 지은 곳이었다.

그는 택시를 탔고, 헬스클럽에서 몇 블록 떨어진 곳에서 사람들이 무리 지어 걸어들어가는 걸 보았다. 대부분이 후티 반군들이었다. 목타르는 헬스클럽이 경찰서와 가까운 곳에 있고, 오늘이 경찰학교 신입 모집일이라는 것을 알아차렸다. 후티의 계획 중 한 가지는 구성원들을 경찰의 대오에 채워넣는 것이었다.

목타르는 기사에게 요금을 내고, 아널드까지 몇 블록을 걸어가기로 했다. 그는 사나 중심부에 그토록 많은 북부인이 들어와 있는 기이한 광경을 보며 무슨 일이 벌어지고 있는지 감을 잡고 싶었다.

그때 땅이 진동했다. 그는 무릎을 꿇고 주저앉았다. 지진이라고 생각했다. 뒤이어 여진이 뚜렷하게 느껴졌다. 비명소리가 들렸다. 자동차 경적이 울부짖어댔다. 그는 경찰서로 달려갔고 불타오르는 살점을 보았다. 남자의 상체가 바닥에 놓여 있었다. 한 여자가 비명을 지르고 있었다. 거리가 피로 얼룩졌다. 그는 사망자 수십 명의 그을린 잔해를 훑어보았다. 아는 사람을 본 것만 같았다.

흠칫하며 그는 무함마드 삼촌과 켄자 숙모의 둘째 아들인 하뎀이 경찰학교 후보생이라는 걸 떠올렸다. 목타르는 하뎀이 그날 집에 있다는 걸, 그가 죽은 사람들 중에 있을 리 없다는 걸 알고 있었지만 그을린 사람의 껍질 중에서 하뎀의 얼굴이 보였다. 머잖아 언론 쪽 사람들이 도착했다. 그들은 현장을 녹화하고 사진을 찍기 시작했다. 목타르는 핸드폰을 치웠다. 더이상 이런 대학살을 볼 수 없었다. 그때 한 가지 생각이 들었다. 도망쳐.

목타르는 달렸다. 그는 첫번째 공격의 부상자들을 치료하려고 구급대원들이 도착하는 순간 테러리스트들이 두번째 폭탄을 터뜨리는 경우가 많다는 걸 알고 있었다. 그래서 목타르는 달렸고, 그의 주변 모든 사람들도 그가 무언가 보았다고 생각하고 뛰었다.

무함마드와 켄자의 집에서 그는 아무 말도 하지 않았다. 누리딘은 뭔가 잘못되었다는 걸 알았지만, 목타르는 자기가 본 것으로 가족에게 부담을 주고 싶지 않았다. 어차피 TV에서 그 장면을 보게될 테니까. 서른여덟 명이 살해당했고 예순 명이 부상을 입었다. 목타르는 가족들이 걱정하지 않기를 바랐다. 하지만 속으로는 예멘에서 무슨 일이 일어나는지에 대해 생각했으며, 이 나라가 이라크와 같은 길—종파적 갈등, 자살 폭탄 테러, 납치, 그리고 문제없는 삶이란 불가능한 무법지대로—을 가는 건 아닌지 걱정했다.

목타르는 최선을 다해 자기 일을 계속해나갔다. 매일 분류 작업자들을 위해 작업장을 열고 아침식사를 제공했다. 그들은 전날 작업과 그날 해야 할 작업에 대해 이야기했다. 목타르는 계속해서 그들을 훈련시켰고 직원 한 사람, 한 사람에게 의견을 전달하면서 그들 모두를 지켜보았다.

점심을 먹은 뒤에는 앤드루의 가공장으로 가 카트를 씹으며 사업과 정치에 대해 이야기했다. 그들은 예멘에서 일어나는 일이 국가나 그들의 사업에 실질적인 영향을 끼칠지 알 수 없었다. 처음에는 이것 역시 그냥 비슷하게 무능한 선수들 사이에서 권력이 이양되는 과정처럼 보였다.

1월 7일, 셰리프 쿠아시와 사이드 쿠아시 형제가 풍자적인 시사잡지 〈샤를리 에브도〉의 파리 사무실에 들어가 열한 명을 쏘아죽였다. 나가는 길에는 경찰관 한 명을 총으로 살해했다. 또다른 범인 아메디 쿨리발리는 파리 남부의 몽루주에서 경찰관 한 명을 쏘아죽였고, 유대인 시장에서는 네 명을 죽였다. 〈샤를리 에브도〉에서 예언자 무함마드를 묘사한 만화를 출판하면서 촉발된 이런 공격으로 이 잡지와 살해당한 작가들에 대한 세계적 지지가 쏟아졌다. 1월 11일 일요일, 프랑스 전역에서 400만 명이 넘는 사람들이 희생자들과 표현의 자유를 지지하는 행진을 벌였다.

1월 14일, 예멘의 알카에다 분파—알카에다 아라비아반도 지부—가 그 공격은 자신들의 소행이라고 주장했다.

1월 18일, 예멘의 후티 세력은 다양한 정치 스펙트럼을 아우르는 위원회에서 초안한 새 헌법을 거부했다. 다음날에는 국영 방송국을 점거했다. 그들은 사나의 모든 정부 건물을 점령했고, 하디 대통령은 이에 항의해 사임했다. 몇 주 후 그는 사임을 철회했지만 그건 중요하지 않았다. 이미 후티가 국가를 장악한 뒤였다.

미국에 있는 목타르의 가족과 친구들은 그를 걱정했지만, 목타르는 일상에서의 변화를 거의 감지하지 못했다. 어느 날 밤 하디가 권력을 잡고 있는 상태에서 잠자리에 들었는데 눈을 떠보니 대통령이 사라지고 없었다. 그렇지만 공항은 계속 열려 있었고 정기적으로 드나드는 상용 비행기들을 받아주었다. 은행도 평소처럼 기능했다. 식료품점, 헬스클럽, 모스크도 마찬가지였다. 택시기사들은 택시를 몰았다. 사나는 여전히 사나였다. 후티가 운영하고 있을 뿐. 예멘 직장인들의 일상은 변함없이 계속되었다. 목타르는 앤드루의 가공장에서 알리와 함께 카트를 씹으며 오후를 보냈고, 그들은 예멘에서 도망치는 예멘계 미국인들을 함께 비웃었다.

"지금은 정부가 없죠." 목타르가 말했다.

"잠깐, 예멘에 정부가 있었던 적도 있나요?" 앤드루가 물었다.

2015년 2월 10일, 미국 국무부에서는 대사관 운영을 일시 중단하겠다고 발표했다. 직원들은 사나 외부로 재배치되었다고 했다. 다음날, 미국 대사관은 완전히 문을 닫았다. 영국 대사관도 마찬가지였다. 미국과 영국 정부는 자국민들에게 즉시 예멘을 떠나라고 촉구했다. 하지만 미국은 미국 시민들을 대피시킬 계획이 전혀 없었다. 국무부에서는 아직 상용 비행기를 이용할 수 있다며, "미국 정부에서 운영하는 대피 계획은 민간에 다른 안전한 대안이 없을 때만 실시된다"고 했다.

프랑스 외무부 공관은 며칠 후에 문을 닫았다. 성명서에는 "최근 정치 상황의 전개와 보안상의 이유로, 대사관에서는 편리한 상용 비행기를 통해 가능한 한 빨리 예멘을 떠날 것을 권고합니다.
대사관은 2015년 2월 13일 금요일부로 추후의 공지가 있을 때까
지 일시적으로 폐쇄됩니다"라고 적혀 있었다.

서구 대사관들이 하루 혹은 일주일 쯤 문을 닫는 건 특이할 것이
없었다. 미국 대사관은 2001년, 2008년, 2009년에도 문을 닫은
적이 있었다. 그건 예멘 삶의 리듬이라고, 목타르는 생각했다. 대
사관은 열기가 치솟으면 문을 닫았다가 몇 주 후 사태가 다시 진정
되면 또 문을 열곤 했다.

앤드루도 계속 머물렀다. 그들은 앞으로의 계획을 서로 계속 알
려주기로 약속했다. 사태가 도저히 견딜 수 없게 될 때까지는—혹
은, 구체적으로 말하자면, 커피사업을 계속할 수 없게 될 때까지
는—남아 있을 예정이었다.

목타르는 후바이시한테서 사기로 약속한 커피 대금을 지불해달
라고 투자자들을 설득하는 데 매일 몇 시간을 썼다. 이미 두 달이
지나 있었고, 투자자들은 아주 다루기 힘들었다. 예멘의 상태가 악
화될수록 그들의 손아귀는 돈을 더욱 꽉 틀어쥐었다.

목타르는 갓산에게 전화를 걸어 조언을 청했다. 빌럼에게도 전
화를 걸었다. 그리고 후바이시가 매일 그에게 전화를 걸어왔다. 내
돈은 어디 있는 건가?

3월쯤에는 목타르가 아는 예멘계 미국인 대부분이 떠난 뒤였다.
그는 앤드루가 걱정되기 시작했다. 목타르는 거대한 부족의 일원
이었으며 그들이 자신을 보호해줄 거라고 믿을 수 있었다. 하지만

앤드루에게는 그런 문화적 자산이 없었다. 이렇게 새로운 시기에는, 기준과 질서를 더이상 신뢰할 수 없을 때에는, 모든 외국인이 납치의 대상이 될 수 있었다. 앤드루의 아내인 제니퍼는 실내에만 머물면 안전하겠지만, 앤드루는 잘 알려진 인물이었으므로 놈들이 찾아다닐 터였다.

3월 20일, 자살 테러범들이 사나의 서로 다른 모스크 두 곳에 들어가 자폭했다. 금요일 기도시간에 벌어진 일이었기에 후티 반군 시아파 교도들이 사용하는 그 모스크들은 전부 가득차 있었다. 남녀노소를 가리지 않고 백서른일곱 명이 살해당했고, 삼백 명 이상이 부상을 입었다. 이것은 예멘 땅에서 벌어진 최악의 테러 공격이었고, ISIS에서는 그것이 자기들 소행이라고 주장했다.

3월 21일, ISIS는 예멘에 있는 미군 인사 백 명의 이름과 주소를 공개하고, 졸개들에게 이들을 죽이라고 촉구했다. 마지막까지 남아 있던 그 미군 병력은 3월 25일에 대피했고, 이들이 아덴 바로 북쪽에 있는 알아나드를 떠난 바로 그날 후티 세력이 재빠르게 군사적 전략 요충지를 점거했다. 또한 후티는 아덴국제공항과 아덴 중앙은행을 장악했다.

2009년과 2010년에 후티와 충돌했던 사우디아라비아는 이제 예멘과의 국경에 미사일과 탱크를 집결시켰다. 3월 하순에는 후티가 예멘에서 세번째로 큰 도시인 타이즈를 포함해 예멘의 스물한 개 지방 중 아홉 개 지방을 통제하에 두었다.

"상황이 나빠 보이는데요." 목타르가 말했다.

오후에 그와 앤드루는 공장에서 카트를 씹고 있었다.

"예멘이잖아요." 앤드루가 말했다.

그들은 아직 예멘을 영원히 떠날 생각은 아니었다. 하지만 시애틀에서 열리는 전미명품커피협회 컨퍼런스에 참석하고자 잠시 출국할 계획이었다. 라이얀은 부스를 임대해두었다. 전 세계 수입상들과 바이어들 수백 명이 올 예정인 만큼 목타르와 앤드루는 그 컨퍼런스가 자기들 사업의 중요한 한 걸음이라고 여겼다. 목타르는 앤드루의 부스를 나눠 쓰면서 하이마와 우다인에서 난 커피를 선보일 예정이었다. 컨퍼런스는 지금까지 있었던 일 중 가장 중요한 사건, 그가 예멘 커피로 일구어낸 진보를 진정으로 소개할 첫 기회가 될 터였다.

평화시에도 예멘에서 출국하는 것은 미국 시민권을 가진 사람에게조차 골치 아픈 일이었다. 소문은 2011년부터 돌기 시작했다. 예멘계 미국인들은 일상적인 요청을 하려고 미국 대사관에 들어갔다가 여권을 빼앗기곤 했다. 엽기적인 취조가 이루어졌다. 예멘계 미국인들에게 이름을 바꾸었다든가 가짜 신분을 가지고 미국에서 살고 있다든가 하는 혐의가 쏟아졌던 것이다. 목타르도 이런 이야기를 들어본 적이 있었다. 이상하고 비현실적인 얘기였는데, 그중에서도 모세드 샤예 오마르의 사연이 가장 그랬다.

모세드는 샌프란시스코에서부터 알고 지낸 목타르의 지인이었다. 대략 예순 살의 온화한 남자로, 사십 년 넘게 미국에 거주했다. 1978년, 그는 귀화하여 미국 시민권자가 되었다. 그는 사회보장번호와 캘리포니아 운전면허증이 있었으며 세금도 성실하게 내왔다.

다른 이민자들 수천 명이 그렇듯 그는 출신국에 가족들을 두고 왔다. 모세드의 경우에는 딸 한 명이 그의 부모님과 함께 예멘에 남아 있었다. 딸이 열두 살이 되자, 모세드는 아이를 데려와 샌프란시스코에서 함께 살 준비를 마쳤다. 2012년, 그는 딸에게 여권을 만들어주고자 서류를 준비하러 예멘에 돌아갔다. 그해 8월, 사나의 미국 대사관에 그는 딸의 미국 여권 신청서를 제출했다.

2012년 12월, 미국 대사관에서 그를 소환했다. 그들은 모세드에게 전화를 걸어 딸의 여권 신청과 관련된 '좋은 소식'이 있다고 말했다.

2013년 1월 23일, 그는 딸의 여권을 받으러 간다고 생각하며 대사관으로 향했고 영사관 직원은 그에게 여권을 달라고 요구했다. 모세드는 여권을 직원에게 넘겨주었고, 직원은 그에게 대기실에 앉아 있으라고 했다.

대략 한 시간 뒤, 사람들이 모세드를 대기실에서 데리고 나왔다. 그는 직원을 따라 주 건물을 지나 인접한 건물로 들어갔다. 그들은 제복 차림의 미군이 지키고 있는 수많은 보안문을 지났다. 그때부터 모세드는 이것이 뭐든 표준적인 일에서 벗어났다는 걸 알아차렸다. 그는 자기가 딸의 여권이 있는 곳으로 안내되는 게 아니라는 걸 알게 되었다.

직원은 그를 남자 세 사람이 있는 작은 방으로 데려갔다. 한 사람은 외교안보국 직원이었고, 다른 사람은 통역사였다. 또다른 사람은 미국인인 듯했지만 절차 내내 말을 하지 않았다. 모세드는 이 절차가 취조라는 걸 알게 되었다.

외교안보국에서 나온 남자가 통역사를 통해 모세드에게 출신지, 가족, 이름에 대한 질문을 던졌다. 모세드는 자기 이름이 모세드 샤예 오마르라고 말했다. 어쨌든 그게 여권에 적힌 이름이었다. 최근에, 겨우 2007년에 국무부에서 갱신하고 발급해준 여권 말이다.

한 시간 뒤, 그들은 모세드를 취조실 밖으로 데리고 나가 처음 출발했던 대기실에 다시 데려다놓았다. 그는 거기에 있으라는 지시를 받았다.

한 시간 뒤, 사람들은 다시 한번 보안문과 복도를 지나고 무장 경호원들을 지나 취조실로 그를 데려갔다. 외교안보국에서 나온 사람은 다시 모세드에게 그의 이름을 물었다. 모세드는 이번에도 자기 이름은 모세드 샤예 오마르라고, 그가 평생 가져본 단 하나의 이름을 말했다. 통역사는 모세드 때문에 답답한 듯했으며, 대화에 자기 나름의 조언을 끼워넣기 시작했다. 외교안보국 직원의 말을 통역하는 것 외에도 그는 모세드에게 협조하라고, 직원이 듣고 싶어하는 말을 해주라고 말하기 시작했다.

이 두번째 취조는 한 시간쯤 더 이어졌다. 그러고 나서 사람들은 모세드를 다시 한번 일반 대기실로 데려갔다. 그는 거기에서 기다리라는 지시를 받았다. 몇 시간이 흘렀다. 모세드는 그날 아침 여섯시 삼십분 이래 음식도, 물도 입에 대지 못했다. 정상적인 상황에서도 어려운 일이었지만, 모세드의 경우에는 특히 괴로웠다. 당뇨병과 고혈압을 앓고 있던 그는 대기하던 중 졸도하고 말았다. 시야가 흐려졌다. 그 안에서는 핸드폰 사용도 허가되지 않았고 공중전화도 없었으므로 가족이나 친구에게 전화를 걸 수도 없었다.

오후 네시, 모세드는 풀려나고 싶은 마음이 너무 간절한 나머지 경호원에게 가서 자기는 가야 한다고, 집에 가서 뭘 먹을 수 있게만 해준다면 뭐든 하겠다고 말했다. 경호원은 그 말을 대사관 직원들에게 전달했고, 머잖아 영사관 직원이 도착해 그를 다시 취조실로 데려갔다.

그곳에서는 모세드에게 종이를 하나 주며 사인을 하라고 했다. 그는 영어를 유창하게 읽지 못했으므로 그 서류의 의미를 해독할 수 없었다. 통역사가 취조실 안에 있었지만 번역해주겠다는 제안은 하지 않았다. 모세드는 대사관을 떠나고 싶다면 거기에 사인을 하라는 지시만을 받았다. 그는 자기 이름으로, 모세드 S. 오마르라고 서류에 사인을 했고, 통역사가 그의 지문을 떠갔다.

진술서에 서명한 뒤 사람들은 그를 다시 대기실로 데려갔고, 영사가 여권을 돌려줄 테니 자기가 올 때까지 기다리라고 했다. 하지만 그의 여권은 반환되지 않았다. 모세드는 창문으로 불려가, 그의 이름이 모세드 샤예 오마르가 아니므로 여권을 반환할 수 없다는 얘기를 들었다. 그 말을 남기고 직원은 창문을 닫고 대기실을 나섰고, 모세드는 무장 경호원에 의해 출구로 호송되었다.

모세드는 집으로 갔다. 열두 시간 동안 먹지도, 마시지도 못했던 그는 심각한 당뇨성 발작이 오는 바람에 급히 병원으로 이송되었다. 치료를 받으면서 그는 대사관에서 일어난 일이 무엇인지 이해하려 애썼다. 대사관에서 어쩌다가 그를 진짜 모세드 샤예 오마르가 아니라고 생각하게 된 건지 아무런 설명도 듣지 못했다. 그들은 어떤 증거도 제시하지 않았다. 아무런 설명도 하지 않았고, 그에게 잘못된 점을 시정할 기회도 전혀 제공하지 않았다. 공판 날짜를 받은 것도 아니었고, 여권이 없는 상태에서 무얼 해야 하는지 누가 알려주지도 않았다. 가족들 대부분이 미국에 있었고 그 자신도 미국에서 사십 년을 살았는데 말이다.

다음날 그는 대사관에 전화를 걸기 시작했지만 대사관에서는 한 번도 전화를 받지 않았다. 이메일이 대사관에서 선호하는 의사소통 수단이라는 걸 알게 된 그는 이메일을 쓰기 시작했다. 다음 열한 달 동안 그는 대사관에 이메일을 보냈으나 아무 답장도 받지 못했다. 결국 2013년 12월, 그는 여권이 압수된 1월 23일로부터 거의 일 년이 지나서야 대사관에 오라는 이메일을 받았다. 그는 12월 15일에 대사관으로 갔다. 그가 도착하자 대사관에서는 서면 공지문을 주었는데, 이 공지문에서 설명한 바에 따르면 그의 여권이 취소된 이유는 이러했다. "귀하가 1951년 2월 1일생 모세드 샤예 오마르가 아니라는 점이 조사로 밝혀졌기 때문입니다. 사실상 귀하는 1951년 2월 1일에 출생한 야신 무함마드 알리 알가잘리입니다. 2013년 1월 23일, 귀하는 귀하의 진짜 신분이 야신 무함마드 알리 알가잘리임을 인정하는 진술서에 서명했습니다. 여권 신청서에서 실제 사실에 관한 거짓 진술을 하였으므로 귀하의 여권은 미국 연방 규정집 22조 51.62항 (a)(2)호에 따라 취소되었습니다."

목타르는 이와 비슷한 이야기를 몇 년째 들어왔다. 그러므로 뭐든 도움을 청하러 미국 대사관에 가는 건 선택지가 아니었다.

3월 25일, 최후의 미군부대가 예멘에서 철수한 직후이자 후티 세력이 아덴으로 진격하여 하디 대통령을 해상으로 몰아낸 다음 날, 목타르는 택시를 타고 예멘 현지 여행사로 갔다. 여행사는 그때까지도 사나에 사무실을 열어두고 있었다. 목타르는 커피 컨퍼런스에 참석하고자 시애틀행 비행기표를 사려고 했다.

하지만 택시가 여행사 사무실에 가까워지자 줄지어 늘어선 조문객들이 보였다. 3월 20일 공격의 희생자들을 위한 장례식이 열리고 있었다. 머잖아 군중이 거리로 쏟아져나와 그가 탄 택시를 에워쌌다. 목타르는 여기 있어서는 안 된다는 걸 깨달았다. 장례식은 표적이었다. 테러리스트들은 사상자 수를 늘리기 위해 장례식 조문객을 폭탄으로 공격하곤 했다. 목타르는 택시에서 내려 억지로 군중을 뚫고 지나갔다. 비행기표는 나중에 구하기로 했다.

다음날, 하디 대통령이 사우디아라비아에 직접 청원하여 후티의 움직임을 저지하는 데 도움을 달라고 요청했다. 그는 후티와 이란의 연대를 언급하며 사우디아라비아의 직접적인 군사 개입을 요청했다. 목타르는 하디의 청원에 대해 들었으나 별다른 생각은 하지 않았다. 누구도 그러지 않았다. 목타르는 사우디아라비아에 군대가 있는지조차 기억나지 않았다.

29
불붙은 산

3월 26일 오전 세시 정각, 목타르는 몸이 흔들려 잠에서 깼다. 건물이 흔들리고 있었다. 그는 라이얀 가공장에 있었다. 늦게까지 일하다가 앤드루의 사무실에서 자기로 했던 것이다. 진동 때문에 그는 지붕으로 올라갔고, 거기에서 파지아탄산에 불이 붙은 것을 보았다. 후티의 방공포가 하늘에 줄무늬를 그렸다. 도시 주변에서 불기둥이 치솟았다. 세상의 종말 같았다.

목타르는 인터넷에 접속해 그게 사우디군의 소행이라는 걸 확인했다. F-15 전투기들이 사나 전역의 후티 반군 진지를 폭격하고 있었다. 몇 분에 한 번씩 폭격이 이뤄졌다. 천장이 흔들리고 먼지가 비처럼 쏟아졌다.

목타르는 어머니에게 전화를 걸었다. "전 괜찮아요." 그가 말했다. 어머니는 그에게 수도를 떠나 이브로, 하무드 할아버지의 집으로 가라고 간청했다. 목타르도 그 생각을 해보긴 했다. 이브가 더 안전하다는 점에는 의심의 여지가 없었다. 사우디군이 이브에 폭격을 할 가능성은 낮았다. 하지만 폭격이 벌어지는 와중에 어디로든 이동하는 것은 현명하지 않은 듯했다. 목타르는 사나의 고밀도 거주지역에 있었으며, 그가 본 모든 뉴스에 따르면 사우디군은 후티의 군사 진지와 군수품 저장고만을 노리고 있었다. 민간인 거주지역을 폭격하지는 않을 터였다.

그는 어머니에게 걱정하지 말라고 말하고 전화를 끊었다. 잠자리에 들려고 해보았다. 공습 횟수를 헤아려보았다. 쉰, 예순. 그는 여든에서 숫자를 놓쳤다.

오전 다섯시 정각, 기도시간을 알리는 소리가 들려왔다. 그리고 또 한번. 기도시간을 알리는 소리가 경쟁하듯 도시 전체에 메아리쳤다. 그는 모스크에서 마지막 어둠의 시간이 끝나기를 기다릴 작정으로 거리로 나섰다. 가는 길에 건물들의 검은 실루엣 사이로 방공포의 밝은 흰색 줄무늬들이 보였다.

폭격이 계속되는 가운데 모스크 안에 남자 수십 명이 모여들었다. 깔개는 천장의 회반죽이 떨어져서 회색이었다. 이맘은 긴 탄원을 올렸고, 회중은 지금이 마지막 순간인 양 기도를 올렸다. 사나에 그렇게 많은 군사 표적이 있을 리는 없다고, 목타르는 생각했다. 저자들은 시민들을 공격하고 있는 것이고 이건 진짜 전쟁이 틀림없었다. 이맘이 신에게 이곳에 와 있는 사람들의 죄를 용서해달라고 간청하자 주변 사람들이 흐느꼈고, 목타르는 자기가 거기에서 죽을지도 모른다고, 어느 순간에든 폭탄이 지붕을 찢고 들어올지 모른다고 확신했다.

잘 살아온 걸까? 목타르는 생각했다. 확신이 서지 않았다. 불완전한 삶이었다. 이 모든 커피사업을 더 일찍 시작했어야 한다고 그는 생각했다. 일 년만 일찍 시작했더라면 폭탄이 비처럼 쏟아지기 전에 최소한 무언가를 해내고, 무언가를 완수했을 것이다. 이제 그는 모스크에서 죽게 생겼다. 어쩌면 가족은 목타르가 죽은 곳이 모스크라는 점에 약간 위안을 얻을지도 몰랐다. 폭탄이 또하나 떨어졌다. 이번에는 더 가까웠다.

주변 사람들이 울음을 멈추었다. 그들은 운명에 몸을 내맡기고 있었다. 목타르도 마찬가지였다. 그는 무엇도 통제할 수 없었으므로 모든 공포와 걱정도 잃어버렸다. 어깨에서 어떤 무게가 사라지는 게 느껴졌다. 그는 죽을 수도, 죽지 않을 수도 있었다. 그가 손쓸 수 있는 일이 아니었다. 모스크에서 달려나가 죽을 수도 있었다. 모스크 안에 있다가 죽을 수도 있었다. 켄자와 무함마드의 집으로 가서 가족들과 함께 죽을 수도 있었다. 라이얀으로 가서 커피와 함께 죽을 수도 있었다.

아니면 죽지 않을 수도 있었다. 그와 회중은 한 시간 동안, 폭격 사이의 고요가 점점 번져가다가 마침내 완전하게 될 때까지 머물렀다. 동틀녘이 되자 모든 게 끝났다. 목타르와 나머지 사람들이 모스크를 떠났을 때는 해가 뜨기 시작했고 도시는 섬뜩한 분홍색 빛으로 젖어 있었다. 공기가 먼지로 부옜다.

목타르는 새롭게 감싸드는 평화를 느끼며 모스크에서 가공장까지 걸어갔다. 그 무엇도 다시는 그를 겁먹게 할 수 없을 거라는 확신이 들었다. 마치 이미 죽은 것만 같았다.

그날 아침 늦게 그는 여행사로 돌아갔다. 그는 여행사 직원에게 사나에서 나가는 비행기표 두 장이 필요하다고 말했다. 그와 앤드루는 전미명품커피협회 컨퍼런스에 가야 했다. "무슨 말씀이세요?" 여행사 직원이 말했다. "공항이 없어졌어요." 사우디군이 활주로를 파괴했고, 사나에서 나가는 비행기는 모두 격추시키겠다고 위협하고 있다는 말이었다.

목타르는 가공장으로 갔다. 그와 앤드루는 카트를 씹었다. "'아랍의 봄' 때도 폐쇄되긴 했었어요." 앤드루가 말했다. "다시 열겠죠."

목타르는 미국 국민들을 위한 체계적인 대피 방법에 관한 정보를 찾을 수 있을 거라 기대하며 미국 국무부 웹사이트를 확인해보았다. 그런 건 하나도 없었다. 매일매일, 국무부는 예멘계 미국인들이 뭐든 가능한 수단을 통해 예멘에서 나갈 길을 찾아야 한다는 막연한 지시만을 내렸다.

미국 국무부는 최근 전쟁중인 외국에서 자국 시민들을 대피시킨 전력이 있었다. 2006년, 이스라엘과 헤즈볼라 사이의 전쟁이 벌어지는 동안 펜타곤과 국무부는 미국인 만오천 명이 레바논을 떠나도록 도왔다.

하지만 이번에는 달랐다. 알카에다와 ISIS의 존재를 생각해볼 때, 미국은 대규모 대피에 따르는 위험을 감수할 수 없다고 판단했다. 이곳에는 대사관도, 직원도 없었으므로 비행기나 배에 오르는 모든 예비 승객들을 심사할 효율적인 방법이 없었다. 정부는 의도치 않게 테러리스트를 미국 본토로 들여올 수 있으므로 그런 계획이 너무 위험하다고 보았다. 그들은 예멘에 발이 묶인 자국민들이 자기 나름의 수단에 의존하도록 내버려두기로 했다.

미국 국무부의 정식 공고문은 이러했다. "현재로서는 미국 정부에서 조직한 자국민 탈출 계획은 전혀 없습니다. 모든 미국 국민은 안전하게 출국할 수 있을 때까지 안전한 장소에 대피하기 바랍니다. 출국을 원하는 자국민은 가능한 민간 운송수단을 이용해야 합니다."

이는 StuckInYemen.com이라는 웹사이트의 개설로 이어졌다. 이 사이트는 예멘에 남은 사람들의 괴로움을 기록했다. 미국-이슬람관계위원회라든지, 아시아법률간부회의 같은 이슬람교도 미국인 옹호 단체들의 지원을 받는 사이트였다. 사이트는 점점 커져 정부가 예멘에서 나갈 방법을 제공해주기를 바라는 미국인 칠백 명이 회원으로 등록했다.

아랍계 미국인 시민권 운동 단체들의 압박을 받아 또다른 국무부 대변인인 제프 라트케가 성명을 발표했다. 예멘에 남아 있는 미국인들은 불행을 자초한 것이며, 지금으로서는 그 불행에 잠겨 있는 수밖에 없다고 했다. 미국 정부에서 오랫동안 해온 경고를 무시했기에, 이건 그들의 탓이라는 암시였다. "국무부에서는 십오 년 넘게 미국 국민들에게 예멘으로의 여행을 자제하라고 권고해왔으며, 예멘에 있는 자국민들에게는 출국을 권고해왔습니다." 그가 말했다.

다른 국무부 기자회견에서는 또다른 대변인 마리 하프가 자국민의 탈출 "기회"를 애매하게 언급했다.

한 기자가 확인차 물었다. "무슨 기회 말씀입니까?" 그가 물었다. "수영요?"

목타르는 즉시 출국해야 했다. 그는 시애틀에서 열리는 전미명품커피협회 컨퍼런스에 참가해야 했으며, 점점 더 심해지는 폭력에서 탈출해야 했다(둘의 중요성은 언급한 차례대로였다). 그는 여행사에 매일 출국 비행기가 있는지 확인했다. 하지만 공항은 여전히 난장판이었고 조만간 다시 열릴 가능성은 전혀 없었다.

폭격은 계속되었고 그중 대부분은 밤에 집중되었다. 사우디군은 이 작전을 '단호한 폭풍'이라고 불렀다. 그들은 대체로 수니파 인구가 우세한 다른 아홉 개국이 이 작전에 참여하고 있다고 주장했다. 요르단, 모로코, 수단, 쿠웨이트, 바레인에서 전투기 열다섯 대씩을 제공해왔다고 발표했다. 아랍에미리트에서는 삼십 대를 제공했다고 했다. 세네갈, 카타르, 이집트도 연합에 참여했다. 하지만 대부분의 작전은 사우디아라비아가 주도했다. 제트기 백 대가 참여했고, 지상군 십오만 명이 동원되었다.

폭격의 범위가 넓어졌다. 처음에는 사나 외곽의 공군기지와 군수품 저장고가 표적이었다. 그다음에는 타이즈와 아덴을 수도와 연결하는 주요도로가 표적이 됐다. 3월 28일 토요일 즈음에는 공습으로 민간인 최소 서른네 명이 사망했다.

닷새째에는 폭격이 이따금 규칙적으로 이루어졌다. 최소한 사나 중심부에서는 그랬다. 목타르는 앤드루의 집으로 갔다. 앤드루에게 선택지가, 해답이 있을지도 모른다고 생각했다. 카트는 확실히 있을 터였다.

목타르는 택시에 올라 기사에게 엘보니아까지 가는 길을 안내했다. 앤드루의 집에 가까워지자 택시 엔진에서 연기가 피어올랐다.

"과열됐네요." 기사가 말했고 택시는 멈춰 섰다.

목타르는 내려서 화환을 파는 가게를 보았다. 예멘식 하와이 화환이었다. 그는 앤드루에게 하나, 알리에게 하나씩 화환을 사다줄 생각에 혼자 웃었다. 일종의 폭격 생존 기념 선물로서 말이다. 그는 화환 두 개를 샀고, 기사가 보닛을 닫자 다시 택시에 올랐다.

앤드루와 알리는 목타르가 화환을 내밀자 웃었다. 앤드루는 자기 화환을 걸었고 세 사람은 앤드루의 아파트에 앉아 양볼을 카트로 가득 채웠다. 목타르는 노트북을 켜서 새 소식을 찾아보았다. 좋은 조짐은 아무것도 없었다. 그는 미국 국무부 사이트에 들어가 뭐라도 선택지가 있는지 살폈다. 아무것도 없었다. 오후가 흘러갔다.

저녁시간이 되자 알리는 목타르를 집까지 데려다주겠다고 말했다. 도시는 고요했다. 어두워진 이후에는 언제든 폭격이 시작될 수 있다는 걸 알고서, 사나의 주민들은 해가 떨어지기 전에 목적지를 정하는 습관을 들였다. 일몰 이후에 거리에 나다니고 싶어하는 사람은 아무도 없었다.

하늘이 어두워져가는데도 목타르와 알리는 여전히 도시를 가로

지르는 중이었다. 그런데 알리가 가공장에 가보자고 제안했다. 그는 그곳에 가야 했다. 게다가 가공장은 목타르의 집으로 가는 길에 있기도 했다. 괜찮으시겠어요?

목타르에게는 선택의 여지가 없었다. 그날 밤에는 택시가 한 대도 없었다. 그들은 가공장으로 갔다. 가는 길에 폭격이 시작됐다. 그날은 목타르가 폭탄이 떨어지는 도중에 이동한 첫번째 밤이었다. 느낌이 새로웠다. 택시 아래로 땅이 우르르 울렸다. 멀리서 표적들이 쓰러지며 먼지가 되는, 희미한 쉿 소리가 들려왔다.

가공장에 도착한 그들은 창문 너머로 전쟁을 지켜보았다. 방공포 불빛이 하늘을 밝혔다. 목타르는 핸드폰 카메라를 켜서 파지아 탄산 너머로 높이 날아가는 예광탄을 찍었다. 사우디군이 군수품 저장고를 공격한 것이었다. 주황색 불기둥이 90미터 높이까지 치솟았다. 폭발하는 불꽃 속에 또 폭발하는 불꽃들이 있었다. 400미터도 떨어지지 않은 곳이었다.

사나를 떠날 때야, 목타르는 생각했다.

하지만 지금은 결코 가공장을 떠날 때가 아니었다. 적어도 그날 밤은 말이다. 가공장과 이토록 가까운 곳에서 새로운 공격이 벌어지는데, 다음에 무슨 일이 벌어질지 목타르는 전혀 알 수 없었다. 사우디군은 이미 가정집, 시장, 병원을 타격했지만 그들의 폭격에는 표면적으로나마 무슨 계획이 있었다. 이제는 그들이 산업용 건물을 폭격하기 시작할 가능성도 있을 것 같았다. 혼란이, 약탈이 있을지 몰랐다. 목타르는 가공장에 저장해둔 커피 5톤을 생각했다. 그 커피를 도둑맞는다면 지난 열여덟 달간의 모든 작업이 물거품이 될 것이다.

"그거 아세요?" 그가 알리에게 말했다. "전 오늘밤에 여기 있을 겁니다."

알리는 그를 남겨두고 떠나지 않으려 했다. "제가 집으로 바래 다드릴게요." 그가 말했다. 마지막 폭발 지점에서 이토록 가까운 곳에 머무는 것은 말이 되지 않는다고 주장했다.

목타르는 그에게 집에 가라고, 자기는 남아서 이곳을 지키겠다고 말했다.

알리는 떠났고, 목타르는 사무실에 자리를 잡았다. 그는 소파 쿠션을 모아 침대를 만들었다. 폭탄이 십 분마다 도시를 뒤흔들었지만 그는 익숙해졌다. 자정 직전에 그는 어느새 잠에 빠져들고 있었다.

핸드폰에서 땡 하고 알림이 울렸다. 확인하지 마. 그는 혼잣말을 했다. 그냥 자려는 노력이나 해.

그는 핸드폰을 확인했다.

서머 나세르에게서 온 메시지였다. 목타르는 SNS를 통해 그녀를 알게 되었다. 뉴욕에 근거지를 둔 예멘계 미국인이었다. 그녀도 아덴에 있는 가족들을 방문했다가 예멘에 발이 묶이고 말았다. 그녀는 아침 아홉시 삼십분에 아덴에서 떠나는 그리스 배가 있다는 얘기를 들었고, 그 배를 타러 간다고 했다.

"그쪽 자리도 예약해놓을게요." 그녀가 말했다.

30
서머의 배

목타르는 갑자기 정신이 번쩍 들었다. 아덴은 차를 타면 남쪽으로 여덟 시간 혹은 아홉 시간 걸리는 거리에 있었다. 그 거리만큼 여행을 할 수 있는 차량을 찾아야 했다. 운전기사도. 어쩌면 경호원도. 활발한 교전지대를 건너게 될 예정이었다. 검문소가 수십 군데 있을지도 몰랐다. 그는 커피 견본을 챙겨야 했고, 배에 오르고 또 시애틀로 향하는 비행기에 오르는 데 필요한 충분한 현금을 챙겨야 했다. 그들은 예멘의 중심부를, 밤새 사우디군의 폭격 작전이 벌어지는 한가운데를 아주 급하게 지나야 했다. 터무니없는 계획이었다.

하지만 그때 자신이 시애틀로 가 커피 바이어들에게 말을 걸고, 그들에게 예멘 커피 이야기를 전하고 주문을 받아 커피 몇 톤을 예약 판매하고, 이 사업을 진짜로 만드는, 마찬가지로 터무니없는 모습이 목타르에게 보였다. 그는 그걸 원했다. 그리고 사우디군의 폭격이 그가 할 수 있는 일과 할 수 없는 일을 결정하도록 놔두고 싶지 않았다. 그는 이스티크하라 기도를 올렸다. 신에게 답을 구하는 기도였다.

이게 맞는 길입니까? 그가 알라에게 물었다.

그는 해답을 느꼈다. 맞는 길이었다.

그거면 충분했다. 그는 가고 싶었고, 근처 산에서 폭발을 목격한 직후에 서머의 메시지가 도착했다는 사실은 의미 있는 지표들이 모두 합쳐진 것처럼 보였다. 지난번에 그가 이와 똑같은 느낌—모든 의구심을 지워버리는 운명의 느낌—을 받은 적은 인피니티 건너편에서 힐스 형제의 조각상을 보고, 커피에 삶을 바치기로 결정했을 때였다.

그는 서머에게 전화를 걸었다. "갈게요."

그는 앤드루에게 전화를 걸어 서머와 그리스 배에 대해 말했다.

앤드루는 잠이 덜 깬 상태였다.

"가지 마세요." 그가 목타르에게 말했다. "아덴은 실제 교전지대입니다. 거기서는 실제로 육상전이 벌어지고 있다고요."

목타르는 굴하지 않았다. 앤드루가 알리에게 전화를 걸었다.

"목타르한테 얘기해서 정신 좀 차리게 할 수 있겠어요?"

알리는 목타르에게 전화를 걸었지만 그를 설득할 수 없었다. 마침내 앤드루와 알리는 그를 말리기를 포기했지만, 그가 혼자 가도록 내버려두지는 않았다.

목타르는 가족의 운전기사인 사미르에게 전화를 걸었다. 그에게 함께 가자고, 돈은 섭섭지 않게 챙겨주겠다고 말했다. 사미르는 겁에 질렸다.

"안 됩니다." 사미르가 말했다. "당신도 가면 안 돼요."

목타르는 전화를 끊었다. 선택의 여지가 없었다.

한편 알리는 사데크와 아흐마드라는 두 친구에게 전화를 걸었다. 그들은 앤드루의 가공장이 있는 동네에 살았고, 그 전날 밤에 앤드루가 가공장에서 집까지 커피를 옮길 때도 도움을 주었다. 그들은 대단치 않은 가격에 아덴까지 차를 몰아주기로 했다. 사데크는 평소 낮에 몰고 다니는 트럭을 빌릴 수 있다고 했다. 자기 자동차는 아니지만 자기가 일하는 회사에서는 모를 거라면서 말이다. 목타르는 차량 비용과 밤에 운전을 할 아흐마드, 수를 불리고자 함께 갈 사데크에게 줄 비용을 협상했다.

목타르는 짐을 싸기 시작했다. 뭐가 필요할까? 그는 켄자와 무함마드의 아파트로 급히 돌아가 깨끗한 셔츠 두 장과 바지 한 벌을 핸드폰과 노트북이 담긴 배낭에 넣었다. 갈아입을 속옷과 양말도 챙겼다. 그는 미화 4000달러를 허리에 두르고 45구경 콜트를 허리띠에 쑤셔넣었다.

이제는 커피 차례였다. 그는 단단한 샘소나이트 여행가방을 빌려 아래층의 분류 작업실로 내려갔다. 그는 하이마산 커피 한 자루를 챙겼다. 말리크의 아내였던 와르다의 커피. 장군의 커피. 후바이시의 커피. 또 뭐가 있을까? 농부들의 얼굴이 눈에 선했다. 어떻게 그들의 작업물을 하나라도 남겨놓고 갈 수 있단 말인가? 그는 예멘의 북쪽과 남쪽에서, 서로 다른 농장 여섯 곳에서 가져온 커피들을 선택했다. 뭘 가져가든 시애틀에서는 그게 예멘 대표 커피가 될 것이었다. 그가 가지고 있는 것 중 최고의 커피―최근 팔십 년 안에 예멘에서 재배된 최고의 커피, 마구잡이이긴 하지만 커피가 처음 재배된 나라를 대표하는 의미심장한 존재이자 오백 년 전통의 현현―을 추출하는 것이었다.

목타르는 여행가방을 닫고 들어보려 했다. 너무 무거웠고 지퍼도 잠기지 않았다. 무게를 줄여야 했다. 예멘 역사의 어느 부분을 덜어낼 수 있을까? 이 일을 제대로 할 시간이 있었다면, 여행가방 여섯 개를 쌀 시간이, 그가 계획했던 대로 견본을 신중하게 선택한 뒤 지금까지 행세해온 대로 사업가처럼 비행기로 사나를 떠날 시간이 있었다면 어땠을까? 그랬다면 자정이 지난 시각에, 세계에 예멘 커피를 다시 소개하는 마당에 예멘 어느 지역의 커피를 소개할지 말지 정하며 여행가방을 쳐다보고 있지는 않았을 것이다. 그는 견본 열두 개를 빼고 여행가방을 닫았다. 그는 가방을 아래층으로 가져가 차가 오기를 기다렸다.

사데크가 16륜짜리 트레일러 트럭을 몰고 와 서 있었다. 그 트럭은 위에 자동차 한 대를 얹을 수 있을 만큼 컸다. 게다가 흰색이었다. 밤사이 눈에 띄지 않고 몰래 빠져나갈 모든 가망성은 날아가버렸다. 그들은 길에 있는 누구에게든, 위에서 폭탄을 투하하는 누구에게든 자신들의 존재를 널리 알리게 될 것이다. 눈부시게 흰 트레일러 트럭이, 새로운 전쟁의 가장 가혹한 폭격 작전이 한창인 한밤의 예멘을 가로질러간다.

"좋습니다." 목타르가 말했다. "가죠."

자정이 막 지난 시간이었다. 아덴까지 아홉 시간이 남아 있었다.

31
아덴으로 가는 길

　그들이 길을 나서자 도시는 또 한번 폭격으로 흔들렸다.

　"괜찮을 겁니다." 사데크가 말했다.

　목타르는 그를 보았다. 서둘러 준비하느라 그는 이 두 사람을, 사데크와 아흐마드라는 사람들을 잘 모른다는 점을 생각하지 못했다. 그는 알리의 친구라는 것 외에는 그들에 대해 아무것도 몰랐다. 둘 다 목타르와 비슷한 나이였다. 사데크는 엉망으로 엉킨 거친 검은색 머리카락에 전통 복장을 하고 있었다. 도회적인 수도 거주자보다는 북부 부족민에 어울렸다. 머리가 더 짧고 턱수염을 잘 관리한 아흐마드는 폴로셔츠에 바지 차림이었다. 목타르는 이들과 함께 아홉 시간 동안 차를 타고, 알지도 못하는 배를 타러 가야 했다. 문제의 그리스 배가 어디로 가는지조차 몰랐다.

　그들은 별 사건 없이 도시를 나섰지만, 머잖아 후티 반군 검문소에서 제지당하리라는 걸 알고 있었다. 후티 세력은 사람과 혹시 모를 적군, 무기, 그 외 모든 것의 움직임을 감시하고 있었다.

도시에서 이차선 도로가 구불구불 뻗어나갔다. 그들은 대략 시속 130킬로미터로 이동하고 있었다. 방향을 틀기에는 너무 빠른 속도였다. 첫번째 검문소에서 군인 세 사람이 시야에 들어오자 아흐마드는 속도를 늦추었다. 목타르는 그들이 자동차를 멈춰 세우고 질문을 던지고 조사를 할 거라고 예상했다. 하지만 군인들은 트럭의 그릴 혹은 번호판을 보더니─목타르는 둘 중 무얼 보았는지 알 수 없었다─손짓으로 그들을 통과시켰다.

두번째 검문소는 달랐다. 국군 장비와 후티 복장이 섞여 있던 그 군인들은 아흐마드에게 멈추라고 손짓했다.

"어디로 가십니까?" 그들이 물었다.

아흐마드는 사실대로 말했다. 목타르가 아덴항을 통해 예멘을 나가려 하고 있으며, 자신들은 소량의 예멘 커피 견본을 운반하고 있다고 말이다. 군인들은 커피를 보고 싶어했다. 목타르는 내려서 여행가방을 풀었다. 그는 이 가방이 평범하게 보이지 않는다는 걸 알고 있었다. 검은 여행가방 하나를 옮기자고 거대한 트레일러 트럭을 사용한다니 군인들이 보기에는 뭔가 불법적인 모습일 거라는 점도 인정했다. 목타르는 웃었다. 후티 반군들은 그와 웃음을 나누지 않았다.

목타르는 가방을 열고 군인들에게 커피를 보여주었다. 머잖아 그는 자기도 모르게 예멘 커피의 역사와 예멘 커피의 세계적 입지를 복구할 계획을 설명하고 있었다. 그는 늘 그래왔듯 계속해서 말을 이어나갔다. 군인들은 예멘 커피의 역사에 관심이 없었다.

"가십시오." 그들이 말했다.

아흐마드는 차를 몰아갔다.

이십 분에 한 번씩 또다른 검문소가 나타났다. 어떨 때는 멈춰서서 화물에 대해, 목적지에 대해 설명했다. 가끔은 여행가방을 열고 커피를 보여주었다. 또다른 때에는 그냥 손짓을 받고 통과했다. 무슨 체계가 있기는 한 건지 모르지만 체계가 있다 한들 목타르는 전혀 이해할 수 없었다. 제지당하지 않는 경우가 점점 더 이상하게 보였다. 목타르는 그때마다 일련의 일들이 일어난다는 걸 눈치챘다. 군인들은 매번 번호판이나 트럭 앞에 달린 무언가를 보고 고개를 끄덕인 뒤 그들을 통과시켰다. 목타르는 이해할 수 없었지만 그들은 시간상 괜찮게 움직이고 있었고 그로서는 이 점에 문제를 제기할 이유가 없었다. 이대로 달린다면 오전 여덟시 정각쯤 아덴에 도착할 수 있었다. 목타르는 만일의 사태와 예기치 못한 장애가 있을 거라고 생각했지만 지금까지는 일정보다 빨랐다.

한시 삼십분쯤 그들은 검문소에서 제지당했다. 그들은 어디로 가는지 설명했다.

"야림을 지나갈 겁니까?" 군인이 물었다.

아흐마드와 목타르는 그렇다고 답했다. 야림은 사나와 이브 사이에 있는 작은 마을이었다. 지도에도 잘 나오지 않았지만 목타르는 그곳을 잘 알았다. 북쪽으로든, 남쪽으로든 여행을 할 때면 자주 들르던 곳이었다.

"그쪽에는 문제가 많을 겁니다." 군인이 말했다.

"무슨 뜻입니까?" 사데크가 물었다.

"야림은 지나지 마십시오." 군인이 말하더니 손짓으로 그들을 통과시켰다.

하지만 다른 선택지가 없었다. 고속도로는 야림을 곧장 통과했다. 그들은 어깨를 으쓱했다. 어쩌면 자신감이 넘친 걸지도 몰랐다. 후티 검문소는 쉬웠다. 그들은 천하무적이 된 것 같았고, 사나를 떠난 이후로는 사우디 폭격의 어떤 증거도 보지 못했다.

그들은 야림으로 차를 몰았다.

야림은 군인이 수수께끼 같은 경고를 던졌던 검문소에서 32킬로미터 떨어져 있었지만, 그 도시에서 8킬로미터 떨어진 어두운 길가에서부터 시민들이 북쪽으로 도망치는 게 보였다. 누군가는 걷고, 누군가는 뛰고 있었다. 새벽 두시였다.

"대체 뭐지?" 아흐마드가 말했다. 차량 흐름이 느려지다가 머잖아 마을 바로 외곽에서 멈추었다. 야림이 가까워질수록 점점이 도망치던 사람들이 홍수로 변했다. 수천 명이 길가를 따라 도망치고 있었다. 북쪽으로 가는 자동차들은 느리게 움직였다. 남쪽, 아덴으로 가는 차들은 전혀 움직이지 않았다.

한 남자가 마을에서 비명을 지르며 달려나왔다. 그가 사데크의 트럭을 가리켰다. "불타죽을 거요! 당신 불타죽을 거야!" 그가 소리쳤다.

목타르는 트럭에서 내렸다. 공기가 이상하게 뜨듯했고 도시에서 매캐한 냄새가 풍겨왔다. 뭔가 불타고 있었다. 그는 마을 반대쪽으로 걸어가는 남자에게 무슨 일인지 물었다.

"사우디군이 방금 마을을 폭격했소." 그가 말했다. "유조차를 노린 거요. 그런데 요거트 트럭을 맞췄고. 열 명도 더 죽었을 겁니다. 애들, 갓난아기들까지."

하지만 겨우 몇 분 전에 일어난 일이었다. 어떻게 후티 병사가 이 일을 예상했단 말인가?

앞쪽으로 수많은 주황색 불길이 마을 중앙의 건물들을 비추며 실루엣을 드러냈다.

"다른 길로 가야겠습니다." 사데크가 말했다.

그들은 주요도로에서 벗어나 도시를 우회하는 흙길을 찾아냈다. 그들의 헤드라이트가 재빠르게 달려가는 사람들의 그림자들을 비추었다. 야림은 용광로나 다름없었다.

"잠깐 여기 있을까요? 도와주게요?" 목타르가 사데크와 아흐마드에게 물었다.

거기 머물러봐야 아무 소용 없었다. 도울 방법이 없었다. 그들은 소방관도, 응급대원도 아니었다. 게다가 그들의 트럭이 표적이 될 확률은 또 어떤가? 폭탄 테러를 하는 자들은 유조차를 노리다가 요거트 트럭을 맞췄다. 그들은 계속 움직여야 했다. 이 도시에서 멀리, 시민들에게서 멀리 떨어져야 했다.

하지만 이제는 트럭이 어딘가에 걸려버렸다.

목타르와 사데크가 내렸다. 길도, 심지어 바퀴도 보이지 않았다. 목타르는 핸드폰 플래시를 사용해 문제가 있는 곳을 비추었다. 바퀴가 15센티미터 깊이의 진흙탕에서 헛돌고 있었다. 6톤짜리 트럭을 민다는 건 고려 대상도 될 수 없었다. 그들은 타이어 밑에 돌을 끼워넣어보았지만 아무 소용이 없었다. 도와줄 사람을 찾아 주위를 둘러보았으나 주변은 혼돈 그 자체였다. 아무도 지나가던 트럭을 도우려 하지 않았다. 몇 분 후 세 사람은 종아리까지 진흙에 잠겼다. 트럭은 꼼짝도 하지 않았다. 견인차가 필요했다.

사데크가 지나가는 오토바이를 손짓해 세웠고, 몇 초 후에는 그 오토바이에 오르더니 사라졌다. 그는 목타르나 아흐마드에게 무슨 일을 하려는지 말해주지 않았다. 목타르는 어둠 속에 서 있었다. 검은 하늘을 올려다보았다. 별들은 작고 밝았다. 그들은 불붙은 도시에서 두 시간 동안 차를 몰아 불붙은 마을에 들어온 것이다.

사십 분 후, 헤드라이트 한 쌍이 나타났다. 트럭이었다. 사데크가 뛰어내렸다. 그가 야림 한복판에서, 사우디의 폭격으로 아수라장이 된 그곳에서 어찌어찌 견인 트럭을 찾아냈다. 견인 기사는 그들의 자동차를 진흙탕에서 끌어냈다. 십 분 후, 그들은 기사에게 돈을 주고 다시 길을 나섰다. 그들은 야림을 빠르게 우회하여 다시 고속도로를 탔다. 목타르는 핸드폰을 보았다. 거의 새벽 세시였다.

핸드폰 배터리가 다 되어가고 있었다. 그는 시간 안에 아덴에 도착할 수 없다는 걸 깨달았다. 또 야림이 방금 폭격을 당했다면 가는 길의 다른 도시들도 폭격을 당했을지 몰랐다. 다음번에는 지금만큼 운이 따라주지 않아, 그들이 이미 들어와 있는 어느 마을에서 폭격이 이루어질 수도 있었다. 그제야 목타르는 자신의 계획이 무분별해 보였다. 그는 트럭에서 사데크와 아흐마드에게 이 여행을 포기할 선택권을 주었다.

"돌아갈 수 있습니다." 그가 말했다. "이건 전부 잘못됐어요. 사우디군이 트럭을 표적으로 삼고 있습니다. 저게 우리가 될 수도 있었어요."

"하지만 그렇게 안 됐잖아요." 사데크가 말했다. "생각해보세요. 신께서 우리를 돌봐주고 계십니다." 그 순간에는 그 논리가 그럴싸하게 보였다.

그들은 계속 남쪽으로, 아덴으로 향했다.

32
아덴에 어서 오세요

아덴에 접어들었을 때는 해가 뜨고 있었다. 도심으로 접근하는데, 남자 열 명이 손짓으로 트럭을 세우더니 그 주변을 둘러쌌다. 목타르는 그들이 인민위원회 소속일 거라고 생각했다. 2011년, 예멘의 다양한 지역에서 인민위원회가 발흥해 후티와 알카에다에 대항하여 영토를 방어했다. 보통 인민위원회는 위기시에만 잠깐씩 모이는 군대로, 지역 남성들이 모인 일종의 민병대였다.

이들은 무장을 하고 있었지만 복장은 민간인 복장이었다. 한 사람이 운전석에 총을 겨누었다. "내리시오."

목타르는 아흐마드와 사데크를 돌아보았다. "제가 얘기해보겠습니다." 그들은 트럭에서 내려섰다. 남자들이 몰려들어 한 사람 한 사람 몸수색을 했다. 트럭을 뒤지던 중 그들은 목타르의 총을 발견했다. 45구경 콜트 한 자루가 발견되었다는 소식은 그들을 흥분시켰고, 총은 빠르게 사라졌다.

목타르는 그들에게 자기가 아덴에서 출발하는 배를 타려 한다고, 함께 있는 두 사람은 운전기사라고 말했다. 이들이 인민위원회 소속이라면 미국인을 좋아할 거라 생각해 여권도 보여주었다. 미국은 표면상 그들의 동맹이었으니 말이다.

하지만 사태는 이미 그의 통제를 벗어나 있었다. 그가 말을 하는 와중에 남자들이 사데크의 억양을 듣고 그의 옷차림을 보았다.

"이 자식은 후티인데." 민병대 중 한 명이 말했다.

돌아보니 사데크에게는 이미 안대가 씌워져 있고 소총 한 자루가 그의 등을 겨누고 있었다. 목타르는 이 사람들에게, 후티와 싸워온 사람들, 후티에게 친구와 가족들을 이미 잃은 사람들에게 사데크는 후티가 아니라고 설득해야 했다. 하지만 사데크는 후티처럼 보이기 위해 할 수 있는 모든 것을 다한 듯한 모습이었다.

"이트크 알라, 이트크 알라," 목타르가 남자들에게 말했다. '신을 두려워하시오, 신을 두려워하시오'라는 의미였다. 그 말은, '진정하세요. 무슨 짓을 하는 건지 생각하십시오. 신이 지켜보고 있으며, 당신의 행위를 심판할 거요'라는 뜻이었다.

"이 사람은 저와 일행입니다. 그냥 운전기사예요. 후티가 아닙니다." 목타르가 말했다. 하지만 그는 사데크가 정말 누구인지 무슨 일을 하는지 모르고 있었다. 애초에 사데크는 왜 운전을 해주겠다고 동의했을까? 그가 실제로 후티라면 어느 정도 말이 되지 않는가? 아덴에 가려고 목타르를 이용한 건 아닐까?

"당신은 괜찮소." 남자들 중 한 명이 목타르에게 말했다. "가도 됩니다. 하지만 이 둘은 우리랑 같이 가야겠소."

목타르는 아흐마드와 사데크를 놓고 떠날 수 없다는 걸 알고 있었다. 이 남자들은 사데크를 죽일 것이다. 어쩌면 아흐마드까지도. 목타르는 민병대에게 두 사람을 어디로 데려갈 계획인지는 모르겠으나 자기도 같이 데려가야 할 거라고 말했다.

"그러시든지." 그들이 말했다.

아흐마드는 안대가 풀렸고, 차를 몰아도 좋다는 허락을 받았다. 인민위원회 사람 하나가 목타르와 사데크와 함께 짐칸 앞 좌석에 앉아 길을 안내해주기로 했다.

그들은 아덴의 좁은 거리를 통과한 끝에 인민위원회 본부로 개조된 학교 같은 공간에 도착했다. 스무 명 남짓한 사람들이 바깥 거리를 어슬렁거리고 있었다. 창문 안쪽으로 더 많은 사람들이 보였다. 대부분 AK-47을 소지하고 있었다.

목타르와 사데크, 아흐마드는 트럭에서 내리라는 지시를 받았다. 거리에 내려서면서 목타르는 사데크에게 조용히 있을 것을 요구했다. "얘기는 제가 하겠습니다." 그가 속삭였다.

그들은 일층의 어느 방으로 안내되었다. 벽에 임시로 만든 침대와 그 침대를 마주보고 있는 의자들이 일렬로 늘어서 있을 뿐 가구는 거의 없었다. 그들은 침대에 앉으라는 지시를 받았다. 찬물도 받았다. 예멘에서는 심지어 포로들에게조차 항상 환대의 법칙이 지켜졌다.

대장은 사십대 남자로, 폴로셔츠와 카키색 바지를 입고 샌들을 신고 있었다. 그는 목타르에게 여권을 요구했다. 침대에 앉은 목타르는 그 말에 따랐다. 대장은 다른 인민위원회 구성원 세 명이 앉아 있는 의자 앞에 서 있었다. 그는 엄청난 흥미를 보이며 여권 페이지들을 넘겼다.

"두바이에는 언제 갔었소?" 그가 물었다.

목타르는 이게 시험인지—어쨌든 도장에는 입국 날짜가 적혀 있었으니까—아니면 그저 이 남자가 도장의 작동 방식을 모르는 건지 확신할 수 없었다. 목타르는 최선을 다해 기억을 떠올렸다. "명품 커피 행사 때문에 갔었습니다." 그가 말했다.

"에티오피아에는?" 그 남자가 물었다.

목타르는 기억을 해보려 애썼다. 일 년 전이었다. 그는 날짜를 추측했고, 그러자 남자가 계속 말을 이었다.

"파리에는 언제 갔소?" 그가 물었다.

"기억이 안 납니다. 3월이었던 것 같네요." 목타르가 추측했다.

"외국에 갔는데 기억이 안 난다?" 남자가 물었다.

목타르는 이 남자에게 자기 여권이 불가능할 만큼 이국적으로 보이리라는 생각이 문득 들었다. 남자는 목타르를 에티오피아와 파리, 두바이로 자유롭게 여행을 다니면서도 자세한 내용은 기억하지 못하는 미국인이자 예멘인으로 보고 있었다.

"제 말 좀 들어보세요." 목타르게 말했다. "그 모든 날짜를 다 기억할 수는 없습니다. 이렇게 압박을 받는 상황에서는요." 그는 분홍색 폴로셔츠를 입은 남자에게 자기는 홍해 항구에서 배를 타려 한다고, 자기 여권에 도장으로 찍혀 있는 날짜들에 관한 질문을 받을 준비는 하지 않았다고 말했다. "저는 그냥 커피업계에서 일할 뿐입니다." 그가 말했다. "제 여행가방을 보세요. 그냥 커피 견본입니다. 저는 사람들을, 농부들을 도와주려는 겁니다." 그는 빠르게 말을 이었다. 그리고 인민위원회 사람들의 관심과 인내심을 보고서 어느 정도 안전하겠다고 느꼈다. 그는 살아 있어야만, 동료들을 살려야만 했다. 계속해서 말을 해야 했다.

"그냥 제 일을 하고 있었을 뿐입니다. 다들 그러시겠지만요. 그런데 그때 이 빌어먹을 후티 반군이 모든 걸 망쳐버린 겁니다."

그를 포로로 잡은 사람들의 표정이 변하는 게 보였다. 그들은 자세가 부드러워졌다. 틈새가 열리는 걸 느낀 목타르는 자기 자신에게조차 놀라운 일을 했다. 침대에서 일어나 방의 반대편으로, 취조자들이 앉아 있는 곳으로 가 그들과 함께 앉아서 아흐마드와 사데크를 돌아본 것이다.

"여러분은 여러분의 도시를, 여러분의 집을 지키려는 거지요." 그가 말을 이었다. "그런데 이 빌어먹을 후티가 쳐들어온 거고요. 그자들에게는 그럴 권리가 없습니다." 그는 아흐마드와 사데크를, 마치 두 사람으로부터 자신을 상징적으로 분리하고 인민위원회 편에 가담한 것처럼 바라보면서 계속 말을 이었다.

"저희는 아덴으로 오면 안 됐습니다. 위험하다는 걸 알고 있었어요." 목타르가 말했다. "저는 그냥 제 약혼자, 서머와 함께 있고 싶었습니다. 그냥 집에 가고 싶었어요."

그러는 내내 그는 아흐마드, 사데크와 태연하게 눈을 맞추었다. 그들이 자기 말을 끊거나 반박하지 않도록 하기 위해서였다. 목타르의 계획은, 지금까지는 성공적이었다. 사업을 설명하고 약혼자를 만들어냄으로써 상대방이 자신을 인간으로 여기게 만들었다. 이제는 아흐마드와 사데크에게도 같은 일을 해주어야 했다.

"그리고 여기 이 두 사람은 저를 도와줄 만큼 착한 사람들입니다. 수상해 보인다는 건 알겠습니다. 이쪽 사람은 산골 촌뜨기처럼 생겼죠." 그는 사데크를 가리키며 말했다. "하지만 그건 이 사람들이 아무 신경도 쓰지 않기 때문입니다. 이 사람들은 그냥 가공장에서, 제 커피 가공장에서 일하는 사람이고 저를 항구까지 데려다주기로 했습니다."

그건 사실에 가까웠다.

"저희는 여러분 편입니다." 목타르가 덧붙였다.

그 말로 긴장은 사라졌다. 목타르는 동료들이 죽지 않으리라는 걸 알았다.

그들은 밖으로 인도되었고, 목타르는 그제야 트럭 앞쪽, 그들이 밤 내내 아홉 시간 동안 타고 왔던 트럭에 **신은 위대하다. 미국에 죽음을**이라고 적힌 범퍼 스티커가 붙어 있다는 걸 알게 되었다. 이란 색채가 가미된 후티 반군의 슬로건이었다. 그들의 검문소에서 그냥 지나가게 보내준 것도 이상한 일은 아니었다.

목타르는 그들을 포로로 잡은 사람들도 이 스티커를 봤는지 알 수 없었다. 이미 봤다고 가정해야 했다. 그 스티커를 가리키는 것밖에는 별다른 수가 없었다. 목타르는 스티커를 가리키며 웃었다.

"보셨죠?" 그가 말했다. "저희는 저런 게 붙어 있는지도 몰랐습니다. 그렇게 검문소가 많은데 쉽게 통과한 것도 이상할 게 없다니까요."

인민위원회 사람들은 빙긋 웃었지만, 이제는 새로운 불편함이 솟아났다. 목타르가 잘못 생각했다. 그들은 범퍼 스티커를 보지 못했다. 이제 목타르와 그의 동료들에게는 의심스러운 요소들이 너무 많았다. 사데크의 옷, 목타르의 미국 여권과 커다란 텅 빈 트럭, 셋이서 밤새 차를 몰아가고 있었다는 사실, 다른 모두가 도망치고 있는데 아덴에 들어왔다는 점. 이제는 이 범퍼 스티커까지. 목타르는 쉴새없이 아첨을 해야 한다는 걸 알고 있었다.

"알라가 여러분 모두를 축복하시기를." 그가 트럭 쪽으로 움직이며 말했다. "여러분이 승리를 거두길 빌겠습니다. 진심입니다. 그리고 제 생각엔, 그러실 수 있을 거예요! 그러실 거라고 확신합니다. 여러분이 후티 쓰레기들을 이길 거라고 장담합니다."

그는 그들과 악수를 나누고 그들의 등을 두드리기 시작했다. 그는 미소를 짓고 웃으면서, 자기가 군부대를 순방중인 미국인 고위 관료라도 되는 것처럼 행세했다. 그는 몇 차례 더 그들에게 감사 인사를 전했고, 어쩐 일인지 이 작전이 통했다. 그들은 풀려났다. 이십 분 전에는 AK-47 열 자루가 가슴과 머리를 겨누고 있었는데 이제 그 사람들과 친구가 되었고 자유롭게 떠날 수 있었다. 맘에 걸리는 한 가지는 인민위원회 사람들이 목타르의 45구경 콜트를 가져갔다는 것뿐이었다.

그건 잊어, 목타르가 스스로를 타일렀다.

그들은 트럭에 올랐고, 바로 그때 검은색 SUV가 로터리에 들어왔다. 니캅을 쓴 나이든 여자가 뛰어내려 강한 브루클린 억양으로 목타르를 맞이했다. "왔네!" 그녀가 소리쳤다.

서머의 엄마였다. 그녀는 목타르를 보자, 그가 안전한 것을 보자 기뻐했다. 그녀는 손짓을 하며 사방으로 두 손을 휘저었다. 서머도 SUV에 타고 있다고 생각한 목타르는 SUV 뒤쪽의 열린 창문 두 곳 중 한 곳으로 다가갔다. 마찬가지로 니캅을 쓴 젊은 여인이 있었다.

"폐가 많습니다." 그가 말했다.

"전 서머가 아니에요." 그 여성이 말했다.

"전 여기 있어요." 다른 목소리가 말했다.

목타르는 자동차 반대편으로 갔다. 니캅 안에서 내다보는 또다른 눈 한 쌍이 있었다. "저예요." 그녀가 말했다. 그녀는 목타르를 기다리는 동안 그리스 배가 떠나버렸다고 말했다. 그녀는 다른 배들이, 다른 기회가 있을 거라고 기대하고 있었다.

목타르는 포로가 됐다가 풀려난 이야기를 빠르게 전했다. 이야기를 듣다가 그들은 인민위원회에서 목타르의 45구경 콜트를 가져갔다는 사실을 알게 되었다. 그리고 이야기의 다른 어떤 부분보다도 바로 이 부분이 서머 어머니의 관심을 끌었다.

"총을 가져갔다고?" 그녀가 말했다. 그녀는 격분했다. 브루클린의 놀이터에서 어떤 애들이 자기 아들의 농구공을 가져갔을 때와 똑같은 말투였다. "되찾아야지." 그녀가 말했다.

먼지구름이 몰려왔다. 흰색 몬테로가 멈춰 서더니 한 사람이 뛰어나왔다. "무슨 일입니까?" 키가 크고 잘 차려입은 그는 왠지 중요한 사람처럼 보였다.

서머의 어머니가 말을 이어받았다. 그녀는 목타르가 인민위원회에게 강도질을 당했다고, 억류당했을 뿐 아니라 권총도 도둑맞았다고 말했다. 목타르가 미국에서 아주 중요한 사람이라고도 얘기했다. 그는 부자이고 팔만 명을 고용하고 있다고 말이다. 게다가 자기 딸의 약혼자라고도 했다.

목타르는 장단을 맞추는 것밖에 선택의 여지가 없었다. 그녀의 말에 반박하는 건 불가능했다. 그는 서머에게 도와달라는 눈길을 보냈다. 어머니가 수위를 좀 낮추도록 해줄 수 없을까요? 서머의 눈은 엄마 방해하지 마요, 라고 말하고 있었다.

새로 온 이 남자의 이름도 목타르였다. 그는 서머의 어머니와 분노를 나누었다. 그러더니 이 모든 문제를 자기가 해결해주겠다고 약속했다. 목타르의 총을 되찾아주겠다는 거였다.

총성이 하늘을 갈랐다.

"저격수로군." 다른 목타르가 말했다. 그는 주변 지붕 위를 가리켰다. 오층 혹은 육층짜리 건물들 중 어딘가에서 후티 저격수들이 인민위원회 군인들을 겨냥하고 있었다.

"더 안전한 곳으로 가죠." 다른 목타르가 말했다. "저한테 호텔이 있습니다. 따라오세요. 거기서 전화를 걸죠. 제가 총을 찾아드리겠습니다."

서머의 자동차는 집으로, 아덴에 있는 그녀의 가족에게로 갈 것이었다. 그녀는 나중에 목타르에게 전화를 하겠다고 말했다. 목타르는 다시 사과했고, 자동차 세 대는 로터리를 떠났다. 목타르와 아흐마드, 사데크는 다른 목타르를 따라갔다. 아흐마드와 사데크가 목타르를 쳐다보았다. 그들은 떠날 기회가 있었는데도 총을 되찾겠다며 다시 아덴 중심부로 향하고 있었다. 어리석은 일처럼 보였다.

33
다른 목타르

다른 목타르를 따라 아덴을 가로지르면서 목타르도 이 계획이 의심스러워지기 시작했다. 정말 그 총이 필요한 걸까? 그 총은 할아버지가 준 것이었고, 그 이유만으로도 총을 되찾을 이유는 충분했다. 하지만 그들은 후티에게 점령당하기 일보직전인 도시 한복판에 있었다. 도시가 포위되기까지 몇 시간이 남은 걸까?

"그냥 돌아가야겠습니다." 목타르가 말했다.

"사나로 돌아간다고요?" 사데크가 물었다. "그러려면 확실히 총이 필요하겠네요."

목타르도 이 문제를 생각해보았다. 북쪽으로 가는 길에는 검문소 스무 곳이 있었다. 총이 필요할지도 몰랐다. 다른 목타르가 얼른 정의를 실현해주겠다고 약속했다.

그들은 다른 목타르를 따라 그의 호텔로 갔다. 그들이 로비로 들어설 때, 거리는 텅 비어 있었다. 호텔 안은 경호원 네 사람이 AK-47을 들고 있다는 점만 제외하면 안락하고 심지어 사치스러워 보이기까지 했다. 로비는 넓고 깨끗했다. 그들은 얼마 후면 확실히 교전지대가 될 지역 한복판에 펼쳐진 상대적인 화려함에 이상한 기분을 느끼며 반짝이는 대리석 바닥을 가로질렀다. (실제로 다음날에 호텔이 박격포를 맞았다.)

사데크는 속이 빵빵하게 들어가 있는 검은색 가죽소파에 몸을 던지더니, 커다란 TV 화면에 나오는 이집트 영화로 관심을 돌렸다. 다른 목타르는 프런트 뒤로 사라졌다가 열쇠를 가지고 돌아왔다. "들어가세요. 샤워도 하고 쉬십시오." 그가 말했다. 그러는 동안 자기는 전화를 몇 통 걸어 총 문제를 해결하겠다고 했다.

목타르와 사데크, 아흐마드는 어느새 엘리베이터를 타고 위쪽에서는 귀에 거슬리는 음악이 떠도는 가운데 303호실로 올라가고 있었다.

문을 열어보니 더블베드 두 개가 있는 깨끗한 방이 나왔다.

"샤워 좀 하겠습니다." 사데크가 말했다. 아흐마드가 그다음으로 샤워를 했다. 마치 그들 모두가 휴가차 여행을 온 것이고 밤 외출을 준비하는 중인 듯했다. 목타르는 너무 긴장이 되어 샤워를 할 수도, 옷을 갈아입을 수도 없었다. 그는 침대 위에 앉아 창밖을 바라보며 방안을 어슬렁거렸다. 그리스 배는 정말 떠나버린 걸까? 그는 궁금했다. 서머는 그 문제에 대해 별로 염려하지 않는 것 같았다. 그녀는 다른 배가 있을 거라고 장담했다.

그때 문을 노크하는 소리에 깜짝 놀랐다. 문을 열어보니 웨이터가 망고주스와 쿠키를 들고 있었다.

"목타르님이 보내신 선물입니다." 웨이터가 말했다.

열한 시간 전 사나를 떠난 이래 그들이 먹는 유일한 음식이었다. 이 선물은 어딘가 편안하게, 심지어 달래주는 듯 느껴졌다. 일행과 함께 간식을 게걸스레 먹어치운 목타르는 갑자기 긴장이 풀리고 아주 피곤해졌다. 그는 이런 상황에서 낮잠을 자는 게 무분별한 일이라는 걸 알고 있었지만 침대에 누웠고 몇 초 안에 잠들었다.

그는 사십오 분 후에 깨어났다. 그는 아흐마드와 사데크에게 다른 목타르한테서 들은 얘기가 없는지 물었다. 없다고 했다. 낮잠을 자고 기운을 차린 목타르는 아덴에서 나가기로 결심했다. 총이야 나중에 보내라고 하면 된다고 생각했다. 그는 다른 목타르에게 전화를 걸어 떠날 계획이라고 말했다.

"아뇨, 아닙니다." 다른 목타르가 말했다. "제가 총을 찾아오겠습니다. 한 시간만 주세요. 점심식사를 하시고 저한테 전화를 주십시오."

몇 주, 몇 달이 흐른 후에 목타르는 공격을 받고 있는 도시 한복판에서 점심을 먹으러 나선다는 게 왜 좋은 생각처럼 느껴졌는지 정확히 설명하기가 어려웠다. 하지만 그들은 트럭에 올라 도시를 가로지르며 식당을 찾다가, 아무것도 발견하지 못하자 차를 세우고 길가에 있는 남자에게 점심을 먹을 만한 곳이 어딘지 물었다.

사데크가 질문을 던졌는데, 실수였다. 그 남자가 사데크의 억양을 듣고 즉시 태도를 바꾼 것이다.

"당신 후티야?" 그가 물었다.

목타르는 정통 아랍어를 써서 최선을 다해 사태를 바로잡으려 해보았다. 자신들은 아덴을 편집증에 걸린 무저갱으로 던져버린 휴면 세포조직의 일원이 아니라고 설득했다. 그들은 트럭을 돌려 호텔로 돌아갔다. 그는 다시 다른 목타르에게 전화했다.

"아직 총 못 찾으셨나요?" 그가 물었다.

다른 목타르는 아직 총을 찾지 못했다. 상황이 엉망진창이라고 했다. 인민위원회는 효율적인 정보 흐름을 갖춘 체계적인 조직과는 전혀 달랐다. 그는 누구에게서도 확답을 듣지 못하고 있었다.

"하지만 곧 보내드리겠습니다." 그가 말했다. "반드시 받아서 사나로 보내드리겠습니다."

목타르는 그러면 좋겠다고 말하며, 이제 총은 완전히 포기해야 겠다고 생각했다. 그는 다른 목타르에게 도시에서 나가는 가장 좋은 방법을 물었다. 다른 목타르가 도와줄지, 최소한 안전한 통행이라도 보장해줄지 알고 싶었다. 그는 길에서 보았던, 그들을 수상하게 보던 남자 이야기를 했다. 물론 애초에 그들을 맞이해준 사람들도 무장을 하고 있긴 했다.

"문제없습니다." 다른 목타르가 말했다. "제 전화번호 가지고 계시죠? 그냥 저를 안다고만 말하세요. 괜찮으실 겁니다."

34
깨끗한 칼날로 빠른 죽음을

그들은 시간 내에 그리스 배를 타는 데 실패했다. 그리스 배가 있었다면 말이다. 그리고 이제는 방향을 돌려, 똑같이 아홉 시간 동안 차를 몰아 북쪽으로 가야 했다. 그동안 후티 반군은 남쪽으로 진군했다. 하지만 적어도 그들은 아덴에서 안전하게 빠져나올 수 있었다. 다른 목타르가 대부분의 검문소를 피할 수 있는 특별한 길을 알려주었다. 그들은 몇 분이면 고속도로에 오르게 될 터였다. 아덴 바깥의 도로는 후티가 장악하고 있었는데, 그들의 범퍼 스티커가 사나까지 가는 길의 검문소들을 효율적으로 통과하게 해줄 터였다.

그들은 차를 타고 호텔에서 세 블록을 지나 첫번째 검문소와 마주쳤다. 그들은 멈춰 섰고, 목타르는 고개를 내밀고 상황을 설명했다. 그 검문소에서는 그들을 그냥 통과시켰다. 쉽네, 라고 그는 생각했다. 그는 다시 좌석에 자리를 잡고 이브를 생각했다. 그들은 이브에 들러 잘 챙겨먹고 휴식을 취할 것이다. 고모가 그들에게 잔칫상을 차려줄 터였다. 사데크와 아흐마드는 그런 대접을 받을 자격이 있었다.

아흐마드가 다시 멈추었다. 또다른 검문소였다. 전원 AK-47을 들고 있는 무리가 트럭 주변에 모여들었다.

"씨발, 어디 가나?" 한 남자가 물었다.

목타르가 이야기를 맡았다. 그는 커피에 대해, 서머에 대해, 그리스 배에 대해, 다른 목타르에 대해 설명했다.

남자들은 회의적이었다. 사데크가 목타르를 쳐다보았다. 눈에 걱정이 가득했다.

마침내 한 남자가 군중을 가르며 다가왔다. 그는 민소매 셔츠와 긴 사롱을 입고 샌들을 신고 있었다. "이 사람들은 괜찮아." 그가 말했다. 그는 이십대 후반이었고 주변 인민위원회 사람들보다 대체로 나이가 어렸지만 그들 사이에서 비범한 무게감을 발휘하는 듯했다. 그는 목타르를 똑바로 쳐다보았고, 신뢰 비슷한 무언가가 둘 사이에 흘렀다. "인상이 선하시네요." 민소매가 말했다. "좋은 사람의 기운이 풍깁니다. 보내줘."

사람들은 트럭에서 물러났고 아흐마드는 속도를 올려 떠났다.

방금 일어난 일을 곰곰이 생각해볼 여유는 없었다. 검문소에는 정해진 형식이 없었다. 검문소마다 일어나는 일은 항상 달랐고 전적으로 주관적이었다. 검문소 사람들은 목타르와 그의 동료들을 뭐라고도 생각할 수 있었다. 후티라고도, 동맹군이라고도, 위험하거나 위험하지 않다고도 여길 수 있었다. 매번 상황은 유동적이었고 대단히 변덕스러웠다. 아덴은 포위되었으며 그런 상황에서는 누가 살해당한다 해도 별로 유감스러운 일이 아니었다.

아흐마드는 계속 차를 몰았다. 해변까지만 가면 괜찮을 터였다. 다른 검문소가 그들을 멈춰 세웠지만 빠른 대화로 지나갈 수 있었다. 다른 블록, 다른 검문소. 몇 차례인가 목타르는 고개를 내밀고 다른 목타르 얘기를 했지만, 그와 이야기를 나눈 사람 중 누구도 다른 목타르가 누군지 모르는 듯했다. 그렇지만 그들은 검문소 다섯 곳을 통과했고, 저 앞에 푸른 바다가 힐끗 보였다.

"거의 다 왔네요." 목타르가 말했다. 하늘은 탁 트여 있었고 날씨는 햇볕이 쨍쨍하고 맑았다. 목타르는 양고기와 소고기, 고모가 내어줄 진수성찬이 눈에 선했다. 그는 사데크와 아흐마드에게 하무드의 육층 발코니 풍경을 보여줄 생각이었다. 거기서는 이브 전체가, 사방 어디로든 160킬로미터가 보였다. 그들은 충분히 쉴 수 있을 만큼 그곳에 머물 생각이었다. 며칠이라도 묵을 수 있었다.

"제기랄." 사데크가 말했다. "보세요."

또다른 검문소였다. 이번 검문소는 알부라아이쿼라는, 가루처럼 곱고 흰 모래로 잘 알려진 아름다운 해변의 해안도로에 있었다. 아흐마드는 속도를 늦추다가 멈춰 섰다. 열다섯 사람이 트럭을 둘러쌌다.

"내려." 그중 한 명이 말했다. 깨끗하게 면도한 얼굴이 삼십대로 보였고 바람막이와 운동복 바지를 입고 있었다. 이마에는 가느다란 검은색 반다나를 둘렀다. 목타르는 어쩔 수 없이 '베스트 키드'

가 떠올랐다.

아흐마드가 머리 위로 두 손을 높이 들고 내렸다. 사데크가 뒤따랐다. 목타르는 트럭 운전석에서 밝은 햇살 아래로 기어나왔다.

'베스트 키드'가 어디로 가느냐고 묻자 목타르가 설명했다. 그는 미국 여권을 보여주었다. '베스트 키드'는 깊은 인상을 받은 듯했다. 그와 다른 남자들 사이에 이야기가 오갔고, '베스트 키드'는 침착한 얼굴로 돌아와 이렇게 말했다. "걱정 마쇼. 당신은 내 지휘하에 있소."

목타르는 속으로 미소를 지었다. '베스트 키드'는 어디서 그런 말을 알게 된 걸까? 당신은 내 지휘하에 있소, 라니? 이 모든 사람들이 군인 놀이를 하고 있었다. 자신들을 너무 진지하게 생각했다. '베스트 키드'는 목타르의 어깨에 손을 얹었다.

"괜찮소." 그는 심각한 얼굴로 말했다. "당신은 미국인이니까. 걱정할 필요 없소. 하지만 이들 둘은…… 이 둘은 남겨놓고 가기를 권고합니다."

"그럴 수 없습니다." 목타르가 말했다.

"이 둘은 경찰서로 데려가 몇 가지 질문을 해야 합니다. 당신은 여기 있으면 되고."

"그런 다음에는 두 사람을 다시 데려올 건가요?"

"그럴 거요." '베스트 키드'가 말했다.

이 검문소 사람들의 질서정연한 태도에 깃든 무언가에, '베스트 키드'의 온화하고 사무적인 품행에 깃든 무언가에 목타르와 사데크, 아흐마드는 긴장을 풀었다. '베스트 키드'는 사데크와 아흐마드를 경찰서로 데려가겠다고 침착하게 말했고, 그의 동료들이 두 사람에게 안대를 씌워 흰색 하이럭스 뒷자리에 침착하게 태웠다. 목타르는 이 모든 일의 일상성에, 그들 모두가 일을 처리하는 태연하고도 효율적인 방식에 최면이 걸려 이것을 단순한 관료주의적 절차라고, 걱정할 건 아무것도 없다고 생각했다. 그는 하라는 대로 했다. 다른 말로 하면, 긴장을 풀었다. 겨우 한 시간이면 될 테니 문제될 건 없었다.

목타르는 도로에서 벗어나 해변의 흰 모래사장으로 걸어가 앉았다. 소수의 인민위원회 사람들이 그와 같이 앉아 함께 아덴만을 내다보았다. 몇 킬로미터 떨어진 곳에 미국 전함 세 척이 선명하게 보였다. 목타르는 미국 정부가 그냥 시민들을 대피시켜주었더라면 얼마나 쉬웠을까 하는 생각을 했다. 바로 저기에, 배가 세 척 있잖아. 세상에.

그래도 해변은 아름다웠다. 목타르와 그의 간수들을 제외하면 텅 비어 있었다. 목타르는 신발을 벗고 두 발을 하얗고 고운 모래에 묻었다. 촉감이 재 같았다. 그는 두 손으로 모래를 쓸어보며 얼굴을 들어 하늘을 보았다. 군인들이 목타르의 사업에 관해서 물었고, 어느새 목타르는 그들에게 핸드폰 사진—하이마, 부라, 하자, 바니 마타르, 이브, 우트만의 사진—을 보여주고 있었다. 전부 산속 계단식 밭과 고산지역 농업의 경이로움을 찍은 사진들이었다.

"그게 예멘이란 말입니까?" 젊은 군인 한 명이 물었다. 그는 한 번도 아덴을 떠나본 적이 없었다. 예멘 어디에 그런 풍경이 있는지 전혀 모르고 있었다.

목타르는 그렇다고, 예멘이라고, 이 모든 게 예멘이고 아덴 말고도, 사나 말고도 이 나라에는 아주 많은 것들이 있다고 말했다. 목타르가 손가락으로 화면을 왼쪽, 오른쪽으로 가리켜대며 건조대와 붉은 열매, 선명한 초록색 잎사귀, 농부들의 그을린 얼굴, 그들의 아이들을 보여주자 더 많은 사람들이 주변에 모여들었다.

좀전 군인보다 더 어린 다른 남자가 같은 질문을 했다. "그게 진짜 예멘입니까?"

다가오는 차량의 굉음에 그들은 몽상에서 후다닥 깨어났다. 흰색 하이럭스가 고속도로를 가로질러 방향을 틀더니, 짐칸에서 덩치 큰 남자가 뛰어내렸다. 그는 즉시 목타르에게 총을 겨누었다.

"이리 와!" 그가 소리쳤다.

그는 운동복에 가죽재킷을 걸치고 있었다. 대부분 무장한 다른 남자 다섯 명은 트럭 뒷자리에 남았다.

분위기가 너무 빠르고 격하게 바뀌는 바람에 목타르는 벌떡 일어나 도로에 서 있는 남자를 향해 서둘러 갔다. 샌들은 해변에 그대로 놔둔 채였다.

"우리랑 함께 간다. 트럭에 타도록." 가죽재킷을 입은 남자가 말했다.

목타르는 트럭 짐칸에 빈 공간이 전혀 보이지 않았으므로 짐칸 앞 좌석으로 갔다. 그때까지는 모든 것이 우호적으로 보였기에 그가 짐칸 앞 좌석에 앉는 것도 새로 사귄 이 친구들 사이에서는 대단히 논리적이고 어울리는 일로 보였다.

"아니!" 가죽재킷을 입은 남자가 소리쳤다. "뒤에 타!"

목타르는 트럭 짐칸으로 향했다. 다른 남자가 그를 붙잡더니, 등 뒤로 두 손을 돌려 묶기 시작했다. 소재는 부드러웠다. 셔츠에서 찢어낸 기다란 천인 것 같았다. 목타르는 해변에서 샌들을 가져오고 싶었지만 너무 늦었다는 걸 깨달았다. 무슨 일이 일어날지는 몰라도 목타르는 맨발로 그 일을 마주해야 했다.

이제 그에게 안대가 채워졌다. 서둘러 두르느라 오른쪽 눈으로는 계속 천 아랫부분이, 눈앞의 바닥이 조금 보였다.

그는 사람들의 도움을 받아 트럭 짐칸에 오른 뒤 바퀴집에 앉았다. 몇 초 후 그들은 다시 도로에 올라 있었다. 바람이 세차게 스쳐지나갔고 공기의 밀도가 높아졌다. 그들은 도시를 향해 가고 있었다.

"넌 빌어먹을 후티다." 가죽재킷이 바람 너머로 소리쳤다. 그는 목타르와 함께 트럭 짐칸에 타고 있었다.

"전 후티가 아닙니다." 목타르가 말했다. 그는 냉정을 유지하려고, 최선을 다해 정통 아랍어로 말하려고 애썼다. 상대방이 북부 억양의 흔적을 찾아 귀를 곤두세우고 있을 게 뻔했다.

"우린 널 죽일 계획이다." 가죽재킷이 말했다.

이번에도 목타르는 차분함과 현명함을 유지하려고, 중립적인 사람, 행인, 자기 것도 아닌 싸움에 휘말린 이 세상의 교양 있는 시민이라는 분위기를 풍기려고 애썼다. "양심을 걸고 정말 이런 일을 저지르고 싶습니까?" 그가 물었다.

"양심을 걸고 죽인 사람은 충분히 많지." 가죽재킷이 말했다. "오늘도 벌써 네놈들 둘을 죽였다."

이제 목타르는 죽을지도 모른다는 생각이 들었다. 다른 모든 인민위원회 사람들은 평범한 남자들과 청소년들, 아덴을 방어하기 위해 어쩔 수 없이 무기를 든 중년의 은행 지점장들이었다. 하지만 이 남자는 깡패, 기회주의자, 어쩌면 미친 사람일지도 몰랐다. 목타르를 후티라고 생각하든 말든, 그는 실제로 목타르를 죽일 수 있었다.

트럭은 도시를 통과하며 급하게 방향을 틀어댔다. 목타르는 경유 냄새를 맡고 높은 건물들의 그림자를 느끼면서 어떻게 죽게 될지 생각에 잠겼다. 총을 쏠 것인가? 그는 납으로 된 총알이 두개골을 관통할 때 생길 화상을 떠올렸다. 오클랜드 경찰 출신인 삼촌 라피크가 눈썹과 콧등 사이에 한 지점이 있다고 했던 말이 생각났다. 거기에 총알을 박으면 스위치를 내리는 것과 다름없다고, 삼촌이 말했었다. 고통이 없다고. 그냥 끝이라고.

목타르는 총은 맞고 싶지 않았다. 목을 긋는 칼이 더 낫겠다는 생각이 들었다. 트럭에 탄 남자들은 모두 마체테를 가지고 있었다. 그는 가죽재킷을 입은 남자에게 이 부탁을 들어달라고 요구하는 생각을 해보았다. 깨끗한 칼날로 빠른 죽음을. 그건 이슬람교도들이 할랄 고기를 만들 때 동물들을 도축하는 방법이었다. 포유류에게는 그것이 빠르고 인도적인 죽음이었다. 그는 자신의 장례식을 그려보았다. 샌프란시스코 시장이 그에게 헌사를 바치는 모습을 떠올렸다. 오바마 대통령이 뭔가 말할지도 모른다고, 그는 생각했다. 최소한 메시지 하나는 보내주겠지. 목타르 알칸살리는 자기가 사랑하는 일을 하다가 죽었습니다. 그게 올바르게 죽는 방법일까? 그는 부모님을, 형제들을 생각했다. 빌럼과 조디, 말리, 스티븐을 떠올렸다. 그의 죽음은 영감의 원천이 될지도 몰랐다. 그는 순교자가 될 것이다. 커피의 순교자? 그는 잘살아왔다. 최소한 몇 년 동안은 잘살아왔다. 그는 트레저 아일랜드를 생각했다. 인피니티도. 커피 마시는 남자의 조각상도. 아니, 그의 이야기는 좋은 이야기가 아니었다. 누구에게든 별 의미가 있을 만한 얘기가 아니었다. 결말이 없는 얘기였으니까.

그는 리치그로브의 가게에 있는 할머니를 떠올렸다. 하무드 할아버지와 고모가 이브에서 진수성찬을 준비하는 모습이 눈에 선했다. 그 많은 음식은 누가 다 먹지? 그는 궁금했다.

그는 아주 젊은 나이에 죽게 될 터였다. 이 사실을 깨닫고 그는 충격을 받았다. 스물다섯은 아주 젊은 나이였다. 그는 미리엄을 생각했다. 저스틴을. 제러미를. 줄리아노를. 그들은 계속해서 살아나갈 것이다. 죽은 친구의 짐을 떠안은 채로.

트럭은 도시를 빠르게 가로지르며 나아갔다. 목타르는 뭐든 해본다고 손해가 될 건 없을 거라 생각했다. 그는 남자들에게 자기 사연을 이야기할 생각이었다. 그에게 다른 건 아무것도 없었다.

"제 이야기 한번 들어보시겠습니까?" 그는 가죽재킷을 입은 남자에게 물었다.

가죽재킷을 입은 남자는 코웃음을 쳤다. "확실히 외워놨나?"

"인살라*, 그럼요." 목타르가 말했다.

트럭에 탄 남자들이 웃었다.

목타르는 하이마와 부라의 커피 노동자들의 사연과 자기가 그들을 조직하게 된 이야기, 예멘 커피가 세계 최고 중 하나라는 걸 증명하기 위해 그들의 방식을 개선해주려 애쓴 이야기를 하나로 엮어나갔다. 지구 전체의 사람들이 커피를 마시지만, 커피가 탄생한 곳은 여기라고 말했다. 이 점을 자랑스러워해야 한다고. 세계가 이 사실을 알아야 한다고. 우리에게는 커피를 위대하게 만들 기회가 있다고. 세상을 향해 예멘에는 내전과 드론과 카트보다 많은 것이 있다는 걸 보여줄 기회가 있다고 말이다.

그가 말을 마쳤을 때는 그 누구도 말이 없었다. 목타르는 가죽재킷을 입은 남자든 다른 누구든 자신의 이야기를 들은 것인지 확신이 서지 않았다. 바람이 울부짖는 가운데 파손된 도로를 따라 굉음을 내며 속도를 내던 트럭이 갑자기 멈춰 섰다.

---

* 아랍어로 '신이 원하신다면' '별일 없다면'.

35
부드러운 손길

트럭이 멈췄다. 사람들이 뛰어내리자 트럭이 좌우로 흔들렸다. 누군가, 부드러운 손길이 그의 팔 아래를 잡았다.

"여긴 조심하십시오." 남자의 목소리가 말했다. 친절한 목소리, 그를 도와주는 팔처럼 부드러운 목소리였다. "내려서십시오."

목타르는 거리에 내려섰다.

"바로 이쪽입니다." 부드러운 목소리가 말했다.

목타르는 자기가 죽지 않았으며, 죽지 않을지도 모른다는 걸 깨달았다. 이 새로운 목소리는, 이 부드러운 새 목소리는 누구일까? 이 남자가 그를 부드럽게 죽음으로 이끌 가능성도 있을까? 가죽재킷을 입은 남자는 어디에 있나?

"계단을 올라갑니다." 부드러운 목소리가 말했다. 목타르는 계단으로 한 층을 올라가, 복도를 따라 문을 넘어서까지 안내되었다.

안대를 착용하고 있는데도 빛의 변화가 느껴졌다. 그는 어두운 공간에 있었고, 퀴퀴한 냄새가 덮쳐오자 움찔했다. 공기는 텁텁했다. 인간의 땀으로, 씻지 않은 남자들의 악취와 썩은 오줌이며 대변 냄새로 축축했다.

안대가 벗겨지자 목타르는 주위를 둘러보았다. 그는 더러운 남자들로 가득한 작은 방에 있었다. 철창으로 된 문이 등뒤에서 닫혔다. 이곳은 경찰서 내의 감옥이었다.

그는 아흐마드를 보았다. 그가 목타르에게로 달려왔다.

"사데크는요?" 목타르가 물었지만, 그때 사데크도 그곳에, 아흐마드 바로 뒤에 있는 게 보였다.

"전 계속 같이 있었습니다." 사데크가 말했다. 그도 목타르와 트럭에 타고 있었다.

목타르는 돈이 있는지 확인하려고 허리띠 위쪽을 더듬어보았다. 아직 있었다. 이 모든 일이 벌어지는 가운데 아무도 그의 몸수색을 하지 않았다. 만일 몸수색을 했더라면 당연히 그 돈을 찾았을 것이다. 그는 아직도 배에 묶어둔 4000달러를 가지고 있었다.

감방에는 열 명이 더 있었는데, 모두가 누더기 차림이었다. 한 남자는 인간의 오물로 뒤덮인 채 시멘트 바닥에 잠들어 있었다. 사람들이 사방에 배설을 해놓았다. 목타르는 숨을 쉴 수가 없었다. 냄새에 숨이 막힐 듯했고 눈에 눈물이 고였다.

"여긴 어딥니까?" 그가 아흐마드에게 속삭였다.

"감옥이에요." 아흐마드가 말했다.

벽 높은 곳에 철창이 달린 창문이 하나 있었다.

대부분의 남자들은 이미 오래전에 맛이 간 듯했다. 악몽에나 나올 법한 정신병자 수용시설의 환자들이었을지도 모른다. 목타르는 텐더로인의 거리에서 본 사람들을 떠올렸다. 한쪽 구석에서 한 남자가 사롱을 들어올리더니 쭈그려앉았다. 오줌 웅덩이가 그의 주변으로 번지며, 개울이 목타르의 맨발을 향해 흘러왔다. 그는 뒤로 물러나다가 하마터면 다른 수용자에게 부딪칠 뻔했다. 그는 그 사람에게 얼마나 여기에 있었는지 물어보았다. 목타르는 누더기 같은 그의 모습을 보고 남자가 몇 달은 있었다고 대답할 거라 생각했지만 그 남자는 "나흘"이라고 답했다.

나흘 후면 우리도 저렇게 될까? 목타르는 생각했다. 나흘 전에는 이 사람도 정상인이었을까? 아니, 그는 생각했다. 그들은 쓰레기나 다름없는 옷을 입고 혼자 웅얼거리고 있었다. 인민위원회에서 전투 중 그들을 거리에서 치워 이리로 옮겨놓은 것이라고 그는 짐작했다. 그래야만 설명이 됐다. 인민위원회에서 안전을 이유로 이 마을의 정신병자들을—보통 거리에 나와 있는 사람들을 모두—모아서 여기에 넣어둔 것이다.

"네 할머니를 강간해주마!" 쉰 목소리가 고함쳤다. 나이든, 맨발로 침을 흘리는 남자였다. 그는 이어지는 한 시간 내내 비슷한 감정을 담아 소리를 질러댔다.

목타르는 뒤쪽 벽 앞의 공간을 찾아 기대고 섰다. 아흐마드가 다가왔다. "못 견디겠어요." 그가 말했다. 두 눈은 절망적이었다.

"편하게 마음먹어요." 목타르가 말했다. "우리가 할 수 있는 일은 아무것도 없습니다. 적어도 이 안에 있으면 안전하겠죠."

하지만 아흐마드는 나가고 싶어했다.

"네 할머니를 강간해주마!" 늙은 남자가 다시 소리쳤다.

목타르는 감방 문으로 가까이 다가갔다.

그는 두 간수가 모카항에 대해 이야기하는 소리를 엿들었다. 듣
자하니 간수 중 한 명은 지부티에 가족이 있었고, 모카에서 지부
티로 양파와 소떼를 운반하며 두 해변 사이를 오가는 배들이 여전
히 있는 듯했다.

"네 어머니를 강간해주마. 네 누이를 강간해주마!"

"간수!" 아흐마드가 소리쳤다. 미친 사람도 목소리가 컸지만 아
흐마드가 더 컸다. 그는 자제력을 잃어가고 있었다. "간수! 간수!
제발! 제발!"

수감자 중 비교적 깨끗한 한 명이 목타르에게 다가왔다.

"아마르를 만났소?" 그 남자가 말했다. 그리고 가죽재킷을 입은
남자를 묘사했다. "살아 있는 게 행운이오. 저기 저 피 보이시오?"
그가 어두운 구석을 가리켰다. "저기가 그자가 두 사람을 참수한
곳이오."

목타르는 보고 싶지 않았다. 이 감옥의 미치광이들 중에서 가장
제정신으로 보이는 이 남자의 말을 믿어야 할지도 분명치 않았다.

"간수!" 아흐마드가 다시 소리쳤다.

목타르와 사데크는 아흐마드를 진정시키려 했지만 소용없었다.
아흐마드는 정신을 붙들지 못했다. "간수! 간수! 간수!" 그가 울부
짖었다.

"진정해요." 목타르가 말했다. "창문으로 가요. 바깥 공기 좀 쐬

어요."

아흐마드는 계속 고함을 질렀다. "간수! 간수!"

"멍청아! 너 때문에 우리 다 죽겠어!" 사데크가 씩씩거렸다.

결국 젊은 간수가 문으로 다가왔다. 아흐마드는 간수에게로 달려가더니 철창 사이로 손을 내밀어 그의 두 무릎을 잡았다. 아흐마드는 그 무릎에 입을 맞추려 최선을 다했다. 예멘에서는 그게 전통적으로 간청하는 몸짓이었다.

관료처럼 보이는 다른 사람, 턱수염이 긴 나이든 남자가 간수 뒤에 나타났다. 그는 사롱과 폴로셔츠를 입고 있었다. 지역에서 상당히 중요한 인물처럼 보였다. 경찰서로 이송된 이후 그들이 본 가장 높은 계급의 관료 같았다.

목타르는 그에게로 갔다. 그런 종류의 턱수염은 거의 확실히 이 사람이 독실한 신자라는 표시였다. 그러면 목타르가 젊은 시절에 받았던 학교 교육을 제대로 알아볼지도 몰랐다.

"선생님." 목타르가 말했다. "착오가 있었던 것 같습니다. 저희는 이 사람들과 같지 않습니다. 저는 학생입니다. 마드라사*에서 일 년을 공부했습니다." 목타르는 마드라사에서 보낸 한 해를 극히 싫어했지만, 지금은 그때의 교육이 제 몫을 해주기를 바랐다.

"어디 출신인가?" 그 남자가 물었다.

"이브입니다." 목타르가 말했다. "선생님의 학생들과 같이 공부했습니다."

---

* 이슬람교 사원의 부속 고등학교.

남자는 관심이 생기는 듯했다. 목타르는 쿠란의 구절들을 정통 아랍어로 암송했다. 특히 자비와 환대, 수감자의 처자에 관한 구절들을 선택했다.

턱수염을 기른 남자가 간수에게 돌아섰다. "이자들은 여기 있을 사람들이 아니다. 문 열어."

아흐마드는 일어섰다. 사데크가 문으로 다가갔다. 간수가 문을 열었고, 턱수염을 기른 남자가 그들을 위층으로 인도했다. 간수 한 명이 그들을 뒤따랐고, 마침내 그들은 작은 사무실에 도착했다. 책상이 하나 있었지만 다른 건 별로 없었다.

문이 열리고 익숙한 얼굴이 나타났다. 목타르는 이 사람을 어디에서 보았는지 기억해내기까지 잠깐 시간이 걸렸다. 그때 떠올랐다. 그는 민소매 셔츠와 반바지를 입고 있던, 목타르에게 얼굴이 마음에 든다고 말했던 젊은이였다. 지금, 수감자가 된 목타르를 본 민소매는 격노하고 있었다.

"이게 무슨 일이지?" 그가 물었다.

턱수염을 기른 남자가 어깨를 으쓱했다. 둘 사이의 역학은 읽기 어려웠다. 턱수염이 최소한 열다섯 살은 더 많아 보였지만 민소매가 그보다 계급이 높은 듯했다. 민소매는 고함을 지르고 쿵쿵거리며 돌아다녔다. 목타르와 그의 친구들이 받은 대접에 미안해하는 듯했다.

"믿을 수가 없군!" 그가 소리쳤다. "이 사람들이 여기서 뭘 하는 건가? 누가 이런 걸 승인했어?"

목타르는 민소매를 조심스럽게 지켜보았다. 그의 연극적인 격노에서 착한 경찰/나쁜 경찰 취조법이 떠올랐다. 민소매는 책상을 내려치고 벽을 후려쳤다.

다른 관리가 방에 들어왔다. 그는 깔끔하게 면도를 했고 백발이었다. 정상적인 때였다면 그가 경찰서장이었을 법했다. 지금 그는 다른 인민위원회 사람들처럼 민간인 옷을 입고 있었다. 그는 목타르와 아흐마드, 사데크에게 이 모든 일이 실수였다고 안심시켰다. 가죽재킷을 입은 남자 아마르는 깡패라면서 자유롭게 떠나도 된다고 했다.

턱수염을 기른 남자가 목타르에게 다가왔다.

"내 아내도 이브 출신이네." 그가 말했다. "이 모든 일에 사과하네." 그의 이름은 압둘 와스르였다. 그는 목타르에게 전화번호를 건네면서 필요하면 도움을 주겠다고 약속했다. 일행은 머잖아 그날 있었던 정신 나간 사건들에 대해, 그 모든 일의 광기에 대해 생각하며 웃고 있었다. 목타르는 커피 사업에 대해 이야기해주었고 그들은 얼마나 감명 받았는지에 대해 이야기했다. 그리고 떠날 시간이 되었다.

앞선 취조에서 그랬듯, 목타르는 원래 자신의 간수였던 사람들과 눈부신 우정을 자랑하며 풀려났다. 경찰서를 나설 때까지도 목타르는 자기가 홍보 전선에 서서 그들의 대의명분에 도움을 줄 수 있다는 얘기를 하고 있었다. 목타르는 그들의 메시지를 영어로 번역할 수 있다고 말했다. 트위터 계정을 만드는 걸 도와주고 페이스북에도 연결해주겠다고. 자신이 그들의 SNS를 모두 처리해줄 수 있을 거라고 말했다. 그는 샌프란시스코 출신으로 실리콘밸리에 있는 온갖 사람들을 안다고 했다. 한편 아흐마드는 경찰서장 앞에 무릎을 꿇고 그의 무릎에 입을 맞추고 있었다.

36
침대 발치의 무장괴한 여섯 명

    하지만 그들의 트럭은 아직도 처음 제지당했던 해변에 서 있었다. 그래서 민소매가 그들을 다시 해변까지 태워다주었다. 가서 보니 아무도 트럭에 손대지 않은 듯했다. 샘소나이트는 아직 트레일러 트럭 바닥에 묶여 있었다.

    "이제 어두워지네요." 민소매가 말했다. 어두울 때 아덴 근처 도로에 있는 것은 위험한 일이라고 했다. 그는 밤 동안은 머물고 아침에 떠날 것을 제안했다. 그가 안전한 곳을 알고 있었다.

    목타르는 이게 실수라는, 가능할 때 벗어나야 한다는 기분이 들었지만 오후는 이미 저녁으로 접어들고 있었다. 또 목타르 삼인조를 포로로 잡지 말라는 의견을 그토록 연극적으로 표현해준 민소매였지만, 두 눈에는 아직도 그들을 완전히 믿지는 않는다는 기색이 어려 있었다. 서둘러 떠나면 더 많은 의심을 불러일으키게 될 터였다.

그들은 트럭에 올라 민소매를 따라서 알가디르호텔로 갔다. 그들은 호텔 앞에, 그들 말고는 살아 있는 거라곤 아무도 없는 거리에 차를 세웠다.

민소매는 자기 SUV에서 내려 그들을 로비로 안내했다. 그는 호텔 주인인 깡마르고 콧수염을 기른 사십대 남자와 아는 사이였다. "이 사람들을 돌봐주십시오." 그가 말했다. "제 친구입니다."

호텔은 싸구려였고 우중충했다. 세 남자는 민소매에게 작별인사를 하고 계단으로 향했다.

"아, 잠깐만요." 민소매가 말했다. 세 남자가 돌아보았다. "오늘밤에는 조심하십시오. 주변에 사람들이, 앞서 여러분을 데려갔던 자들과 같은 사람들이 있습니다." 목타르는 그가 말하는 사람이 아마르라는 걸 알아차렸다. "그자들은 밤중에 돌아다니며 문제를 일으킵니다. 오늘밤에 올 것 같지는 않지만, 알고는 계세요."

목타르와 사데크, 아흐마드는 기진맥진했고 감정적으로도 피폐해진 상태였다. 그들은 침대에 쓰러졌고, 아흐마드는 감옥에서 잃었던 평정심을 천천히 되찾았다. 목타르는 침대에 누워 벽을 빤히 바라보다가 점점 초조해지는 걸 느꼈다. 그들은 아덴에 머물러서는 안 됐다.

하지만 사데크는 휴가라도 온 듯이 굴고 있었다. 그는 전망이 더 좋은 곳으로 방을 바꾸고 싶어했다.

"진심입니까?" 목타르가 물었다.

"여기 전체가 비었잖아요." 사데크가 말했다. "오션뷰 방들도 쓸 수 있을 게 확실합니다. 각자 방을 하나씩 쓸 수도 있을 걸요."

목타르는 잊어버리라고 말했다. 시무룩해진 사데크는 샤워를 하러 갔다.

"괜찮아요?" 목타르가 아흐마드에게 물었다.

"전 괜찮아요." 아흐마드가 말했다. "근데 전, 정말로 그 감방에서 죽게 될 줄 알았어요."

사데크가 화장실에서 나왔다. 그의 속옷은 군복무늬였다.

"미쳤어요? 그거 벗어요!" 목타르가 소리쳤다. 인민위원회가 사데크의 속옷을 볼 가능성은 낮았지만, 군복무늬라면 무엇이든 그들이 후티와 연관되어 있다고 암시할 수 있었다. 그들은 어떤 위험도 감수할 수 없었다. 사데크는 속옷을 벗었고 목타르는 그걸 서랍장 뒤에 감추었다.

이제 목타르는 사데크의 정체가 혼란스러웠다. 그가 정말로 후티 휴면 분자일 수 있을까? 묻고 싶지 않았다.

목타르는 TV를 켰다. 뉴스는 후티 반군이 전국에서 세력을 넓히는 장면을 보여주었다. 그들은 아덴에서 몇 킬로미터 떨어진 곳으로 모여들고 있었다. 아흐마드가 큰 소리로 한숨을 쉬었다. TV에서 총성이 철컥거리는 가운데 목타르는 잠이 들었다.

그는 눈을 떴다가 일렬로 늘어선 그림자들을 보았다. 새벽 두시에, 방안에 처음 보는 남자 여섯 명이 들어와 있었다. 그들은 모두 카피예로 얼굴을 가리고 있었다. 모두들 AK-47를 들고, 손가락을 방아쇠에 댄 채였다.

목타르는 그들 대부분이 젊다는 걸 알 수 있었다. 생각을 하기도 전에 말이 먼저 튀어나왔다. "마사 알카이르!"(좋은 저녁입니다!) 그는 디너파티라도 주최하는 듯 말했다. 악의에 즉시 구멍이 뚫렸 다. 목타르 바로 앞에 있던 남자가 미소 짓는 듯했다. 스카프 위로 주름진 그의 눈이 보였다.

"무슨 뜻이지, 좋은 저녁이라니?" 다른 남자가 말했다. 그가 우 두머리인 듯했다.

이번에도 목타르는 생각보다 말이 먼저 나왔다. "그럼 뭐라고 할까요, 좋은 아침?"

아흐마드와 사데크는 공포감과 경외감이 뒤섞인 얼굴로 목타르 를 쳐다보았다. 그의 입이 모두를 죽이고 말 터였다. 하지만 목타 르는 지금 자기가 하는 게 뭔지는 몰라도 제대로 먹히고 있다는 자 신감이 들었다. 그는 이전에도 몇몇 상황에서 세 치 혀로 그들을 살려낸 적이 있었다. 이번도 다르지 않았다. 이미 그는 마스크를 쓴 남자 한두 명을 미소 짓게 만들었다. AK는 나쁜 조짐이었지만 다른 지표는 낙관적이었다.

스카프는 좋은 신호였다. 스카프는 이 사람들이 포로 일부 혹은 전부—그러니까, 목타르와 그의 친구들—를 후티라고 가정하고 있으며, 자신들의 얼굴을 보였다가 나중에 포로들을 풀어줄 경우 후티가 그들 혹은 그들의 가족을 상대로 복수를 할지 모른다고 생 각한다는 뜻이었다. 목타르는 이런 집단이 얼굴을 보이든 말든 신 경쓰지 않을 때야말로 정말 위험하다는 걸 알고 있었다. 그럴 때는 죽은목숨이었다.

우두머리는 그들이 아덴에서 뭘 하고 있는지 물었다. 목타르는 항구로 가는 중이라고, 거기에서 밖으로 나가는 그리스 배를 탈 생각이라고 말했다. 아랍어로 '그리스'는 유나니였는데, 목타르는 빠르게 말하면서 그 단어가 이라니라고 들리도록 만들었다. 그들이 이란 배를 찾고 있는 중이라는 암시를 남기기 위해서 말이다. 마스크를 쓴 남자들은 긴장했다. 이란은 후티 반군을 배후에서 지원하고 있었다.

"무슨 배라고?" 우두머리가 말했다.

"유나니, 유나니요." 목타르가 말했다. 그리스, 그리스.

그리고 자신은 미국인 커피 무역상이라고, 사업가라고, 그냥 커피 견본을 가지고 예멘을 나가려는 중이라고 설명했다.

"미국인인 게 자랑스럽나?" 우두머리가 물었다.

이제는 목타르가 걱정스러워졌다. 이 사람들은 대체 누구인가? 인민위원회처럼 보였지만 알카에다일 수도 있었다. 예멘에는 인민위원회와 알카에다를 심란하게 겹쳐놓은 듯한 사람들을 포함해 이상한 협력자들이 있었다.

"노트북을 내놔라." 우두머리가 말했다.

노트북을 넘겨준다는 건 끔찍한 생각이었다. 순간 번뜩이며, 혼다 영업 시절의 마이클 리가 떠올랐다. 대화의 주도권을 잡아.

"네, 빌리셔도 됩니다." 목타르가 말했다. "하지만 아침 일곱시에는 돌려주셔야 해요."

그는 이 말을 AK-47을 든 마스크 쓴 남자들에게 했다. 다섯 시간 후 노트북을 돌려받아야 한다며 고집을 피웠다. 마치 놓칠 수 없는 전화 컨퍼런스가 일곱시에 있다는 듯이 말이다. 더욱 이상한 것은 그 남자가 동의했다는 것이다.

"알았다." 우두머리가 말했다. "너희 핸드폰도 필요하다."

목타르와 아흐마드, 사데크는 핸드폰을 건네주었다. 남자들은 핸드폰을 받아 방을 나섰다.

아흐마드가 일어나 문을 잠갔다. "방금 그건 대체 뭐였습니까?" 그가 물었다. "일곱시까지는 노트북을 돌려달라뇨? 우릴 죽일 셈입니까?"

어둠 속에서 아흐마드, 사데크, 목타르는 그 남자들이 누구일지 추측해보았다. 탈출할 생각도 해봤지만 출구는 한 군데 뿐이었고, 그나마 좀전에 들어온 자들 혹은 원래의 인민위원회가 지키고 있었다.

"잡시다." 목타르가 말했다. 그는 피곤했고 자기는 잠이 들 것이며 일곱시면 문에 노크 소리가 날 것이고 무장괴한이 그의 노트북을 돌려줄 거라는 이상한 느낌이 들었다.

그들은 오전 다섯시에 왔다. 목타르는 누군가가 어깨를 쿡 찌르는 걸 느꼈다. 눈을 떠보니 마스크를 쓴 남자 한 명이 노트북을 건네주는 게 보였다. 그는 남자에게 노트북을 바닥에 놓아달라고 말했다. 남자는 그 말에 따랐고 목타르는 다시 잠들었다.

목타르는 아침 동틀녘에 일어나 노트북을 켰다. 노트북은 잘 작동됐으며, 배경화면이 바뀐 것 말고는 변한 게 없어 보였다. 원래 목타르는 하라즈의 산속 마을 사진을 배경화면으로 설정해두었는데, 지금은 오클랜드에서 열린 커피 관련 행사에 대비해 만들었던 전단지 사진이 배경화면으로 바뀌어 있었다. 그를 잡은 사람들은 다른 건 전혀 건드리지 않은 듯했다. 그가 떠올릴 수 있는 유일한 설명은 인민위원회 사람들이 맥 노트북의 사용법을 모른다는 것 뿐이었다. 그가 예멘에서 만난 사람 중 단 한 명도 맥을 쓸 줄 몰랐다. 이 사람들은 컴퓨터를 오랫동안 어설프게 건드리다가 단 한 가지 일, 배경화면 변경을 해낸 것이다.

그는 아래층으로 내려갔다. 로비는 어두웠다. 출구는 셔터가 내려져 막혀 있었다. 그들은 안에 갇혔다. 프런트데스크 뒤의 남자는 의자에서 잠들어 있었다.

프런트데스크에 놓인 전화로 목타르는 압둘 와스르, 그러니까 경찰서에서 그들이 풀려나도록 도와주었던 턱수염 기른 남자에게 전화를 걸었다. 목타르는 그가 이 상황을 알 거라고 생각했다.

"저흰 떠나야 합니다." 목타르가 말했다. "저희 핸드폰은 어디 있나요?"

압둘은 곤란해하는 목소리였다. "혼자 있나?" 그가 물었다.

목타르는 그렇다고 확인해주었다.

"자네 친구 사데크에 관해 우려되는 점이 있네. 그 친구 핸드폰에서 골치 아픈 이름들을 찾아냈어. 지난밤에 그 사람들이 자네들 모두를 끌고 가고 싶어했지만 내가 그러지 말라고 설득했네."

압둘은 목타르에게 호텔에 머물라고 말했다. 몇 분 뒤, 그가 도착해 목타르의 핸드폰은 곧 돌려주겠지만 사데크의 핸드폰에서는 고위급 후티와 예멘군 내 후티 협조자들의 번호가 발견됐다고 말했다. 인민위원회가 사데크를 데려가 추가 심문을 할 계획이었다. 목타르는 그가 고문을 당할 거라고 생각했다.

목타르는 방으로 돌아가 사데크와 정면으로 맞섰다.

사데크는 심드렁했다. "제 사촌의 핸드폰이에요. 전 후티 장군은 한 명도 모릅니다."

목타르는 사데크에게 사촌의 핸드폰에 왜 후티 장군이며 예멘 장군들의 이름이 들어 있는지 물었다. 사데크는 사촌이 배달 트럭을 몰며, 그에게는 호텔과 학교, 몇몇 군사기지에 이르는 광범위한 고객들이 있다고 말했다.

목타르는 그의 말을 믿었다. 사데크는 혁명분자가 아니었다. 그들이 교전지대의 호텔에 들어왔을 때 사데크는 바다 경치가 보이는 방을 요구하려 했다.

목타르는 아래층으로 내려가 압둘에게 이 점을 설명했다. "사데크가 후티 세력의 정보원이라는 건 불가능한 얘깁니다. 그 친구 보셨잖아요?"

압둘은 목타르에게 핸드폰을 쓰게 해주었다. 목타르는 사나의 알리에게 다시 전화를 걸었다.

"살아 있었군요." 알리가 말했다. "좋습니다. 앤드루가 이미 그 여자랑 얘기하고 있어요. 서머랑요."

"서머요?"

알리의 설명을 듣고 목타르는 이야기의 앞뒤 퍼즐을 맞춰갔다. 인민위원회 남자들은 지난밤 목타르의 핸드폰을 가져갔고, 핸드폰을 살펴보던 중 앤드루가 목타르에게 전화를 걸었다. 인민위원회 사람들은 벨이 울리는 걸 멈추려 했지만, 아이폰 사용법을 몰랐기에 의도치 않게 전화를 받아 연결된 상태로 둔 것이다.

앤드루는 인민위원회 사람들 사이에 오간 대화를 두 시간 동안 들을 수 있었다. 그가 들은 내용은 불안했다. 목타르와 그의 친구들이 심각한 위험에 처해 있었다. 앤드루와 알리는 여기저기 전화를 걸며 그날 밤을 보냈다. 그들은 서머의 이름을 찾아내 그녀에게도 전화를 걸었고, 그녀는 전화를 돌린 끝에 목타르가 어디에, 누구에게 붙들려 있는지 알아냈다.

"이제 괜찮을 거예요." 알리가 목타르에게 말했다. "지금 온갖 사람들이 얘기를 하고 있습니다. 저희가 책임지고 안전하게 해드릴게요. 서머의 가족은 아덴에 모르는 사람이 없어요."

새로운 희망에 들뜬 목타르는 다시 방으로 올라갔다. 그는 샤워를 하며 발의 흙을 씻어내려 했다. 전날, 맨발로 그 더러운 감방에 있었기 때문이다. 그 일이 이제는 아주 오래전처럼 느껴졌다. 며칠 만에 처음 혼자가 된 그는 물이 쏟아지는 가운데 여러 가능성을 헤아려보았다. 지금 사데크는 아덴에 침투한 후티 정보원으로 의심받고 있었다. 아마 상대방은 그가 적들의 위치와 역량을 상관들에게 보고할 거라고 추정할 터였다. 아덴을 수비하는 인민위원회는 도시 안에 들어와 있는 사람이면 누구에게나, 특히 경찰서에 있는 그들의 본거지를 본 후티에게는 편집증을 가질 법했다.

목타르는 무얼 믿고 무얼 해야 할지 알 수 없었다. 사데크가 후티라도 목타르는 계속해서 그를 지켜줄 수 있을까? 이제 사데크와 거리를 두어야 할 때일까? 아흐마드는 어떤가? 그도 공범일까?

사데크가 단 하나 있던 수건을 가져간 뒤라 목타르는 리넨 샤워 커튼으로 몸을 닦았다. 그가 욕실에서 나오자 다른 목타르가 보였다. 그는 무장한 남자 여섯 명과 함께였다.

"저희가 여기서 내보내드리겠습니다." 그가 말했다.

다른 목타르는 서머의 전화를 받고 왔다.

"지금 이 도시를 떠나셔야 합니다." 그가 말했다.

목타르와 아흐마드, 사데크를 위해 이 남자가 왜 그토록 많은 위험을 감수하는지는 분명하지 않았다. 하지만 목타르는 그 점에 의문을 제기할 수 없었다. 이제 자유에 거의 가까워지고 있었다. 그때 목타르의 입이 열렸다. 그는 그 순간 방에 있던 모든 사람이 황당해할 법한 말을 했다.

"제 견본요. 견본들이 검은색 샘소나이트에 들어 있습니다. 그걸 놓고 갈 수는 없습니다."

다른 목타르가 움찔했다. "뭘 가져가신다고요?"

목타르는 커피와 시애틀 컨퍼런스 이야기를 했다.

"그 여행가방은 제 인생의 전부입니다." 목타르가 말했다.

"여기 계세요." 다른 목타르가 말했다.

그와 무장한 여섯 남자가 떠났다.

"진심입니까?" 아흐마드가 말했다. "지금 떠날 기회가 있는데, 당신 커피 때문에 여기 남는다고요?"

한 시간이 지났다. 두 시간.

목타르, 사데크, 아흐마드는 TV로 전쟁을 지켜보았다. 그들 중 누구도 아덴의 지리를 잘 몰랐지만, 보도를 보아하니 사방에서 전투가 벌어지는 중인 듯했다. 뉴스에 나온 후티 반군 이야기를 보고 목타르는 한 가지 생각이 떠올랐다.

그는 사데크를 보았다. "당신 문제를 해결해야겠습니다."

목타르는 한 벌 있던 남은 정장 셔츠를 사데크에게 주었다. 사데크가 그 옷을 입었다. 변화는 대단했지만 완전하지는 않았다. 목타르는 그에게 자기 안경을 주고, 머리카락도 단정하게 빗어주었다.

"믿을 수가 없네요." 아흐마드가 목타르를 보며 말했다. "당신처럼 보여요." 사데크는 세계적인 사업가처럼 보였다. 깔끔한 파란색 정장 셔츠에 안경, 옆으로 깔끔하게 넘긴 머리카락. 목타르는 그 즉시 모든 위협이 사라졌다고 생각했다. 왜 사나에서부터, 여행을 떠나기 전에 이렇게 하지 않았단 말인가? 아주 좋은 생각들은 그것이 유용하게 쓰일 상황을 한참 지나서야 떠오르는 경우가 너무 많았다.

노크 소리가 방에 천둥처럼 울렸다.

다른 목타르였다. "여행가방을 가져왔습니다. 가시죠."

나가보니 뒤에 여행가방이 실린 트럭이 보였다.

"저는 제 호텔에 있어야 합니다." 다른 목타르가 말했다. "하지만 여기, 제 친구가 함께 갈 겁니다." 그는 그들을 람시라는 사람에게 소개해주었다. "사람들이 여러분한테 누구냐고 물으면," 다른 목타르가 말했다. "아덴의 정수회사 직원인데 이제 떠나는 중이라고 하세요."

아흐마드는 트럭에 시동을 걸었다. 목타르는 다른 목타르에게 감사 인사를 전했다. 다시는 볼 일이 없을 이 남자에게 목숨을 빚졌다. 아흐마드가 차를 몰아 떠났다.

아덴에서 벗어나기까지는 검문소 세 곳이 있었는데, 람시가 이야기를 도맡아 모든 검문소를 통과했다. 그들은 아덴에서 16킬로미터 떨어진 지점에 람시를 내려주었다. 그다음부터는 길이 뚫려 있었다. 그들은 아홉 시간 동안 멈추지 않고 속도를 내 사나로 향했고 그날 밤 도착했다.

37
모카항

    무함마드와 켄자의 아파트에 앉아서, 목타르는 자기가 가진 선택지들을 비교해보았다. 인민위원회 감옥에서 그는 한 간수가 모카와 지부티를 오가며 가축과 사람들을 실어나르는 화물선들 이야기를 하는 걸 들었다. 인터넷을 보니 모카항이 어느 정도 제 기능을 하고 있다는 걸 알 수 있었다. 모카항은 사우디군에게 반복적으로 폭격을 당했으며, 폭격을 당하지 않을 때는 후티와 정부군이 그곳을 놓고 싸웠다. 하지만 배들은 정기적으로 항구를 떠났다.

    그는 앤드루에게 전화를 걸었다.

    "모카에서 배를 타고 싶다고요?" 그가 물었다.

    "지부티로 가서 아디스아바바까지 비행기를 타는 겁니다." 목타르가 말했다.

    이번에는 앤드루도 동의했다. 아덴 여행이 그에게 별 매력을 발휘하지 못했던 건 아덴이 활발한 교전지대이기 때문이었고, 보다 현실적인 해결책이 알아서 나타날 거라는 희망을 품고 있었기 때문이었다. 예를 들면, 공항이 다시 열린다든지 하는 기회 말이다. 하지만 그런 일은 일어나지 않았고, 이제는 전미명품커피협회 컨퍼런스가 빠르게 다가오고 있었다. 앤드루는 라이얀의 연간 매출의 상당 부분을 그 컨퍼런스에 기대고 있었다. 참석해야만 했다.

목타르는 지부티의 미국 대사관에 전화를 걸었다. 전혀 기대하지 않았는데 뜻밖에도 직원과 통화를 할 수 있었다. 목타르는 혹시라도 그와 다른 미국인 한 명이 홍해를 건너 지부티까지 배로 도착할 수 있다면, 미국 대사관에서 그들을 받아 귀국하도록 도와주겠느냐고 물었다.

대사관 직원은 상냥한 여성이었다. 그녀의 실용적인 태도가 듣는 이에게 용기를 심어주었다. 그녀는 그렇게 하겠다고 확인해주었다.

"무슨 난민수용소에 들어가는 건 아니죠?" 목타르가 물었다.

"아뇨, 아니에요." 여자가 말했다. "여기까지 오시기만 하면 가능한 모든 방법으로 도와드리겠습니다."

목타르와 앤드루는 금요일, 주무아* 축일 이후에 출발하기로 결정했다. 이슬람 축일에는 폭력 사태가 벌어질 가능성이 더 낮을 거라고 예상했기 때문이었다.

---

* 이슬람교에서 매주 금요일 드리는 합동 예배.

아흐마드도 또 가겠다고 동의했다. 아덴에서 목숨을 구해 간신히 탈출한 지 겨우 이틀 만이었다. 목타르는 겸허한 마음이 들었다. 일주일 전만 해도 아흐마드를 거의 알지도 못했는데, 이제 그가 또 한번 목숨을 걸어주고 있었다. 무엇을 위해서? 목타르와 앤드루와 커피를 위해서였을까?

"저흰 괜찮을 거예요." 목타르가 그에게 말했다.

사나의 친구들을 통해 목타르는 모카에서 출항하는 배들의 움직임을 파악하고 있는 마흐무드라는 사람과 연락이 닿았다. 마흐무드는 배로 모카를 떠나는 일의 세부적인 것들은 자기가 처리해주겠다며 목타르를 안심시켰다.

"걱정 마세요." 마흐무드가 말했다.

아침에 아흐마드는 픽업트럭을 몰고 목타르의 집에 도착했다. 목타르는 여행가방들을 트럭에 던져넣었다. 그들은 도시를 가로질러 알리와 앤드루를 태우러 갔다. 앤드루는 금요일 기도를 위해 정장 차림에 향수를 뿌리고 커피로 가득한 여행가방 다섯 개와 제니퍼의 머핀이 담긴 바구니 하나를 들고 아래층으로 내려갔다. 그들은 출발했고, 앤드루는 목타르와 아흐마드에게 핸드폰으로 찍은 딸 라이얀의 동영상을 보여주었다. 그는 커피 가공장의 이름을 따서 딸 이름을 지었다. 당시 라이얀은 두 살이었으며, 동영상에서는 딸기 얘기를 하고 있었다.

"왜 굳이 그런 짓을 한 거예요?" 목타르가 말했다. 그는 모카로 차를 타고 가면서 앤드루의 딸 생각은 하고 싶지 않았다. 단조로운 것들을 생각하고 싶었다. 시애틀이라든지. 커피라든지.

안녕, 사나. 목타르는 생각했다. 다시 이곳에 돌아올 때에도—그게 언제가 될지는 전혀 모르겠으나—사나가 그 자리에 있으리라는 건 분명했다. 하지만 이 도시가 또 한번 근본적으로 변화할 가능성도 있었다. 사우디군이 무슨 짓을 저지를지, 후티 반군이 무슨 일을 벌일지 그 무엇도 보장할 수 없었다. 예멘은 시리아가 될 수도 있었다.

그들은 하라즈산맥을 넘어 서쪽으로 차를 몰았다. 좁고 구불구불한 도로는 해발고도 3000미터까지 이어졌다. 검문소가 16킬로미터나 32킬로미터마다 한 번씩 나왔지만, 아흐마드가 대화를 맡자 후티 병사가 그들을 빨리 통과시켜줬다.

그들은 호다이다에 도착해 남북간 고속도로로 들어섰다. 고속도로에 접어든 이후 네 시간 동안은 한 번도 방해를 받지 않았다. 고속도로는 해변에서 내륙 쪽으로 32킬로미터 들어와 있었으며 고원을 횡단했다. 가는 길은 대부분 사차선이었고, 검문소가 별로 없어 효율적이었다. 그들은 초저녁에 모카에 도착했다.

목타르는 모카에 대한 이야기를 읽은 적이 있었고, 회사 이름도 모카를 따서 지었으며, 몇 년째 모카의 역사에 마음을 사로잡혀 있었다. 하지만 모카를 실제로 보는 것은 그때가 처음이었다. 마을로 들어가는 길에는 곳곳에 구덩이가 패어 있었으며, 다 쓰러져가는 석조 주택들로 둘러싸여 있었다. 상당수는 버려진 집들이었다. 전설의 항구 모카는 한때 이 세상에서 가장 중요한 항구였으나, 남은 것은 가난에 허덕이는 사람 만 오천여 명뿐이었다. 도시는 고난에 빠져 있었다.

도시에는 영업중인 호텔이 딱 하나 있었다. 목타르와 앤드루, 알리가 들어가자 혼란스러운 광경이 보였다. 모카를 통해 예멘을 벗어나고자 하는 모든 사람들—에티오피아 사람들, 에리트레아 사람들, 소말리아 사람들—이 그곳에 있었다. 프런트데스크에서는 직원이 평상시 요금의 다섯 배쯤을 청구하고 있었다. 하지만 다른 수가 없었다. 그들은 돈을 내고 객실로 들어갔다.

목타르는 다음날 배를 탈 수 있도록 주선해주겠다고 했던 마흐무드에게 전화를 걸었다. 마흐무드는 한 시간 뒤 호텔에 도착해, 평상시에는 모카로 가축을 실어나르지만 최근에는 사람들을 예멘 밖으로 내가도록 개조되었다는 소말리아 화물선에 탈 수 있을 거라고 확인해주었다. 다음날이면—어쩌면 일요일이 될 수도 있다고 말을 바꾸었지만—그 배에 사람 백오십 명과 양파 몇 톤이 실릴 거라면서 목타르와 앤드루에게 꼭 자리를 마련해주겠다고 했다. 지부티까지는 열다섯 시간에서 스무 시간이 걸릴 예정이었다.

앤드루는 걱정했다. 다음날 떠난다는 보장은 없었다. 언제 도착할지도 확실하지 않았다. 로스팅 일정을 생각해보면 계산이 맞지 않았다. 다음날인 토요일에 떠나지 못한다면 그다음날 지부티에 도착하지 못할 것이고, 그 말은 아디스아바바에서 떠나는 오후 열시 정각 비행기를 탈 수 없다는 뜻이며, 그 말은 늦지 않게 미국으로 돌아가 커피를 로스팅할 수 없다는 뜻이었다. 그들은 커피를 로스팅해야, 그리고 잘 묵혀야 했다. 로스팅이 제대로 되지 않으면 이 모든 일에 아무 의미가 없었다.

"그럼 내일 떠나는 겁니다." 목타르가 말했다.

그들은 호텔에서 저녁을 먹고 일찍 잠자리에 들었다. 객실에서 카트를 씹는데 디젤 버스 세 대가 멈춰 서는 소리가 들렸다. 창문 너머로 소말리아 사람들 수십 명이 내리는 게 보였다. 목타르는 그들도 다음날 온다는 배에 탈 거라 짐작했다. 도시의 모든 사람들이 절박하게 떠나고 싶어하는 듯했다.

"내일 샤딜리 모스크를 볼 수 있겠네요." 목타르가 말을 꺼냈다. 그는 하루종일 그 생각을 하고 있었다. 샤딜리 모스크는 오리지널 모카의 수도사, 샤이크 알리 이븐 오마르 알쿠라시 알샤딜리, 그러니까 처음으로 커피를 내리고 커피 무역을 만들어냈던 사람의 영적인 고향이었다.

앤드루는 정신 나간 사람을 보듯 목타르를 쳐다보았다. "내일 모스크에 갈 일은 없어요." 그가 말했다. "휴가를 온 게 아니라고요. 우린 여기서 나갈 겁니다."

그들은 동틀녘에 일어나 마흐무드에게 연락했다.

"문제가 있습니다." 그 한마디 말에 목타르는 나머지 사정을 짐작했다.

예멘에서는 뭐든 간단하게 이뤄지지 않았다. 누가 배에 태워줄 수 있다고 하는 말은 그냥 대화의 시작에 불과했다. 표를 사서 배에 오르는 것처럼 쉽게 풀리는 법은 결코 없었다. 마흐무드가 말하길 연료가 없어서 배가 그날 떠나지 못한다는 것이었다.

"언제 떠납니까?" 목타르가 물었다.

"말씀드리기 어렵습니다." 마흐무드가 말했다.

목타르는 마흐무드에게 다른 방법이 있는지 물었다. 마흐무드는 가능성이 낮긴 해도 살무사 보트라는 것을 대절할 수 있다고 했다. 그 배로는 지부티까지 다섯 시간에서 여섯 시간이 걸릴 거라고 했다. 목타르는 카리브해의 마약상들이 좋아하는, 그런 고속 모터보트를 떠올렸다.

"알아보겠습니다." 마흐무드가 말했다.

목타르는 그게 무슨 의미인지 알고 있었다. 시간이 생긴 것이다.

목타르의 가이드는 지역의 판사 겸 역사학자인 아델 파드였다. 키가 작은 중년 남자로 온화한 태도의 그는 목타르를 모스크로 안내했다. 대대적인 수리 작업이 한창인 초라한 건물이었다. 아침 햇살이 높다란 창문으로 쏟아져들어오는 가운데 그들은 비계 아래를 걸었다. 샤이크 알리 이븐 오마르 알쿠라시 알샤딜리를 기리기 위해 지어진 이 모스크는 약동하는 영성을 간직하고 있었다. 수피 수도사였던 알샤딜리는 하라르에서 에티오피아 여인과 결혼해 커피나무를 가지고 돌아왔다. 이때까지는 아직 커피가 작물이 아닌 야생 식물이었다. 이곳, 모카에서 그는 오늘날 커피로 알려진 진하게 내린 커피를 발명해냈다. 지역 전설에 따르면 모카가 커피 무역의 중심지로 부상하게 된 것도 알샤딜리 덕분이었다. 모카로 들어오는 무역상들에게 커피를 소개한 것도, 커피의 약효를 격찬한 것도 바로 그였다.

아델 파드는 모스크가 지어진 지 오백 년이 넘었고 여러 차례 수리를 거쳤다고 설명했다. 하지만 이제는 이 모스크를 유지할 돈이 너무 부족했다. 모카는 찢어지게 가난했고 예멘은 전쟁중이었으므로 모스크와 마을의 미래가 걱정된다고 했다.

"우리가 이 항구를 위대하게 부활시킬 수 있을 겁니다." 목타르가 말했다. 살아서 예멘을 나갔다가 언젠가 돌아올 수만 있다면, 자기가 어떻게 해서든 그렇게 만들겠다고 했다. 그럴 방법은 전혀 떠오르지 않았지만 판사에게 희망 비슷한 것이라도 줘야 한다는 의무감이 들었다.

순진한 아델은 열심히 귀를 기울였고, 목타르는 모스크의 모든 작업자들도 귀를 기울이고 있다는 걸 깨달았다. 그는 현대의 커피 무역에 대해, 명품 커피의 부상에 대해, 예멘 커피의 두드러지는 우월성에 대해, 모카가 어떻게 다시 번성할 수 있는지에 대해 이야기했다.

목타르의 전화기가 울렸다. 마흐무드였다. 배를 찾았다고 했다.

호텔에 가보니 마흐무드는 보트를 찾은 게 아니었다. 그들은 차를 타고 마을을 돌면서 만나는 사람마다 어선이든, 조디악*이든, 무엇이든 빌릴 가능성에 대해 물었다.

마침내 마흐무드가 전화를 걸어왔다. 배와 배를 몰아줄 선장을 찾은 것이다. 알리가 그들을 차에 태워 해변으로 데려다주었다. 선장은 서른 살 정도의 젊은이였고 배는 대략 4미터 길이의, 선체가

---

* 소형 고무보트 상표명.

납작한 초소형 보트일 뿐이었다. 살무사 보트가 아니었다. 알고 보니 마흐무드는 살무사viper 보트가 아니라 고무fiber 보트라고 말하려던 것이었다. 그들의 탈출용 배는 보기 딱했다. 낮고 좁았으며, 야마하 선외 모터 하나가 처량하게 달려 있었다. 참치 한 마리에도 뒤집힐 것 같은 모습이었다.

"저걸 타고 가다가는 다 젖겠는데요." 앤드루가 지적했다.

그들은 방수포를 찾으러 다시 트럭에 올랐다. 커피를 건조하게 보관하려면 여행가방을 방수포로 감싸 배 바닥에 둬야 했다. 아흐마드는 함께 가지 않고 항만 당국으로 가서 목타르와 앤드루의 여권에 도장을 찍어오기로 했다.

일행이 나뉘었다. 알리가 목타르와 앤드루를 다시 마을로 태워주었고, 그들은 방수포 파는 가게를 찾아 방수포 세 개를 구한 뒤 해변으로 돌아갔다. 트럭 연료가 거의 떨어진 터라 잠시 멈춰 연료 탱크를 채웠다. 트럭에 앉아 있는데 해안에서, 1.5킬로미터도 떨어지지 않은 곳에서 드르륵 하는 총성이 들려왔다.

"아흐마드한테 전화하세요." 목타르가 말했다.

앤드루가 전화를 걸었다. 아흐마드의 핸드폰이 트럭 안에서 울렸다. 핸드폰을 두고 간 것이다. 마흐무드의 포드 토러스가 나타났다. 그는 주차장으로 쏜살같이 들어오더니 뛰어내렸다. 항만 당국에서 총격전이 벌어졌다고 했다. 그와 아흐마드가 여권에 도장을 받고 있는데, 바로 그때 후티 반군이 항만 당국 경비대에 총을 쏘기 시작했다. 혹은 경비대가 후티 반군에게 총을 쏘기 시작한 걸지도 몰랐다. 혼돈 그 자체였다. 마흐무드와 아흐마드는 서로를 놓치고 말했다.

목타르와 앤드루는 몸이 굳어버렸다. 그들은 아흐마드를 찾아야
했지만, 해안으로 가는 건 자살행위처럼 보였다. 그리고 어쨌든 아
흐마드는 더이상 그곳에 없을 터였다. 도망쳤을 것이다.

"호텔로 가죠." 목타르가 말했다.

알리가 모카의 넓은 거리를 따라 속도를 내는 동안 그들은 트럭
안에서 침묵을 지켰다. 목타르는 아흐마드가 죽었다는 느낌이 분명
하게 들었다. 이번에도 운이 좋았을 리가 없었다. 아덴의 그 난장판
을 모두 겪고 살아남은 사람이라지만 이번 위기는 도가 지나쳤다.

앤드루가 목타르의 얼굴을 보았다. "걱정 마요." 그가 말했다.
"괜찮을 겁니다."

그들은 호텔에 차를 세우고 뛰어내렸다.

아흐마드가 멀쩡하게 로비에 서 있었다.

"안녕하세요." 그가 말했다.

목타르는 그를 꽉 끌어안았다.

아흐마드가 웃었다. "괜찮아요. 아무것도 아니었어요."

목타르는 뒤로 물러나 그를 바라보았다. 몇 분 전만 해도 죽었을
거라 확신했던 아흐마드가 살아서 그들의 여권까지 가지고 있었
다. 총격이 시작되었을 때 그는 셔츠에 여권을 숨기고 건물에서 몰
래 빠져나와 주차장으로 갔고, 거기서부터는 십자포화를 뚫고 달
리다가 지나가는 오토바이를 보았다. 그는 손짓으로 오토바이를
세워 타고 기사에게 호텔까지 가는 길을 안내했다.

그는 목타르와 앤드루에게 여권을 건네주었다. 마치 절차상의

기본 업무를 처리했을 뿐이라는 식이었다. 여권 도장은 교전이 벌어지기 전에 받아두었다고 했다.

"이제 가시는 게 좋겠습니다." 그가 말했다.

그들은 다시 알리의 트럭에 올라 해변의 다른 곳으로 향했다. 그들이 빌린 소형 보트는 교전지대에서 먼 곳에 있었다. 해변을 지나던 그들은 어디 소속인지—후티 소속인지, 정부 소속인지—불분명한 지역 경찰관 두 명을 만났다. 목타르는 그들의 손에 뇌물을 떠안겼고, 일행은 자유롭게 모카를 떠날 수 있었다.

빌린 소형 보트를 자세히 살펴본 앤드루와 목타르는 웃음을 터뜨렸다. 앤드루는 루이지애나의 호숫가에서 어린 시절을 보냈는데, 이 배는 그때 타던 낚싯배보다도 작았다. 이걸로 정말 홍해를 건널 수 있을까? 배를 몰도록 고용한 사람은 충분히 자신 있어 보였다. 여러 번 해본 일이라고 했다.

여분의 모터는 없었다. 노도 하나뿐이었다. 구명조끼도 없었다. 저 밖에 사우디 배들이 있는지는 전혀 알 수 없었다. 혹은 사우디 비행기들이 항구를 떠나는 배를 공격할 수도 있었다. 혹은 저 밖 어딘가에 있는 미국 해군이 그들을 테러리스트로 간주하고 격침시켜버릴 수도 있었다. 한편으로는—아마 다른 무엇보다도 큰 가능성이겠지만—선장이 그들을 소말리아 해적들에게 팔아넘길 가능성도 있었다.

"떠날 시간입니다." 목타르가 말했다.

그들은 여행가방을 방수포로 둘둘 말아 보트 바닥에 놓았다. 앤드루와 목타르 사이에 초록색 커피콩 100킬로그램이 놓였다. 선장이 엔진을 예열하는 동안 목타르, 앤드루, 알리, 아흐마드는 불의의 사건이 일어날 경우에 대한 대책을 세웠다.

목타르와 앤드루는 지부티 항구에 도착하면, 혹은 스물네 시간이 지나면 알리와 아흐마드에게 전화를 걸기로 했다. 그때까지는 알리와 아흐마드가 모카에 머물기로 했다. 목타르와 앤드루가 정해진 시간 내에 전화를 하지 않으면 그건 뭔가가 잘못되었다는 뜻, 둘이 해적에게 팔려갔을 가능성이 높다는 뜻이었다. 그런 경우 알리와 아흐마드는 선장의 친척들을 납치할 권한이 있었다. 그게 예멘 방식이었다.

해변에서 그들은 이 모든 것을 진지함과 어두운 유머감각을 뒤섞어 논의했다. 여행가방이 보트 바닥에 나란히 놓였고 모든 것이 준비되었다. 그들이 보트를 준비하고 만일의 사태에 대해 의논하는 가운데 한편에서는 동네 꼬마 두 명이, 소년 하나와 소녀 하나가 주변을 맴돌았다. 그 자체로는 이상한 일이 아니었지만—해변을 떠나는 모든 배에 관심을 갖는 동네 꼬마들은 언제나 있기 마련이다—급기야 두 아이가 배에 뛰어올랐다.

"이 애들은 누굽니까?" 목타르가 선장에게 물었다.

선장은 자기 친구의 아이들이라며, 지부티의 애들 아버지에게 데려다주려 한다고 말했다. 목타르와 앤드루는 두 아이가 함께 할 경우 여행이 더 위험해질지, 덜 위험해질지에 대해 짧게 의논했다.

"가시죠." 앤드루가 말했다.

그들은 알리와 아흐마드에게 작별인사를 했다. 알리는 앤드루와 목타르에게 무슨 일이 닥치든 그에 상응하는 복수가 가능하다고 설명하며 그들을 안심시켜준 장본인이었지만 이제는 이상하게도 자신이 없어 보였다.

"정말 가시는 겁니까?" 그가 물었다.

"우린 시애틀에 가야 합니다." 앤드루가 말했다.

"배에서 전화하세요." 알리가 말했다.

그들은 선장이 보트를 얕은 물까지 미는 걸 도왔다. 선장이 배에 타 선외 모터에 자리를 잡았다.

"그거 아세요? 전 한 번도 보트를 타본 적이 없어요." 목타르가 말했다.

"이런 보트에 타본 적이 없다고요?" 앤드루가 물었다.

"어떤 보트도 타본 적이 없어요." 목타르가 말했다.

목타르는 물—바다와 만과 강, 강어귀와 호수들—로 둘러싸인 샌프란시스코에서 어린 시절을 보냈다. 2000킬로미터에 달하는 해안선을 가진 나라, 예멘에서 몇 년을 살기도 했다. 말 그대로 섬인 트레저 아일랜드에서 중학교를 다니기도 했다. 하지만 그는 한 번도 보트를 타본 적이 없었다. 항상 타보고 싶었지만, 어린 시절 내내 보아온 페리선과 요트와 범선들은 언제나 손에 넣을 수 없는 다른 세계의 일부처럼 보였다.

목타르의 첫 승선 경험이 내전중의 예멘을 떠나는 초소형 보트 여행이 될 참이었다.

그가 배에 올랐고 일행은 해안을 떠났다. 팔십 년 만에 처음으로 모카항을 떠나는 커피를 실은 채.

38
지부티에 오신 것을 환영합니다

파도 때문에 보트 바닥으로 쓰러져도 그들은 몸을 일으키고 자세를 다잡으며 웃었다. 배는 아주 작고 뻣뻣해서 물결을 만날 때마다 심하게 흔들렸다. 몇 분 만에 몸이 흠뻑 젖었다. 아이들도 젖었다. 아이들은 둘이 함께 배 한가운데에 옹송그리고 앉아 세 시간 동안 아무 말도 하지 않았다.

뒤쪽으로 해안이 사라지자 앤드루는 배낭에서 카트 한 자루를 꺼냈다.

"진심입니까?" 목타르가 말했다.

앤드루는 미소를 지었다. 카트는 그들을 차분하게 만들어줄 것이다. 카트라면 이 배를 타는 일도 일상적으로 보이게 만들어줄 것이다. 그들은 카트를 씹었고, 덕분에 만족감을 느끼며 명상에 잠길 수 있었다. 물과 바람 소리 때문에 소리를 질러야 하긴 했지만. 첫

한 시간이 지난 뒤에는 바다가 가라앉았고 카트의 효과가 발휘되었다. 태양이 빛나고 있었고 1킬로미터, 1킬로미터를 지나면서 선장에 대한 신뢰도 커지고 있었기에 그들은 평온하게 긴장을 풀었다. 보트 가운데에 견본을 깔고 앉아 옹송그리고 있던 목타르와 앤드루는 어느새 익살스러운 철학적 대화를 연달아 이어갔다. 오직 카트를 씹고 있을 때만 하는 이야기들이었다. 어쩌면 배에 올라 카트를 씹으며, 교전지대와 미지의 해안 사이에 있을 때만 하는 이야기들일지도 몰랐다.

그들은 신에 대해 이야기했고, 목타르는 자기도 모르는 사이 이렇게 말했다. "신에게 이르는 길이 한 가지뿐이라고 믿는다면 신에게 한계를 설정하는 거죠." 그는 자신의 말이 너무 심오해 그들의 인생을 영원히 바꾸어놓을지도 모른다고 생각했다. 그들은 실질적인 문제에 대해서도 이야기했다. 커피 사업에 대해, 농장과 농부들과 계획에 대해서. 홍해를 안전하게 건너고 있다고 생각했기에, 또 수백 명의 다른 사람들도 예멘을 떠나고 싶어하지만 그럴 수 없다는 사실을 알았기에, 그들은 지부티에 안전하게 도착한다면 이백오십 명 정도를 태울 수 있는 배를 전세 내서 예멘인들과 미국인들, 혹은 그 누구든 홍해를 건너도록 해줄 계획을 생각해냈다. 미국 국무부가 할 수 없는, 혹은 하려 들지 않는 일을 하겠다는 계획이었다. 그들은 그 계획을 '아라비아의 모카 작전'이라고 부르기로 했고 그 일이 일어날 거라고 전적으로 확신했다.

그들은 남남서쪽으로 나아가다가, 지부티와 예멘 남부 사이에서 바다가 병목처럼 좁아지는 바브엘만데브 해협에 닿았다. 만에 파도가 심하게 일기 시작하고 바람도 거세어졌다. 그들은 사람이 얼마나 젖을 수 있는지, 보트에 물이 얼마나 찰 수 있는지, 견본이 최소한 조금이라도 바닷물을 먹었을 가능성이 얼마나 있을지 궁금해하며 한 시간을 보냈다.

하지만 머잖아 지부티 해변이 시야에 들어왔다. 황량한 잿빛이었다. 밤이 시작되었고, 그들은 이후 몇 시간을 해안에 붙어 나아갔다. 그들은 가끔씩 보이는 어부를 지나치고, 머리 위 멀찍이서 비행기가 빛나는 모습을 보았다. 밤이 하늘을 점령했고, 그들은 모터로 검은 물을 헤치며 나아갔다. 그들이 마주친 지부티의 첫 항구는 오보크라는, 해변의 가장 동쪽 지점에 있는 아주 작은 마을이었다. 어느 모로 보나 그들이 내릴 만한 곳은 아니었다. 미국 대사관도 없었고, 설령 이용할 수 있는 서비스가 있다 해도 거의 없는 수준이나 마찬가지였다. 멈추고 싶은 생각이 전혀 없었다.

하지만 선장은 배를 세우려 했다.

"잠시만요." 선장이 말했다.

그는 아이들을 내려줘야 한다고 했다. 오보크는 예멘 난민들이 밀입국하는 지점이라고, 근처에 UN 난민캠프가 있다고 했다. 그는 그곳에 아이들을 내려줄 생각이고, 그러면 아이들이 알아서 갈 거라고 했다.

하지만 듣자하니 잘못된 일 같았다. 텐더로인에서 단련된 목타르의 직감이 이제 소리 높여 경고음을 내고 있었다. 다섯 시간이 지나는 동안 점점 선장에게 무심해진 지금 이런 일이 벌어진 것이다. 이런 일, 갑작스럽게, 미리 알려주지도 않은 계획 변동이야말로 정확히 그들이 두려워하던 것이었다. 하지만 선장의 행동이 너무 태연해서 그들은 선장이 부두에 접근하도록 내버려두고 말았다. 목타르는 배가 오 분 정도만 짧게 머무르고 다시 뱃머리를 돌렸으면 좋겠다고 생각했다. 소년과 소녀를 내려주고 즉시 물가를 떠나기를 바랐다.

그런데 제복을 입은 사람이 그곳에 있으리라고는 예상하지 못했다. 그러나 부두에는 남자 두 명이 있었고, 선장은 그들에게 줄을 던지고 있었다.

"뭐 하는 겁니까?" 목타르가 선장에게 물었다.

"그냥 애들을 내려주는 겁니다." 그가 말했다. "걱정 마세요."

이제는 제복을 입은 남자들이 목타르와 앤드루에게 내리라고 신호하고 있었다.

"저 사람들은 누구지?" 앤드루가 웅얼거렸다.

목타르는 전혀 알 수 없었다. 해안경비대? 지역 경찰? 그들은 푸른 군복무늬 옷차림이었고 독일제 G3 소총을 들고 있었다.

"어디서 오는 겁니까?" 관리 중 한 사람이 물었다.

"예멘요." 선장이 말했다.

"그럼 이 둘은?" 관리가 목타르와 앤드루를 가리키며 물었다.

선장은 그들에게 두 사람이 수도로 가는 도중 잠시 들른 미국인이고, 수도에서는 대사관측이 이들을 기다리고 있다고 말했다.

이제는 관리들이 몹시 관심을 보였다.

"이전에 왔던 사람들하고는 다른데." 그들 중 한 사람이 말했다.

"무슨 뜻입니까?" 목타르가 물었다.

"당신들보다 먼저 온 미국인들 말입니다. 그 사람들은 미국 정부에서 마중하러 온 사람들이 있었습니다. 왜 아무도 당신들을 마중하러 오지 않은 겁니까?"

"그야 우리는 지부티로 가는 길이니까요." 목타르가 말했다. "오보크에 멈출 계획은 없었습니다."

"같이 가셔야겠습니다." 경비대 중 한 사람이 말했다. "행정관께서 만나고 싶어하실 겁니다."

목타르의 머릿속에 험악한 가능성들이 스치고 지나갔다. 비밀 감옥. 불법 구금. 여기는 CIA의 비밀 프로젝트 기지일지도 몰랐다. 9.11 이후로 지부티는 미국의 중요한 반 테러 파트너로서 늘상 예멘을 폭격하는 드론 군단의 발사 지점이었다. 테러 용의자들은 지부티에서 몇 년 동안이나 구금된 채 취조와 고문을 당했다. 목타르는 앤드루라는, 백인 미국인의 존재가 고마웠다. 앤드루 같은 사람을 그냥 실종시키지는 않을 테니까 말이다.

선장은 이미 엔진을 꺼버렸고 아이들은 부두에 올라가 있었으며 제복 차림의 지부티공화국 사람들은 목타르와 앤드루를 환한 미소로 맞이하고 있었다.

목타르는 앤드루를 쳐다보았다. 이 일에서는 뭐든 좋은 결과가 나올 수 없었다. 하지만 행정관의 환대를 거절하는 게 수용하는 것보다 더 큰 화근이 될 것이므로, 목타르와 앤드루는 보트에서 내리는 걸 도와주겠다는 그들을 내버려두었다. 머잖아 여행가방들도 배에서 내려져 열리고 검색을 받았다.

여행가방은 작은 비닐봉지로 가득했다. 꼭 마약처럼 보였다. 목타르와 앤드루는 견본에 대해, 그들의 커피 사업에 대해, 일정에 대해, 다시 보트를 타고 가야 하는 이유에 대해, 시애틀에서 열리는 컨퍼런스에 대해 설명해야만 했다.

하지만 이제 시애틀에 늦지 않게 도착하는 건 거의 불가능해 보였다. 그들은 억류되고 말았다. 적대적인 방식은 아니었다. 딱히 위협적이라고 느껴지는 방식도 아니었다―적어도 지금까지는. 그보다는 미국 공항에서 흔히 보이는 무질서하고 비합리적인 지체였다. 자신들의 즉각적인 이해 범위를 넘어서는 무언가를 맞닥뜨렸다고, 그냥 허락해주기에는 너무 비일상적인 무언가와 맞닥뜨렸다고 느끼는 관리들이 일으키는 지체.

목타르와 앤드루는 어느새 SUV 뒷자리에 타고 행정관의 집이라는 곳으로 이동하는 중이었다.

"정말 거기로 가는 걸까요?" 앤드루가 속삭였다.

"모르겠습니다." 목타르가 말했다. 행정관의 집으로 데려가겠다고 말한 게 지부티공화국 사람들로서는 정말로 기발한 한 수였다는 생각이 들었다. 그런 영예를 누리게 될 거라 예상하게 만듦으로써 그들을 안심시키려는 의도였다. 게다가 그들이 타고 온 보트의 선장은 어디 있단 말인가? 사라졌나? 아이들은 사라졌다. 이는 선장이 어떤 식으로든 그들을 팔거나 넘겨줄 계획을 세웠을 가능성을 높여주었다. 아이들이 미끼였다! 목타르의 머릿속은 어두운 생각을 불러일으키는 가능성들로 뒤범벅되었다.

SUV는 집처럼 보이는 건물 앞에 멈췄다. 감옥은 아니었다. 관리들이 자동차 문을 열어주었고, 목타르와 앤드루는 정문까지 안내되었다. 카키색 바지에 버튼다운 셔츠를 입은 지부티 사람이 미소를 지으며 걸어나와 그들을 맞이했다.

"안녕하십니까, 안녕하십니까." 그가 인사를 건네더니 보좌관에게 고개를 돌렸다. "물? 물을 좀 드릴까요?" 그가 그들을 안으로 이끌며 물었다.

그들은 따뜻한 생수병을 받아들었다. 오보크는 섭씨 43도가 족히 넘었고 습도는 숨이 막힐 듯했다. 행정관은 그들을 자신의 사무실로, 널찍하고 나무 굽도리널이 붙은, 바다가 보이는 방으로 데려갔다.

그는 그들의 여행과 계획에 대해 물었고, 목타르와 앤드루는 즉시 수도로 갔으면 좋겠다는 이야기와 거기에서 아디스아바바로 가는 가장 빠른 비행기를 타고 싶다는 얘기를 했다.

"아, 그 비행기는 못 타실 겁니다!" 행정관이 쾌활하게 말했다.

그는 지금 시간이 거의 여덟시 정각이고 보트를 탈 경우 이동에만 몇 시간이 걸릴 거라고 말했다. 게다가 그들에게는 확인해야 할 점도 많았다. 행정관은 수도의 미국 대사관에 이야기해 이 모든 일을, 예멘 복장을 한 미국인 두 명이 예고 없이 도착한 일을 알리겠다고 했다.

"오늘밤은 여기서 지내세요." 행정관이 말했다. "아주 좋은 관광호텔이 있습니다. 거기 머물면 됩니다."

선택의 여지가 없었다. 최소한 그날 밤은 포로로 지내며 숙박 비용까지 지부티공화국 오보크 지방정부에 내야 할 처지였다. 구류되면서 목타르가 그 비용까지 어쩔 수 없이 댄 것이 이번주만 두번째였다. 행정관은 미국 대사관의 담당자가 석방을 승인해주거나 직접 와서 그들을 데려가야 한다고 말했다. 그런 다음 작별인사를 건네며 다음날 보자고 했다.

목타르는 대사관이 있는 수도까지 차를 타고 가면 여섯 시간이 걸린다는 사실을 알고 있었다. 대사관에서 누가 나올지는 모르지만, 누가 됐든 오보크까지 차를 몰고 오지는 않을 것이다. 게다가 이 모든 일이 전혀 말이 되지 않았다. 그들이 해야 하는 일이라고는 다시 배에 올라 수도까지 두 시간 걸리는 수상 여행을 하는 것뿐이었으니 말이다.

경비대가 목타르와 앤드루를 호텔로 데려갔다. 바다 위 절벽에 빨간 벽돌 오두막들이 모여 있었다. 체크인을 하는 동안에도 함께 기다리던 경비대는 그들이 미국 달러로 돈을 내자 떠났다.

객실은 소박했다. 방마다 간이침대와 작은 테이블, 천장에 달린 선풍기가 있었다. 그들을 지키는 사람은 없었다. 지부티공화국 당국에 도전하고 싶다면 호텔 단지를 떠나 길을 찾은 다음, 히치하이킹을 해서 수도까지 가볼 수도 있었다. 아니면 해변으로 가서 운을 시험해볼 수도 있었다. 선장을 찾아내 바닷길로 몰래 빠져나가는 것이다.

둘 중 무엇도 가능하지 않았다. 미지수가 너무 많았다. 게다가 푸른 군복무늬 차림의 경비대가 해변에 있을 가능성이 높았다. 게다가 마을은 어둡고 황량했다. 지나가는 자동차도, 거리에 나와 있는 사람들도 없었다. 불길한 분위기가 감도는 황폐한 마을이었다. 이런 곳에서는 사람이 실종될 수 있었다.

앤드루가 핸드폰으로 전화를 걸어보니 연결이 됐다. 그는 제니퍼에게 전화를 걸어 지금 있는 장소를 알려주었다. 그녀는 지부티의 미국 대사관 전화번호를 찾아주었다. 앤드루가 전화를 걸어 대단히 매력적인, 질질 끄는 남부 억양으로 대사관 직원에게 무슨 일이 벌어졌는지 말했다. 그녀는 지부티에 도착만 하면 친절히 맞아주고 안전하게 통행하게 해주겠다고 약속했다.

아침까지 기다리는 것밖에 다른 수가 없었다.

아침식사 때가 되자 호텔의 초소형 레스토랑에 기이한 인물 군상이 모여들었다. 북아프리카에서 온, 서로 어울리지 않는 군관 한 무리. 이탈리아인 가족—아마 국제 구호원인 듯한 부모는 아이가 아이패드로 만화를 보는 동안 서로 속삭였다. 가장 이상했던 것은 수녀들로 가득한 식탁이었는데, 그들은 온화하게 수다를 떨며 현재 기온이 섭씨 46도인 지부티에 온 것이 신이라도 나는 듯한 표정이었다. 목타르와 앤드루는 멍하니 침묵 속에 식사를 했다.

식사를 마친 뒤 그들은 택시를 타고 사령관의 사무실로 갔다. 경비대가 오보크와 수도를 오가는 정기 통근 페리선을 타고 갈 수 있다고 말해주었다.

"페리선은 언제 떠납니까?" 목타르가 물었다.

경비대는 확신하지 못했다. 보통은 열두시 삼십분에 떠난다고 말했다. 하지만 그 일정은 별로 믿음직스럽지 않았다. 사실 페리선은 그날 하루종일 아예 운행하지 않을 수도 있었다.

앤드루는 점점 불안해하면서 목타르에게 그들의 일정표를 상기시켰다. 그들은 돌아가서 견본을 로스팅해야 했다. 그런 다음에는 커피를 묵혀둘 시간도 필요했다. 목타르와 앤드루는 관리들을 양방향으로 압박했다. 앤드루는 까다로운 미국인 역할을 했고 목타르는 보다 회유적인 태도로 말을 건넸다. 이 방법이 통하지 않자 그들은 역할을 바꾸어 다시 시도했다. 마침내, 미국인 두 사람이 아무 어선이나 잡아타고 그런 식으로 지부티에 도착하는 일을 관리들이 묵인할 수는 없다는 게 분명해졌다. 지부티에서도 취조가 있을 텐데, 그때 두 사람이 오보크에서 일어난 일을 그쪽 관리들에게 말하면 어떻게 하나?

목타르 일행을 억류한 자들은 걱정하고 있었다. 그들은 여권에 도장을 찍고 미국인 두 사람을 받아준 게 아니었다. 오보크가 공식적인 입국항이 아니라는 점을 생각해보면 그럴 권한도 없었고 말이다. 하지만 그렇다고 두 사람을 그냥 다시 바다로 돌려보낼 수도 없었다.

문제는 통행 수단이었다. 어떤 보트에든 다시 타는 건 허락해줄 수 없다기에 목타르 일행은 대안을 제시했다. 트럭을 빌려 운전수를 고용한 다음 수도까지 차를 타고 가겠다고 말했다. 관리들은 이 대안을 받아들였고, 머잖아 그들은 SUV를 확보하고 운전기사를 고용해 견본을 싣고 떠났다.

기온은 섭씨 48.8도였고, 습도까지 겹쳐 체감온도가 그 두 배는 되는 듯했다. 차를 타고 가는 데 여섯 시간이 걸렸다. 차 안에는 한 사람이 더 있었다. 따라오겠다고 우긴, 지부티공화국의 하급 관리였다. 수도에 도착하면 뇌물을 받게 될 거라 기대하는 게 틀림없었다.

그들은 대체로 사람이 살지 않는, 가뭄과 무자비한 열기로 붉게 그을린 풍경을 지났다. 지부티공화국의 해안을 따라서 가끔은 내륙을 가로질러 바싹 마른 강바닥과 녹슨 듯 붉은 계곡들을 가로질렀다. 그러는 내내 목타르와 앤드루는 영어로 다양한 가능성과 만일의 사태에 대해 의논했다. 그들은 미국 대사관까지 차를 타고 가야 했고, 그곳에 도착한다면 뇌물도, 불청객인 이 관리가 따라붙는 것도 더이상 문제가 되지 않을 터였다.

하지만 일단은 대사관에 도착해야 했다. 이 여행이 과연 트럭을 타고 수도에 가는 단순한 일인지 궁금했다. 지부티공화국의 관리가 뇌물 문제가 해결될 때까지 길을 돌아가자고 제안하거나, 잠깐 어디 들르자고 제안하는 걸 어떻게 막을 수 있겠는가? 가는 길에는 검문소도 여러 곳 있었다. 지부티공화국 정부는 점점 불어나는 예멘 난민들을 제어하려 애쓰는 중이었다. 처음 두 검문소는 쉽고 빠르게 통과했다. 세번째 검문소에서는 관리와 운전기사가 질문을 받았고, 앤드루와 목타르는 여권을 제시해야 했다. 결국에는 통과해도 좋다는 허락을 받았다. 지부티공화국의 다른 지방을 짓밟고선 통탄할 열기와 같은 열기에 오십이만 구천 명이 시달리고 있는

칙칙한 도시, 지부티에 도착한 건 늦은 오후였다.

목타르와 앤드루는 자동차가 미국 대사관으로 향할 거라고 생각했지만, 대신 그들은 경찰서로 인도되었다. 그곳에서는 유행하는 사복을 걸친 젊은 경찰관이 — 경찰이라기보다는 모델처럼 보였다 — 지부티에 온 이유와 방법에 대해 목타르와 앤드루를 따로따로 심문했다. 목타르가 진술을 하는 동안 앤드루가 미국 대사관에 전화를 걸어 지난밤 통화했던 여자와 이야기했다. 그녀의 이름은 캐럴이었다. 그녀는 사람을 보내 그들을 데려가겠다고 말했다.

진술이 끝나자 멋쟁이 경찰은 목타르와 앤드루에게 가도 좋다고 말했다. 오보크에서 온 관리는 동의하지 않았다. 그때까지도 로비에서 기다리고 있던 그는 200달러를 요구했지만, 그걸 무엇에 대한 대가라고 정의해야 할지 결정하지 못한 상태였다. 처음에는 수도까지 안내해준 것에 대한 대가라고 말했다. 목타르와 앤드루가 그 말에 넘어가지 않자 오보크에 도착했을 때의 절차를 처리한 비용이라고 말했다. 그것도 통하지 않자 그는 경찰서에서 그들을 체포하겠다고 위협했다.

"좀 도와주시겠습니까?" 목타르가 멋쟁이 경찰에게 말했다. 멋쟁이 경찰이 끼어들어 관리를 내보냈다.

"거의 불쌍할 지경인데요." 목타르가 말했다.

대사관에서 보낸 사절이 도착했다. 그녀는 워싱턴 D.C. 출신의 지부티계 미국인이었으며, 아주 상냥하고 유능해 목타르와 앤드루는 하마터면 그녀를 끌어안을 뻔했다. 그렇지만 목타르는 루이지애나 출신이 이야기를 하는 게 나을 거라고 생각해 조용히 있었다.

목타르 자신은 억류되어 관타나모 수용소*로 보내질 가능성이 조금이라도 있을 거라는 생각에서였다.

하지만 그녀는 그들을 여행사로 데려가, 다음날 전미명품커피협회 컨퍼런스에 늦지 않도록 미국까지 그들을 데려다줄 비행기를 찾아주었다. 비행기는 오전 세시 정각에 지부티에서 출발했다.

공항에 도착했을 때 세관원들은 당황했다. 목타르와 앤드루는 지부티공화국 입국 비자를 발급받은 적이 없었고 여권에 도장을 받은 적도 없었다. 입국 도장이 없었기에 세관원들이 출국 도장을 찍어줄 수도 없었다. 한밤중 드물게도 실용주의적인 순간이 찾아온 덕에 세관원들은 그냥 그들을 비행기에 태워주기로 결정했다. 도장 없이 말이다. 마치 그들이 지부티공화국에 있었던 적이 전혀 없는 것만 같았다.

---

* 쿠바 관타나모만의 미 해군기지 내 수용소. 이곳에서 고문과 인권침해가 자행되었다는 증거가 발견되며 폐쇄 논란이 일었다.

제 5 편

THE
MONK
OF
MOKHA

39
인피니티로의 귀환

목타르가 미국으로 돌아온 일은 일종의 서커스였다. 샌프란시스코에서는 공항까지 방송국 카메라가 마중을 나왔다. 그는 지역 신문사, NPR, 알자지라와 인터뷰를 했다. 그날 밤은 당황스러워하면서도 감사해하는 가족들과 집에서 보냈고, 다음날에는 시애틀로 날아갔다. 전미명품커피협회 컨퍼런스는 무한한 성공을 거두었다. 목타르는 기조연설을 했고, 청중은 일어나 갈채를 보냈다. 그와 앤드루는 부스를 나눠 쓰며 예멘 커피를 명품 커피 세계에 소개했다. 컨퍼런스가 끝난 뒤 목타르는 택시를 타고 공항으로 가고 있었다. 그때 라디오에서 자신의 목소리가 나왔다. BBC와 했던 인터뷰였다.

"이 사람 장난 아니네요." 그 장난 아닌 사람이 자기 차를 타고 있다는 걸 모르는 기사가 말했다. 보트를 빌릴 때만 해도 목타르와 앤드루는 고향 사람들이 그 사건을 어떻게 볼지 확신하지 못했다. 총격전이 수없이 벌어지는 가운데 쪽배를 빌려서 모카를 떠나 홍해를 건너다니, 그것도 무역 박람회를 놓치고 싶지 않아서 말이다.

베이 에어리어에 있는 그의 친구들 중 절반이, 적어도 몇 시간 동안은, 목타르가 죽었다고 생각했다. 목타르가 탈출한 날, 베이 에어리어의 또다른 예멘계 미국인인 자말 알라바니가 박격포 공격으로 사망했다. 그의 이름이 언론에 나오기 전부터 목타르의 주변인들 사이에서는 소문이 돌았고 그의 친구들은 최악의 상황을 두려워했다.

컨퍼런스 이후 샌프란시스코에서 목타르는 미리엄, 저스틴, 줄리아노와 만났다. 이들은 방금 전쟁터에서 탈출한 사람치고 그가 얼마나 멀쩡하게 보이는지 이야기했다. 아랍 미국인 공동체와 미국인 이슬람교도 지지 단체, 커피업계 사람들이 목타르를 찾았다. 하지만 마침내 그 모든 것이 잦아들고 다시 일이 시작되었다. 목타르는 블루보틀로 갔다. 이미 목타르의 소문을 들은 제임스 프리먼이 목타르가 가져온 하이마 견본을 시음했다. 프리먼은 그 커피를 90점 이상으로 평가했다.

"이걸 얼마나 가져올 수 있습니까?" 프리먼이 물었다.

"컨테이너 하나 분량입니다. 18톤요." 목타르가 말했다.

프리먼은 잠시 조용했다. "그 정도로는 충분하지 않을지도 모르겠는데요." 그가 말했다. 그는 그 커피 전부를 사고 싶어했다.

터무니없는 수준의 계산이 나왔다. 목타르가 예멘 커피 한 컨테이너 분량을 명품 커피 전문점에 팔 수 있다면 마진율은 어마어마할 터였다. 농부들은 예전보다 30퍼센트 이상을 더 벌게 된다.

하지만 목타르에게는 자본이 필요했다. 훨씬 더 많은 자본이.

그는 이브라힘에게 무슨 좋은 생각이 없는지 물었다. 이브라힘은 명단을 만들었다. 그들은 예멘계 미국인 공동체 내의 모든 지인에게 연락을 돌렸다. 다른 곳을 찾아야 했다.

어느 날, 목타르는 미션 스트리트에서 미리엄에게 이 모든 일에 관해 이야기하고 있었다. 미리엄은 목타르가 살아 있다는 것만으로도 기뻐했다. 어쨌거나 목타르에게 커피를 가리켜 보인 사람이 그녀였고, 그는 예멘으로 가서 하마터면 죽을 뻔했으니까 말이다. 이제 목타르는 더 많은 커피를 살 돈이 필요하다고 했다. 계속 예멘으로 가 죽을 고비를 넘기는 일을 반복할 돈이.

그들은 발렌시아 스트리트의 카페인 리추얼 커피 로스터에서 이 모든 일들을, 예멘과 예멘이 처한 곤경과 예멘의 커피에 대해 이야기하고 있었다. 그때 옆 테이블의 한 여성이 관심을 보였다. 그녀는 키가 크고 금발이었으며 마른 체격이었다. 이름은 스테파니였다. "제가 일하는 곳에 한번 오세요." 그녀가 말했다.

목타르는 그녀의 회사에 가는 것이 무슨 의미인지 알 수 없었다. 하지만 그때 그녀가 자기가 파운딩 파더스라는 벤처캐피털회사에서 일한다고 말했다. 구미가 동하는 얘기였다.

그는 이브라힘에게 전화를 걸었다. "파운딩 파더스라니. 벤처캐피털회사로는 훌륭한 이름인데." 이브라힘이 말했다. 하지만 인터넷을 찾아본 그들은 파운딩 파더스라는 이름의 밴처캐피털회사는 없다는 걸 알게 되었다. 그들은 페이스북에서 스테파니를 찾아보았다.

"세상에." 이브라힘이 말했다. "파운더스 펀드에서 일하잖아."

목타르는 그게 무슨 뜻인지 몰랐다. "좋은 거야?" 그가 물었다.

이브라힘이 그를 교육시켰다. 파운더스 펀드는 페이스북, 에어비앤비, 리프트에 초기 투자를 했다. 그들은 수십억 달러를 굴렸다. 그들이 승인만 해주면 아무리 모호한 개념도 현실이 될 수 있었다. 그래서 목타르 일행은 스테파니에게 그녀의 사무실로 기꺼이 가겠다고 말했다.

하지만 파운더스의 창립자는 마음에 걸렸다. 그는 피터 틸이라는 사람으로, 가장 최근에는 공화당 전당대회에 나타나 도널드 J. 트럼프를 지지한 것으로 알려져 있었다.

"아직 그 걱정을 하기에는 일러." 목타르가 말했다. 파운더스에는 틸의 동업자 한 사람을 포함해 진보적인 사람들이 가득했다. 스테파니가 꼭 만나보라고 했던 그 여성의 이름은 사이언 배니스터였다. 그들은 그녀를 찾아보았다. 그녀는 스페이스X와 우버 초창기에 베팅했던 유명한 앤젤 투자자였다. 성소수자이기도 했다.

"가도 되겠다." 목타르가 말했다. 그녀의 정치적 성향이 어떤 식으로든 틸과 균형을 이룰 거라고 그들은 생각했다. 하긴, 그렇게 따지면 틸도 게이이기는 마찬가지였다. 이 모든 게 아주 혼란스러웠다.

파운더스의 사무실은 샌프란시스코 북부 해안의 옛 군기지 프리시디오에 있는, 조지 루커스 감독이 개조한 건물에 있었다. 로비에 실물 크기의 다스 베이더 복제품이 있었다.

"제임스 프리먼 말로는 여러분의 커피에서 천사의 노래 같은 맛이 난다더군요." 사이언이 말했다. 그녀는 아주 친절했고 매우 흥미를 보였으며 이미 조사를 마친 상태였다. 그녀는 명품 커피 사업이 정말 돈이 된다는 걸 알고 있었으며, 목타르에 대한 블루보틀의 신뢰에 용기를 얻은 상태였다. 하지만 그녀는 파운더스 펀드가 리드 투자자가 될 수는 없다고 말했다. 초창기 기업에는 리드 투자를 하지 않는다는 거였다.

"리드 투자자는 있습니다." 이브라힘이 말했다. 엄밀히 말해 사실은 아니었지만, 이브라힘은 파운더스 펀드의 약속을 받을 수만 있다면 그 영향력을 활용해 자신의 친구 타레크 파힘이라는 이집트인이 두바이에 본부를 두고 운영하는 인듀어 캐피털이라는 다른 벤처캐피털회사에서 리드 투자를 끌어낼 수 있을 거라 생각했다.

그들은 그날 실현되지 않을 것 같은 계획을 가지고 프리시디오를 떠났고, 그 계획은 몇 달 후에 실현됐다. 파운더스의 투자 약속을 근거로 그들은 인듀어를 끌어들였다. 인듀어의 약속을 근거로 그들은 또다른 회사인 500 스타트업에서 기금을 만들어냈다. 그들은 갑자기 아주 현실적인 회사가 되었다. 커피를 미국으로 들여올 비용을 댈 수 있게 되었다. 농부들에게 비용을 지급할 수 있게 되었다. 그리고 스스로에게도 보수를 지급할 수 있었다.

목타르에게는 새로운 생각이 떠올랐다. 이제 그는 어쩌면 자기 아파트를 가질 수 있을지도 몰랐다. 그는 그때까지도 앨러미다에 있는—부모님이 다시 이사를 했다—부모님의 집 바닥에서 잤다.

월리드와 겨우 한 뼘 떨어진 채였다. 월리드의 코고는 소리는 예의 범절을 위협할 정도였으며, 숙면의 적이었다.

목타르의 친구에게는 호메라라는 친구가 있었는데, 호메라는 부동산중개인이었다. 그래서 목타르는 온라인으로 그녀의 중개 매물을 찾아보았다. 웃음이 나왔다. 그는 즉시 자기가 샌프란시스코의 침실 한 개짜리 아파트를 임차할 수 없다는 걸 알았다. 하지만 심술궂은 호기심이 든 그는 스크롤을 내리며 호메라의 목록을 살펴보다가, 인피니티의 한 아파트를 보고 멈추었다. 사진은 놀라울 정도였다. 베이 에어리어와 시내 전체, 버클리, 오클랜드, 베이브리지, 엔젤 아일랜드, 마린이 전망 안에 모두 담겼다. 인피니티에서 그 오랜 시간을 일하면서도 그는 한 번도 거주 공간 안에 들어가본 적이 없었다. 가끔 택배를 배달하고 주민들이 엘리베이터에 물건을 싣거나 내리도록 도와주었으며 현관까지 테이크아웃 음식을 배달해주기는 했지만, 한 번도 안에 들어오라는 초대를 받지 못했다.

한 달 임차료는 기가 찰 정도였다. 그로서는 전혀 지불할 여력이 없었다. 장난삼아 그는 크레이그리스트에도 들어가 보았다. 이번에도 인피니티의 매물이 보였다. 이번에는 그 건물에 있는 침실 두 개짜리 집에 함께 살 룸메이트를 찾는다는 내용이었다. 급하게 룸메이트를 구한다면 전대를 하는 사람이 싸게 내놨으리라는 생각에 목타르는 실려 있는 메일 주소로 이메일을 보내, 자기는 커피업계에서 일하며 그 집에 관심이 있다고 적었다.

섀건이라는 사람에게서 답장이 왔다. 목타르는 페이스북에서 그 사람을 찾아보고 여자라는 걸 알았다. 대단히 아름다운, 의대에 다니는 인도계 미국인 여성이었다. 목타르는 그녀와, 누구든 결혼하지 않은 여자와 함께 살 수는 없다는 걸 알았지만—그의 부모님이 쓰러질 테니까—그녀를 한번 만나 아파트를 구경한다고 나쁠 건 없을 것 같았다.

그는 인피니티를 떠난 뒤 처음으로 그곳에 돌아왔다. 루퍼트 옷을 차려입고, 일부러 몇 분 늦게 나타났다. 아는 사람이 프런트에서 일하고 있을 수도 있으니 로비에서 어정거리고 싶지 않았다. 섀건이 그가 수위였다는 사실을 알 필요는 없었다.

모습을 드러낸 섀건은 함께 살기에는 너무 아름다웠다. 예멘 관습을 거역해볼까 하던 생각이 모조리 사라져버렸다. 로비에는 다른 주민도 있었다. 짐 슈타우퍼라는, 나이든 백인 재무 관계자였다. 목타르는 슈타우퍼 씨에게 백 번 정도 문을 열어주고 그의 택배를 받아 분류해주었다. 목타르는 그와 눈을 마주쳤고, 슈타우퍼가 다가와 그에게 왜 돌아왔는지, 어떻게 지내는지 물을 거라고 생각했다. 목타르는 정체를 들키는 건 어쩔 수 없다고 생각하며 체념했다.

하지만 슈타우퍼 씨는 눈앞에 보이는 게 무엇인지 확신하지 못하는, 눈이 나쁜 사람처럼 고개를 갸웃하더니 돌아서서 갈 길을 갔다. 그는 목타르의 이름을 기억하지 못하거나 아예 그를 알아보지 못했다.

머잖아 목타르는 섀건과 단둘이 엘리베이터를 타고 인피니티 이십삼층의 아파트를 향해 올라갔다. 그녀는 의대 생활에 대해서 이야기했다. 깔끔하고 정신을 산만하게 하지 않을 직장인 룸메이트를 찾고 있다고도 이야기했다. 이 모든 얘기를 줄줄 늘어놓은 것은 아니었지만 목타르는 알아차릴 수 있었다. 그는 이런 전문가들에게 문을 열어주는 일을 했으니까.

들어가보니 아파트는 브로슈어에 실린 사진과 똑같았다. 사방에 빛이 들어왔다. 사방이 파란색이었다. 도시와 도시의 모든 유리가 전부 아파트 안에 들어와 있었다. 그 안에 서 있는 것만으로도 평형감각에 근본적인 조정이 필요했다. 마치 비행기 날개 위에 서 있는 것만 같았다.

그들은 자리에 앉았다. 이제 그녀는, 목타르가 생각하기에는 로비에서 목타르와 악수하면서부터 품었을 법한 질문을 부드럽게 던졌다. 어떻게 당신 나이의 커피업계 종사자가 이런 아파트에 살 여유가 있느냐고 말이다. 바레인의 유산 상속자인가요?

그는 그녀에게 예멘에 대해서, 폭격과 후티 반군을 피해 예멘에서 커피를 빼낸 일에 대해서 이야기해주었다. 농부들에 대해서도 이야기했고, 신의 가호가 따른다면 몇 달 후 세계 최상급 커피로 가득찬 컨테이너 하나를 예멘에서 오클랜드로 운반하게 될 거라고도 이야기했다. 그 배가 들어올 때 베이 에어리어를 내려다보며 인피니티에 있고 싶다고.

"예전에 여기서 일하기도 했고요." 그가 말했다.

"영업부였나요?" 그녀가 물었다.

그녀는 목타르가 수위였다는 말을 믿지 못했다. 그는 자기가 아는 로비 대사 대여섯 명의 이름을 줄줄 읊어댔다. 그중 몇 명은 그녀가 만났을지도 모르는 사람들이었다. 그때에야 그녀는 목타르의 말을 그대로 받아들였다. 목타르는 자기가 그녀와, 누구든 독신여성과 함께 살 수 없다는 걸 알고 있었지만 이제는 내면에 갈망이 생겼다. 그는 인피니티에 살 수 있다는 걸 증명하기 위해서라도 그곳에 살아야 했다.

이 주 후 그는 다른 매물을 찾았다. 인피니티 B동의 다른 전대 매물이었다. 버클리 소재의 통계회사를 소유한 제프라는 남자와 같이 살던 매트라는 남자가 내놓은 물건인 듯했다. 매트는 일 때문에 오하이오로 이사했지만 아파트를 계속 가지고 있으면서 자기 방을 전대로 내놓았다. 최근 그의 방을 임차했던 러시아인 경영학도가 이사를 나간다고 했다.

침실 하나짜리 전대 매물의 가격은 목타르가 미국에서 지불했던 그 어떤 가격보다도 비쌌다. 하지만 목타르에게는 계획이 있었다. 그가, 목타르 알칸샬리가 삼십층이 됐든 몇 층이 됐든 제프와 매트가 사는 층의 발코니에, 자기가 사랑하는 모든 사람과 함께 서서 항구로 들어오는 커피를 지켜보는 모습이 특별히 포함된 계획 말이다.

목타르는 매트에게 전화를 걸었고, 매트는 목타르가 러시아 과두제 집권층의 뒤를 이을 자격이 있다고 생각했다. 목타르가 해야 할 일이라고는 제프를 만나는 것뿐이었다. 그러면 그가 최종 결정을 내릴 터였다. 목타르는 로비를 가로질렀다. 프런트데스크에서 일하는 사람 중 누구도 그를 알아보지 못했다. 그리고 엘리베이터에 탔다. 삼십삼층에서 제프가 문을 열어주었다. 사십대의 키 큰 백인 남자가 목타르에게 와인을 권했다. 목타르는 거절했다. 제프는 자기 잔에 와인을 따랐고, 그들은 러시아인에 대해서, 업무 일정에 대해서 이야기했다. 그러는 내내 제프는 섀건이 암시했던 바로 그 질문을 묻고 싶어했다. 당신, 무슨 사우디 왕자 같은 겁니까? 목타르가 커피업계에서 일한다고 소개했을 때, 제프는 그가 바리스타라고 생각했다. 마침내 목타르는 카운터에 놓인 고급 핸드그라인더를 발견했고, 블루보틀 이야기를 대화에 끌어들일 방법을 떠올렸다. 그게 결정타였다. 제프는 매일 블루보틀에 가는 사람이었다. 그는 목타르에게 전대를 내주었고, 목타르는 모든 재정적 의무를 차치해두고 우선 제안을 받아들였다.

스티븐은 이사를 도와주겠다고 했지만 일거리가 별로 없었다. 목타르에게는 여행가방 하나와 쓰레기봉투 두 자루밖에 없었다. 그들은 모퉁이에 차를 대고, 목타르의 소유물을 인피니티 B동 로비로 가지고 들어갔다.

그날은 조너선이라는 젊은이가 프런트데스크에서 일을 하고 있었다. 전화가 울리고 있었으며 로비는 정신이 하나도 없었다. 조너선이 목타르에게 제프가 남겨둔 열쇠를 건네주도록 되어 있었지만, 그는 그 열쇠를 찾지 못했다. 목타르와 스티븐은 로비의 가죽 소파에서 기다렸다.

"괜찮아요?" 스티븐이 물었다.

"괜찮은데요. 왜요?" 목타르가 말했다.

"계속 일어나서 사람들한테 문을 열어주려고 하잖아요." 스티븐이 말했다.

목타르가 대여섯 번을 자리에서 일어났다 앉은 뒤였다. 어쩔 수가 없었다. "미안해요." 그가 말했다. "습관의 힘인가봅니다."

"목타르 씨는 더이상 여기 직원이 아니에요." 스티븐이 말했다.

"알아요. 알아요." 목타르가 말했다.

일주일 후, 목타르는 차를 타고 베이 브리지를 건너 샌프란시스코를 향해 가고 있었다. 도시는 샹들리에처럼 밝았다. 아버지가 조수석에, 어머니는 뒷자리에 타고 있었다. 방금 저녁 외식을 하고 오는 길이었다. 목타르가 한턱냈다. "인피니티라고, 제가 일하던 곳 기억나세요?" 그가 물었다.

부모님은 기억하고 있었다.

"오늘밤에 오픈하우스를 한대요." 목타르가 말했다. "가보시겠어요?"

부모님은 아들 둘이 인피니티에서 일한 적이 있었으므로, 탑처럼 높은 그 건물 중 한 곳의 내부를 본다는 것에 관심이 없지는 않았다. 하지만 시간이 평일 저녁 여덟시 정각이었다. 왜 지금 오픈하우스를 한단 말인가?

로비에 다른 방문객은 없었다. 오픈하우스를 한다는 아무 징조도 없었다. 목타르는 부모님이 조금만 더 자기 말을 믿어주기만 바랄 뿐이었다. 엘리베이터에서 그는 삼십삼층을 눌렀다. 부모님이 도착했을 때 제프가 집을 비워놓기로 미리 짜두었다. 그는 슬롯에 카드키를 넣고 문을 열었다. 늘 그렇듯, 창문마다 도시가 생기 있게 살아 있었다. 시내의 불빛들이 아파트의 윤기나는 바닥에 반사되었다.

"아무도 없는데." 어머니가 말했다.

목타르는 어머니를 발코니로 모셔갔다. 그들은 베이 에어리어에서, 그 높은 하늘에서 불어오는 공기를 들이마셨다. 하지만 아버지는 아직도 문가에 서 있었다.

"높은 데를 무서워하셔." 어머니가 말했다. "몰랐니?"

몰랐다. 그들은 한 번도 삼층 이상으로, 텐더로인에서 살던 낡은 아파트 이상으로 올라가본 적이 없었으니까.

목타르는 어머니를 다시 실내로 모셔왔고, 그때쯤 아버지는 목타르가 액자에 넣어 커피 테이블에 올려놓은 어머니와 아버지의 사진들을 본 후였다.

"왜 저게 여기 있는 거야?" 어머니가 물었다.

"엄마, 아빠, 앉으세요." 목타르가 말했다.

그들은 자리에 앉았다.

"제가 요즘 정말 잘나가고 있어요." 그가 말했다. "열심히 일하고 있고 회사 실적도 좋아요. 두 분이 저를 자랑스러워하셨으면 좋겠어요. 제가 부모님을 부양하고 싶어요." 그는 커피에 대해, 주문에 대해, 들어오는 배에 대해 이야기했다.

"정말 잘됐구나, 목타르." 어머니가 말했다. "하지만 아직도 왜 우리 사진이 여기 있는지는 모르겠어."

　"엄마." 목타르가 말했다. "그건 제가 여기 살기 때문이에요."

40
바다 위의 커피

예멘의 상황은 점점 더 나빠지고 있었다. 사실상 어떤 상품도 예멘에서 반출되지 못했다. 항구 활동은 필수품을 수입하는 데 집중되었다. 의약품은 구하기 힘들었고, 예멘의 대다수는 식량 불안정으로 고통을 겪고 있었다. UN은 예멘이 기아 직전 상황이라고 보았다. 아무도 국제 명품 커피 로스터들에게 커피를 수출하는 일을 우선순위로 보지 않았다.

하지만 목타르는 계속 농부들에게 수확을 지시했다. 과부 와르다와 장군, 하이마의 다른 농부들은 작업을 계속했고—그들이 사는 지역은 거의 전쟁의 영향을 받지 않았다—계속해서 붉은 열매를 사나에 있는 목타르의 창고로 운반했다. 그의 분류 작업자들은 매일 출근했다. 공습 때문에 경유 발전기에서 필요한 전력을 만들어 써야 했다.

목타르는 캘리포니아 시간으로 매일 새벽 네시 정각에 확인 전화를 걸었다. 그는 앤드루, 알리와 이야기해 모두가 안전한지 확인했고, 재정 문제와 실행 계획을 논의했다. 사방에서 문제가 발생했다. 하루는 사우디군의 폭탄이 출근길에 구멍을 내는 바람에 분류 작업자 한 명이 출근하지 못했다. 또다른 분류 작업자는 남편이 후티 쪽에 서서 싸우라는 압박을 받고 있어 숨어야만 했다.

그레인프로 자루 문제도 있었다. 목타르한테 자루가 필요하다는 것 자체는 좋은 소식이었다. 컨테이너를 채울 만큼 많은 초록색 커피콩이 있다는 얘기였으니까. 하지만 커피콩을 바다로 운송하려면 전통적인 삼베 자루만으로는 부족했다. 목타르가 자기 커피는 다르다는, 우월하다는 메시지를 전할 수 있으려면 포장부터 시작해야 했다. 바다 냄새든, 배의 짐 선반에서 나는 냄새든, 현재 싣고 있거나 과거에 실었던 다른 모든 것의 냄새든 전혀 배지 않은 커피를 배송지에 반드시 도착하도록 하는 일에서부터 말이다.

그레인프로 자루는 업계 표준이었다. 습기는 보존해주고, 방해가 되는 요소들은 들어가지 못하게 막아주는 두꺼운 비닐 자루였다. 미국에서나 사실상 세계 다른 어느 곳에서나 그레인프로 자루를 손에 넣는 것은 전화를 걸어 UPS에서 배달을 받기만 하면 되는 쉬운 일이었다. 하지만 이 자루들을 전쟁중인 예멘으로 들이는 건 이성의 영역을 넘어서는 일이었다.

목타르는 그레인프로 천이백 개를 에티오피아로 들여보내는 데 성공했다. 그 일에 이 주가 걸렸다. 하지만 에티오피아에서는 아무도 그걸 예멘으로 가져갈 수 없었다. 목타르는 지부티에 여러 통

전화를 걸어 지부티와 모카 사이를 오가는 화물선 하나를 찾아냈다. 거기에 또 육 주가 걸렸다. 그가 자루를 사나로 들여보내기까지는 전부 합쳐 두 달이 걸렸다. 사나에서는 신경써서 이름표를 붙여둔 자루에 분류된 커피를 넣었다. 봉인된 자루들은 아덴항으로 운반되었고, 오클랜드로 운송될 준비를 마쳤다.

가끔은 이 모든 일이 꼭 필요한 건가 싶어지기도 했다. 예멘에서는 사람들이 죽어가고 있었다. 국가가 붕괴되고 있었다. 그런데 목타르는 샌프란시스코의 고층 아파트에서 매일 새벽 네시 정각에 일어나 커피 일로 사나에 전화를 걸었다. 언제쯤 예멘에서 컨테이너가 떠날 수 있느냐고 물었다.

하지만 이 사업에 걸려 있는 돈은 엄청났다. 오마르의 돈. 투자자들의 돈. 후바이시의 돈. 그가 생각해야 하는 모든 농부들의, 수확 일꾼들과 분류 작업자들의 신뢰도 걸려 있었다. 게다가 이제 목타르에게는 샌프란시스코에도 직원이 있었다. 그는 오랜 친구 이브라힘 아흐마드 이브라힘을 CFO로 고용했다. (십오 개월 된 아기가 있는 상황에서 남편이 인투이트의 보수 좋은 일자리를 그만두고, 관련 경험이라고는 셔츠와 혼다를 팔아본 경험밖에 없는 목타르와 함께 일하는 걸 허락해줬다는 점을 생각하면 이브라힘의 아내 살와는 가능한 한 지원을 아끼지 않았다고 할 수 있었다.) 목타르는 부트 커피의 조디와 말리를 품질관리부서 감독으로 영입했으며, 그의 오랜 친구인 제러미는 비서로 들였다.

커피가 항구를 떠나지 않는다면 이 모든 일은 지속될 수 없었다.

스티븐과 목타르는 하루에 약 열 번씩 각자의 아파트에서 이야기를 나누었다. 그들은 애틀러스라는 운송회사와 일하고 있었는데, 그 회사의 사주인 크레이그 홀트가 목타르의 사명에 개인적인 관심을 보였다. 그가 여러 달 동안 예멘에서 커피를 내올 방법과 씨름하더니 12월 하순의 어느 날, 목타르의 컨테이너를 새해 전야에 실을 예정이라고 전해왔다.

2016년 1월 1일, 커피가 바다에 떴다. 배의 이름은 MSC 레베카 호였다.

41
루시아나호

MSC 레베카호에 있던 목타르의 컨테이너는 제다항에서 더 큰 배인 MSC 루시아나호로 옮겨졌고 루시아나호는 제다에서 싱가포르로, 다시 롱비치로 항해했다. 거의 두 달이 걸렸다. 2월 하순, 홀트는 마침내 목타르에게 그의 커피가 미국에 도착했으며 롱비치에서 세관을 통과하는 중이라고 말해줬다. 컨테이너는 가장 빠르면 2월 25일 토요일에 오클랜드에 도착할 터였다.

목타르는 부모님과 스티븐, 이브라힘에게 전화를 걸었고 미리엄, 갓산, 줄리아노, 저스틴에게 문자메시지를 보냈다. 모두에게 문자메시지를 보냈다. 제 커피가 항구에 들어오는 걸 보러 오세요, 라고 썼다. 그는 인피니티의 발코니에서 모두와 함께, 그가 사랑하는 모두와 함께 배가 들어오는 걸 지켜보는 파티를 계획했다. 과일 탄산수가 필요할 것이다. 무알코올 샴페인도. 탄산음료, 치즈, 크래

커, 디핑 소스. 가게에 가야 했다.

하지만 커피가 토요일에 도착하리라는 보장 자체가 없었다. 배가 얼마나 지체될지, 특정 컨테이너가 얼마나 오랫동안 검색을 당할지 알 방법은 전혀 없었다. 특히 예멘에서 출발한 컨테이너라면 말이다.

목요일에 목타르는 잠자리에 들었다가 다시 일어나 예멘에 전화를 걸었다. 샌프란시스코에서는 새벽 세시나 네시, 예멘에서는 오후시간에 전화를 걸어 알리, 누리딘과 통화하는 것이 여전히 그의 일과였다. 그날 아침의 통화는 골칫거리로 가득했다. 평화회담은 아무런 진전이 없었다. 분류 작업장에는 전기가 들어오지 않았고, 직원들은 일자리를 잃을까봐 걱정하고 있었다. 목타르도 걱정이 됐다. 다음번 수확은 몇 달 뒤에야 있을 테고, 직원들은 일거리가 거의 없었다. 투자자들은 그에게 분류 직원들을 해고하라고 강력하게 촉구하고 있었다. 분류할 커피가 없는 상황에서 그렇게 많은 분류 작업자들을 급료 대장에 올려놓는 건 말이 되지 않았다.

하지만 그들을 해고한다면 그들은 절대로, 전쟁통에 다른 일을 구하지 못할 것이다. 게다가 다음 수확 때는 또 어떻게 다른 작업자들을 찾아 훈련시키겠는가? 그래서 목타르는 그들을 계속 데리고 있었다. 바그다드, 사메라, 라키, 샴즈, 알함, 그리고 알함(알함이 두 명이었다). 그는 그들 모두에게 계속 급료를 주었다. 그들은 고마워했다. 공습을 당하고 있는 도시 사나에서는 남편들 대부분이 실직한 상태였기에 더욱 그랬다.

목타르는 머리에 어두운 생각들이 가득한 채 금요일 늦게 잠에서 깼다. 모든 게 잘못될 것 같다는 느낌을 떨칠 수 없었다. 컨테이너가 억류될 것 같았다. 커피가 상한 채로 도착할 것 같았다. 빚더미에 깔리게 될 것만 같았다.

스티븐은 결혼식에 참석하러 플로리다에 갔지만 루시아나호의 최신 정보를 계속 추적하고 있었다. 목타르는 그에게 문자메시지를 보내 배의 상태를 서너 번씩 확인했다. 지금도 내일 온대요?

몇 초 후 스티븐이 전화를 걸었다. "지금 오고 있어요."

"뭐가요?" 목타르가 물었다. 그는 침대에서 일어나 앉았다.

"배요." 스티븐이 말했다. "두 시간 후면 오클랜드에 도착할 겁니다."

스티븐은 핸드폰으로 배의 진행 경로를 확인할 수 있었다. MSC 루시아나호는 꾸준히 해변을 따라 움직이고 있었다.

"그럴 리가요. 확실해요?" 목타르가 물었다.

스티븐은 애틀러스에 확인을 해보겠다며 전화를 끊었다. 애틀러스에서는 최신 정보에 따르면 배가 그날 밤 열시 정각에 도착할 거라고 말했다. 하지만 스티븐의 핸드폰에 깔린 추적 앱은 배가 빠르게 태평양 해안을 따라 올라오며 골든게이트 해협으로 다가오는 모습을 보여주었다.

목타르는 침대에서 나왔다. 그는 아파트를 돌아 달려갔다. 뭘 해야 할지 전혀 생각나지 않았다. 배가 빨리 도착하게 되었다. 두시에 도착할 예정인데, 벌써 정오였다.

그는 어머니에게 전화를 걸었다. 음성메시지가 나왔다. 아버지는 버스를 몰고 있었다. 그는 미리엄에게 전화를 걸었는데, 그녀는 한 시간 떨어진 반도 지역에 내려가 있었다.

이브라힘은 샌프란시스코에서 회의에 참석해 인투이트에서의 마지막 날을 정리하고 있었다. 목타르가 연락할 수 있고 인피니티 까지 제때에 올 수 있는 사람은 이 모든 일에 대해 책을 쓰고 있던 사람뿐이었다. 목타르가 그리던 방식은 아니었다.

목타르는 핸드폰으로 MSC 루시아나호의 작은 아이콘이 통통거리며 한 번에 한 픽셀씩 해변을 따라 올라오는 것을 보았다. 배는 몬터레이를 지났다. 퍼시피카를 지났다. 목타르는 배가 보일지도 모른다고 생각하며 발코니로 갔다. 아무것도 없었다. 배는 아직 금문교를 지나지 않았다.

초인종이 울렸다. 작가가 왔다. 그렇게 우리는 가슴 두근거리며 이 일에, 이 일이 정말로 일어나고 있다는 사실에 웃으면서 거기서 있었다. 하지만 무알코올 샴페인이나 과일 탄산수는 없었다. 가까운 친구도, 가족도 없었다. 우리 둘밖에 없는데 배는 그토록 가까워져 있었다.

목타르는 핸드폰 앱을 지켜보았다.

"보세요. 금문교 아래를 지나고 있어요." 그가 말했다.

있었다. 비디오 게임에서처럼 배가, 아주 작은 빨간 화살표가 그의 작은 화면에 떠 있었다. 우리는 계속해서 핸드폰을 보다가 눈을 들어 북쪽을, 도시 너머를 바라보기를 반복했다. 언덕과 베이 에어리어의 풍경을 가로막고 있는 건물들 너머로 배가 보이기라도 할 것처럼.

우리는 배가 어디에서 처음 보이게 될지 알아냈다. 인피니티에서 북쪽으로 겨우 두 블록 떨어진 곳에 대각선으로 원 마켓 플라자 건물 두 채가 자리잡고 있었다. 두 건물 사이에는 작은 틈새가 있어서 루시아나호가 지나갈, 베이 에어리어의 코발트색 바다의 작은 조각이 드러났다.

해는 높이, 하얗게 떠 있었다. 날이 거짓말처럼 밝았다. 돛단배 몇 척과 페리선 두어 척만 있을 뿐 아무것도 없었다. 화물선도, 유조선도. 언제든 두 타워 사이에 화물선이 나타난다면 그 배가 루시아나호일 터였다. 물 위에 그 비슷한 배는 한 척도 없었다.

아래쪽으로는 트레저 아일랜드 전체가, 나지막한 흰색 건물들이 보였다. "옛날에 제가 살던 집을 바로 지나가겠네요." 목타르가 말했다.

그는 다시 핸드폰을 확인했다. 루시아나호의 빨간색 화살표가 피셔먼즈 워프를 지나 노스 비치와 엠바카데로를 돌고 있었다. 우리는 진짜 루시아나호가 당장이라도 눈에 보일 거라 확신했다.

그리고 나타났다. 타워 사이로, 화물선의 검은 뱃머리가.

"세상에." 목타르가 말했다.

루시아나호. 뱃머리에 바로 그렇게 적혀 있었다. 화물선에는 흰색과 파란색, 노란색과 초록색 컨테이너들이 높이 쌓여 있었다.

목타르는 카메라를 켜고 설명했다. "지금은 2월 26일입니다. 저 두 건물 사이로, 바로 저기, 저 배가 세계 최고의 커피 18톤을 가져오고 있습니다. 예멘에서요."

화물선은 트레저 아일랜드를, 이어 미국 국기가 꽂힌 꼭대기 주변을 갈매기들이 원을 그리고 있는 페리 빌딩을 지나고 있었다. 예인선 두 척인가 서너 척이 베이 에어리어를 가로지르는 루시아나호를 안내했다. 목타르의 핸드폰이 울렸다. 이브라힘이었다. 일찍 퇴근해서 이리로 오는 길이었다.

"지금 와야 돼." 목타르가 그에게 말했다. "차는 이중주차를 하든 어떻게든 해."

몇 분 후에는 이브라힘도 그곳에, 발코니에 있었다. 그와 목타르는 끌어안았다. 루시아나호는 아직도 트레저 아일랜드를 지나고 있었다. 목타르가 스티븐에게 전화를 걸었다. 스티븐이 받았다. 그의 씩 웃는 얼굴이, 플로리다의 태양을 받아 붉어진 얼굴이 화면을 가득 채웠다. 그의 뒤쪽으로 야자수가 보였다.

"보여요?" 목타르가 말했다. "루시아나호예요! 바로 저기 있다고요!"

스티븐이 핸드폰을 기울이자 옆에 있던 젊은 여성이 보였다. "이쪽은 레이예요. 내일 결혼한다네요."

"축하해요, 레이." 목타르가 말했다. "최고의 행복이 함께하기를 빌겠습니다. 멋진 인생이 될 거예요." 모든 게 멋지게만 보였다.

"아 이런, 저도 거기 있었으면 좋았을 텐데요." 스티븐이 말했다.

"있는 거나 마찬가지죠." 목타르가 말했다. "아니, 있어요!"

그는 스티븐이 지켜볼 수 있도록 핸드폰 카메라를 배 쪽으로 돌렸다. 그들은 전화를 끊었다. 다른 사람들에게도 전화를 걸어야 했기 때문이다. 미리엄. 목타르는 그녀에게 연락해 여전히 지나가고 있는 루시아나호를 보여주었다.

"네가 나한테 보냈던 문자메시지 기억나?" 그가 물었다.

길 건너편 본 적 있어?

그녀는 기억하고 있었다.

"근데 페이스타임은 안 돼." 그녀가 말했다. "추리닝 바지 입고 있거든."

목타르는 어머니에게 전화를 걸었다. 그는 발코니 모서리에 섰다. 어깨 너머로 배가 보이는 곳, 바다와 트레저 아일랜드가 바로 뒤에 보이는 곳에 섰다.

"사랑해요." 그가 어머니에게 말하고 핸드폰에 입을 맞췄다.

머잖아 배는 시야를 벗어났다.

42
수위들, 단합하여 옥상을 열다

"옥상으로 가야겠어요." 목타르가 말했다. "옥상에서는 전부 보일 겁니다."

그는 나와 이브라힘을 아래층으로 데려갔다. 이름이 닉인 젊은 로비 대사가 프런트데스크에 서 있었다. 우리가 한꺼번에 나타나 프런트로 달려가자 닉은 침략이라도 당하는 양 눈이 휘둥그레졌다. 하지만 목타르는 닉과 아는 사이였다. 닉을 자기 아파트로 불러 저녁식사를 대접한 적이 있었다. 닉은 오클랜드 출신으로, 칠 개월째 인피니티에서 일하는 중이었다. 그는 금융계 취직을 꿈꿨고 인피니티 프런트데스크는 그 꿈을 이루기 위한 징검다리였다.

목타르는 닉에게 입주민이든 아니든 옥상에는 아무도 들여보내서는 안 된다는 대단히 명료한 규칙을 어겨달라고 부탁했다. 인피니티의 옥상은 오락용이 아니라 냉난방 및 환기 장치와 케이블이 잔뜩 있는 산업용 옥상이었다. 제대로 된 난간은커녕 사람 한 명 수용할 수 있는 시설 하나도 없었다.

그렇다고는 해도 목타르가 누구인가? 그는 "배가 한 척 있는데, 딱 한 번만 들어오는 배라서……"라고 설명했다. 그러자……

"알았어요." 닉이 말했다. "좋아요."

그는 한숨을 폭폭 쉬며 우리를 엘리베이터로 데려가 삼십오층에 내려주더니 별 특징 없는 문을 찾아 마스터키로 열고, 계단으로 두 층을 더 올라가 또다른 문을 열었다.

어느새 우리는 옥상에 있었다. 현기증이 났다. 너무 밝았다. 경치를 가리는 건 거의 아무것도 없었다. 목타르는 닉에게 잠깐만 있겠다고, 아무에게도 말하지 않겠다고 약속했다.

닉은 걱정스러운 표정이었다. 방문객을 맞이할 준비라고는 전혀 되지 않은 옥상에 입주민과 입주민이 아닌 사람 두 사람을 들여보내주었을 뿐 아니라 프런트데스크까지 비웠으니 그럴 만도 했다.

"가야겠네요." 그는 말하더니 건물 안으로 사라졌다.

그때까지도 배가 보였다. 배는 여전히 오클랜드항을 향해 통통거리며 나아가고 있었다. 우리는 옥상에서, 일 년 내내 인피니티의 온도를 적절하게 유지해주는 기계들이 마구 돌아가는 사이에서 베이 브리지와 초소형 자동차들, 아주 작은 트럭들을 전부 보았다. 사우스 베이에서 대기중인 유조선들이 보였다. 샌프란시스코 전체가, 트레저 아일랜드 전체가 보였다.

목타르는 웃음을 멈추지 못했다. 그러더니 조금 울었다. 그런 다음에는 좀더 웃었다. 이브라힘도 웃었다. 인투이트에서 마지막 회의를 마친 게 방금 전인데 이제는 인피니티의 옥상에서 그들의 커피가 항구에 들어오는 모습을 지켜보고 있다니.

"보세요." 목타르가 아래를 가리키며 말했다. "정원이 보이시죠? 수도사가 있는." 이브라힘과 나는 그가 가리키는 곳을, 마흔두 층 아래 힐스브로스 정원의 한 귀퉁이를 바라보았다. 하지만 수도사는 보이지 않았다. 머잖아 루시아나호도 시야에서 벗어났다. 루시아나호는 인피니티 D동 뒤로 숨어버렸다. D동이 B동보다 다섯 층 높아 항구의 풍경을 가렸다.

"저리로 가야겠어요." 목타르가 말했다.

이브라힘과 나는 그럴 필요까지는 없다고, 이미 배를 보았으니 조금 더 보겠다고 저 아래까지 내려가 다른 옥상으로 또 올라갈 이유는 없다고 말했다.

"쉬울 거예요." 목타르는 우리를 옥상에서 데리고 나와 엘리베이터를 타고 서른다섯 층을 내려가더니 로비를 가로질렀다. 우리는 그곳에서 닉에게 고맙다는 인사를 했고 목타르는 D동 옥상에도 들여보내줄 수 있느냐고 물었다.

"애나한테 물어보세요." 닉이 전보다 더 불안한 목소리로 말했다. "D동은 애나 담당이거든요."

목타르는 애나와도 아는 사이였다. 그녀의 본명은 보라나 핵시자로, 목타르에게는 여동생 같은 사람이었다. 알바니아에서 도망쳐나온 그녀의 부모님은 목타르의 부모님이 예멘에서 온 시기와 비슷한 때에 미국에 도착했다. 핵시자도 텐더로인에, 알칸샬리 가족이 살던 포르노가게 두 곳 사이에서 겨우 몇 블록 떨어진 곳에

정착했다. 애나는 갈릴레오고등학교를 졸업하고 지금은 샌프란시스코주립대학 학위 과정을 마무리하며 두 직장에서 일하고 있었다. 목타르는 로비로 뛰어들어가 그녀를 본 순간 그녀가 허락해주리라는 걸 알았다.

"옥상에 좀 올라가도 될까?" 그가 물었다.

그녀는 이유를 묻지 않았다. 그냥 열쇠를 넘겨주었다.

우리는 엘리베이터를 타고 사십이층으로 올라간 뒤 계단으로 옥상까지 올라갔다. 사방으로 80킬로미터까지 시야가 트여 있었다. 루시아나호가 오클랜드항으로 접어드는 게 보였다. 아래쪽으로는 정원이 보였다. 정원 전체가, 하늘을 향해 잔을 들고 있는 그 수도사가 보였다.

에필로그

　2016년 6월 9일, 모카항 커피회사의 커피가 미국 전역의 블루보틀 매장에서 처음으로 판매되었다. 블루보틀에서 팔았던 커피 중 가장 비쌌다. 목타르 어머니의 레시피에 따라 만든 카르다몸 쿠키까지 곁들여 시키면 한 잔에 16달러였다.

　빌럼과 조디, 말리—부트 커피의 모든 사람들—가 축하를 전했다. 타데세 메스켈라가 아디스아바바에서 축하 인사를 문자로 전해왔다. 목타르는 뉴욕의 카밀로 산체스, 파나마의 그라시아노 크루즈에게서도 연락을 받았다. 예멘의 농부들에게서도. 그들은 어디로 가시든 저희도 함께합니다, 라고 전했다. 목타르는 그때쯤 결혼식과 장례식, 의료 비용과 대학등록금을 모두 지불한 상태였다.

　목타르의 사업에 대한 소문이 이미 예멘 전체에 퍼져 있었다. 전국의 농부들이 직접무역에 참여해 작물 가격을 높이고 싶은 마음에 사나에 있는 모카항 커피회사로 자신의 커피를 가져왔다. 2017년 봄에는 하이마의 농부들이 만 칠천 그루의 카트나무를 커피나무로 바꾸었다.

2017년 7월에는 모카항 커피회사에서 생산한 커피를 북미 전역과 일본, 파리와 브라질에서도 만날 수 있었다(가격도 더 저렴해졌다). 첫번째 컨테이너에 담겨 있던 커피는 네 개 대륙에서 사십오 일 만에 전부 팔려나갔다. 모카항 커피회사의 두번째 화물은 예멘에서 요르단으로, 요르단에서 샌프란시스코로 항공 운송되어 2017년 1월 5일에 도착했다. 이 커피는 삼십이 일 만에 매진되었다.

2017년 2월, 〈커피 리뷰〉에서는 모카항 커피회사의 하이마 농장산 커피에 97점을 주었다. 이십일 년 〈커피 리뷰〉 역사상 가장 높은 점수였다.

한 달 후, 커피 컨퍼런스가 끝나고 난 뒤 앤드루 니콜슨은 가축 수송선을 타고 예멘으로 돌아갔다. 결과적으로 그는 가족들을 다시 미국에 데려갔으나 라이얀을 운영하기 위해 계속 예멘을 여행하다가, 사나에서 반란군들에게 납치당하고 말았다. 그는 한 달 동안 억류되었고 다친 데는 없었다. 풀려나자마자 미국의 가족들과 다시 만났다. 라이얀 가공장은 지금도 운영되며 전 세계로 커피를 수출중이다.

목타르는 2016년 인피니티를 떠났다. 그의 아파트는 너무 높고 외로웠다. 그는 단지 커피가 오클랜드에 들어오는 장면을 보려고 거기에 들어가고 싶었던 것뿐이었다. 그곳이, 즉 프루트베일 바트역에서 그리 멀지 않은 오클랜드가 목타르가 인피니티를 떠나 이사한 곳이었다. 모카항 커피회사의 커피 연구소가 있고 목타르의 커피가 저장, 시음, 로스팅되는 곳도 바로 그곳이었다.

예멘에서의 여러 문제들 때문에 목타르의 할아버지 하무드는 미국으로 돌아와 캘리포니아 센트럴밸리의 친척들과 함께 지내고 있었다. 어느 날 목타르는 할아버지를 만나러 갔다. 집에 가까워지는데 할아버지가 밖에 홀로 앉아 머리를 지팡이에 기대고 있는 게 보였다. 목타르는 하무드 할아버지에게 다가가 그의 무릎과 두 손, 이마에 입을 맞추었다. 이드* 기간이었고, 관습에 따라 목타르는 하무드에게 선물을 가져왔다. 100달러짜리 지폐로 가득한 봉투였다.

"이건 어디서 났느냐?" 하무드가 물었다.

"당나귀보다 가치 없는 소년한테서요." 목타르는 그렇게 말하고 미소를 지었다.

목타르는 할아버지가 우는 모습을 한 번도 본 적이 없었다. 그는 할아버지 옆에 앉아 그를 안아주었다.

그는 남은 시간을 가족과 함께 보낸 뒤, 그날 밤 오클랜드로 차를 타고 돌아갔다. 예멘에서 전화가 올 때까지 잘 시간이 몇 시간 남아 있었다.

---

* 이슬람교에서 라마단 기간 이후 벌이는 두 축제 이드 알피트르, 이드 알아드하를 이르는 말.

감사의 말

이 책은 기억과 전문지식을 나누어준 무수한 사람들의 너그러움 덕분에 정확하고 빈틈없게 만들어질 수 있었다. 미리엄 주주니스, 제러미 스턴, 줄리아노 사리넬리, 베니시 사리넬리, 저스틴 첸, 이브라힘 아브람 이브라힘, 앤드루 니콜슨, 갓산 투칸, 서머 나세르, 빌럼 부트, 캐서린 카들로니, 조디 비저, 말리 베네필드, 스티븐 에젤, 제임스 프리먼, 월리드 알칸샬리, 파이살 알칸샬리, 부시라 알칸샬리, 나스리나 바르그자이, 자흐라 빌루, 테메스젠 윌데지온, 샤이마 알묵타르, 마이타 알하산, 마르와 헬랄, 아벤 에제르에게 감사를 전한다. 다니엘 검비너는 이 책이 결실을 맺는 데 없어서는 안 될 존재였다. 그의 꼼꼼한 검토와 정확성을 위한 지치지 않는 노력의 가치는 이루 따질 수 없다. 엠-제이 스테이플즈는 스물여덟 달 넘게 충실한 응원과 조사, 격려를 해주었다. 예멘 학자인 피터 솔즈베리와 전직 미국 국무부 직원으로서 2015년에 나와 함께 예멘, 사우디아라비아, 이란의 관계에 대해, 미국과 미국의 동맹국들의 이해관계에 대해 이야기를 나누었던 메건 오설리번에게도 깊이 감사한다. 예리한 시각을 가진 예멘계 미국인 기자 파티마 아보알라스라르는 정확한 분석과 배경지식을 제공해주었고, 시인 겸 학자인 하버드대학교의 교수 스티븐 C. 케이턴도 마찬가지였다. 샌프란시스코의 아시아법위원회에 감사한다. 미국-이슬람관계위원회에도 감사한다. 예멘과 지부티공화국, 에티오피아의 친구들과 가이드들에게도 감사한다. 제이와 크리스틴 러스키 부부에게도 고맙다. 이 책을 꼼꼼히 읽어주고 다른 다양한 형태로 도움을 준 티시 스콜라, 폴 스콜라, 아만다 율레, 인데르 코마르, 에비 아미르, 베키 윌슨과 케빈 피니에게도 감사한다. 톰 젱크스는 이 책이 링에 오를 수 있도록 체중감량을 시키는 멋진 작업을 해냈다. 감사를 전한다. 제니퍼 잭슨은 지금까지 거의 십육 년 동안 크노프의 내 편집자였는데, 즐겁게 오랫동안 이어진 우리 관계에 대한 내 감사의 마음은 아무리 말해도 지나치지 않다. 그녀의 열정이라는 빛에 그토록 오랜 세월 몸을 담가온 사람이라면 축복받는, 강해진 느낌이 들기 마련이다. 서니 메타는 제니와 내가 이 모든 시간 동안 해온 작업을 지원해주었으며, 그의 친절함 덕분에 모든 일이 가능했다. 크노프의 모두에게, 특히 앤디와 폴, 자키야에게 감사한다. 앤드루 와일리는 근 이십 년 동안 꾸준히 친구이자 대변인이 되어주었다. 나는 그의 고객이 된 게 행운이라고, 그와 그의 직원들이 제공하는 흔들림 없는 보살핌과 큐레이션 덕을 많이 보고 있다고 느낀다.

다음의 책들이 커피의 역사와 커피 사업을 이해하는 데 대단히 중요했다. 『공통점 없는 기반: 커피의 역사와 커피가 우리 세계를 변화시켜온 방법』(마크 펜더그라스트), 『커피의 즐거움』(코비 커머), 『커피: 어두운 역사』(앤터니 와일드), 『자바트레커: 공정무역 커피 세계에서 보낸 급보』(딘 사이컨), 『이 손들으로부터: 커피의 길을 따라 여행하기』(스티브 맥커리), 『악마의 잔: 커피에 따른 세계사』(스튜어트 리 앨런). 빌럼 부트와 카밀로 산체스는 〈예멘 커피의 재발견: 커피 가치 사슬과 마케팅 전략을 업데이트함으로써 국제 커피 시장에서의 예멘의 위치를 재정립하다〉라는 보고서에서 예멘 커피 무역에 대해 대단히 중요한 개요를 작성했다. 예멘에 대한 다음의 책들은 엄청난 도움이 되었다. 『예멘 연대기: 전쟁과 명상의 인류학』(스티븐 C. 케이턴), 『모카 상인들의 집: 인도양 항구의 무역과 건축』(낸시 움), 『예멘의 부족과 정치: 후티 분쟁의 역사』(마리커 브랜트), 『예멘: 미지의 아라비아』(팀 매킨토시-스미스), 『최후의 피난처: 예멘, 알카에다, 그리고 아라비아 내 미국의 전쟁』(그레고리 D. 얀센). 샌프란시스코 텐더로인 지역에 대한 훌륭한 입문서로는 랜디 쇼의 『텐더로인』을 찾아보라. 마크 프랜시스와 닉 프랜시스가 감독한 〈검은 황금: 일어나 커피 냄새를 맡다〉라는 다큐멘터리에는 커피 무역에 대한 설득력 있고 간략한 개요가 제시되어 있다. PBS와 프론트라인이 제작하고 사파 알아흐마드가 감독한 〈예멘을 위한 싸움〉이라는 다큐멘터리는 후티의 부상에 관한 믿을 만하고 통찰력 있는 개관이 된다.

보다 자세한 참고문헌 및 원전 정보를 보고 싶다면 www.

daveeggers.net/monkofmokha를 참조하면 된다.

이 책은 와자하트 알리의 비전과 열정이 없었더라면 쓸 수 없었을 것이다. 고맙다, 나의 친구여.

이 책은 목타르 알칸샬리의 무한한 정직함과 용기가 없었더라면 불가능했을 것이다. 고맙다, 나의 형제여.

VV 없이는 아무것도 가능하지 않았을 것이다. 고마워요, 내 사랑.

모카 재단

저자와 목타르 알칸샬리는 이 책의 수익금을 모아 모카 재단을 설립했다. 이 재단은 농부들과 그들의 가족을 지원하고 천연자원을 보존하며 최전선의 난민 위기를 해소하는 작업을 포함한 다양한 방법을 통해 예멘의 삶의 질을 향상시키기 위해 직접적인 투자를 하고 있다. 이러한 노력에 참여하고 싶다면 www.themokhafoundation.com을 방문하라.

텐더로인의 826 발렌시아

샌프란시스코에 기반을 둔 글쓰기와 튜터링 센터, 826 발렌시아는 금문교와 레번워스 모퉁이, 텐더로인 지역의 중심부에 두번째 지점을 열었다. 인간과 물고기 모두를 위한 해양탐사 장치를 판매하는 칼 왕의 상점이라는 소매점 앞에 있는 826의 텐더로인 센터는 인근을 포함한 샌프란시스코 전역의 젊은이들을 위한 무료 글쓰기 워크샵과 다른 다양한 서비스들을 제공한다. 안전하고 우호적인 곳이다. 더 많은 정보를 보려면 www.826valencia.org를 보라.

예멘은 많은 한국인 독자들에게 멀기만 한 나라다. 지리적으로만이 아니라 심리적으로도 그렇다. 뉴스를 보면 자살 폭탄 테러나 드론 공격, 대량 난민 발생 등 얽히고 싶지 않은 소식이 들려오는 그런 나라. 최근 제주도에 예멘 난민들을 받아들이는 문제를 놓고 인터넷상에서 수많은 사람들이 격렬하게 반대 의견을 쏟아냈던 것도 이런 인식과 무관하지 않다.

나는 바로 그 예멘이 야생 커피를 최초로 경작해 커피의 대량 생산을 가능하게 한 종주국이라는 사실을 처음 접했다. 신기했다. 내게 커피는 지식노동, 자유로운 대화, 도회적인 삶과 흔히 연관되는 상품이었기에 커피라는 단어를 듣고 아랍을 떠올리기란 쉽지 않았다. '모카커피'나 '모카빵' 같은 디저트 이름에서 자주 접할 수 있는 단어인 '모카'가 다름 아닌 예멘의 항구도시 이름이라는 점도

의외였다.

미국의 예멘계 이민 2세대인 주인공 목타르 알칸샬리에게 커피가 얼마나 특별한 의미로 다가왔을지 충분히 짐작된다. 내가 그랬듯 목타르도 에티오피아와 아랍에서 발원한 커피가 인도와 유럽 각국으로, 미국으로, 마침내 전 세계로 퍼져나갈 때 활약한 '도둑'과 '사기꾼 모험가'들의 이야기를 자세히 알게 되면 알게 될수록 그 괴리감을 심하게 느꼈을 것이다. 제국주의 시대에 성공한 사업가들의 이야기를 읽으면서 그들의 무용담에 매료되는 한편, 이 모든 성공신화에서 소외되고 만 예멘 사람들에 대한 안타까움을 절감하게 된 것도 당연하다.

그런데 목타르가 특별한 점은 안타까움을 느끼는 데서 그치지 않고 직접 예멘의 커피를 미국으로 들여와 유통시키겠다는 야심찬 계획을 세우고 더 나아가 실현시켰다는 데 있다. 그는 텐더로인이라는 샌프란시스코 빈민가 출신 꼬맹이에 불과했다. 하지만 특유의 빠른 눈치와 화술로 혼다의 유능한 자동차 판매원이 될 때부터 '떡잎부터 알아볼' 재목으로서 두각을 나타냈다. 그 판매원 자리가 자신과 같은 처지에 있는 사람들이 얻을 수 있는 최고 수준의 직업이었는데도 거기서 만족하지 않고 더 의미 있는 일을, 예멘을 포함한 아랍계 미국인들의 권익 향상과 관련된 공익 활동을 하고 싶다는 야심을 놓지 않은 것이나 예멘의 커피를 전 세계에 알림으로써 그 야심을 이루겠다는 구체적인 계획을 세운 것, 그 계획을 실현시킬 기회가 찾아왔을 때 놓치지 않은 것도 모두 목타르만의 강점이다.

물론 목타르가 하고 싶어하던 "그리 복잡하지 않"은 사업은 보통 어려운 일이 아니었다. 스물여섯 살 나이에, 비싼 값으로 커피를 매입하겠다는 약속만 가지고 농부들을 포섭하는 일, 그들을 교육시켜 엉터리로 관리되던 예멘의 생두 품질을 높이는 일, 아직 존재하지 않던 커피 가공시설을 만들어 생두를 가공하고 이렇게 가공된 커피를 미국까지 가져가되 이 모든 일을 내전중인 예멘에서 해내는 일은 단순한 재능으로만 성공시킬 수 있는 일이 아니었다. 예멘의 거물인 할아버지가 든든한 뒷배가 되어주었다는 점이 분명히 목타르의 빼놓을 수 없는 자산이었던 것만은 분명하다. 하지만 어려움이 닥쳐도 쉽게 포기하지 않고 다른 사람들이 모두 고개를 저을 법한 상황에서도 용기를 내 도전하는 그의 성품, 정체 모를 적군에게 포로로 잡혀 죽을 위기에 처했을 때에도 판단력과 여유를 잃지 않고 끝내 난관을 극복하는 그의 면모는 충분히 영웅적이라고 할 수 있다.

사실 오랜 경기 침체와 높은 실업률로 진취성이나 도전정신 등의 가치를 이야기하는 일 자체가 피로감을 불러일으키기 쉬운 요즘이지만, 윤리적인 야심을 품고 그것을 이루기 위해 노력하는 주인공의 모습에서 색다른 활기를 느낄 수 있었다. 거창한 메시지를 읽어내지 않더라도 기업가의 성공신화를 다룬, 장르소설에서나 볼 법한 일을 실제로 해낸 경험담이니만큼 순식간에 몰입해 단숨에 읽을 수 있는 흥미로운 책이기도 했다.

이처럼 즐거운 독서 경험을 선사하는 데에는 작가 데이브 에거스 특유의 매끄러운 전개방식도 한몫한다. 자신의 인생 초기 경험을 모티프로 쓴 작품 『비틀거리는 천재의 가슴 아픈 이야기』

(2010)로 일약 베스트셀러 작가가 되고 퓰리처상 논픽션 부문 최종 후보에까지 올랐던 에거스는 이후로도 다양한 장단편 소설과 에세이를 출간해 좋은 반응을 얻고 있으며, 2012년에는 『왕을 위한 홀로그램』으로 전미도서상 최종 후보에 오르기도 했다. 『재판에서 살아남기: 사형판결을 받고 무죄가 밝혀지다』(2005) 등 사회 고발적인 인터뷰집을 쓴 것 외에도 2009년에는 논픽션 『자이툰』을 출간해 미국이슬람관계위원회에서 수여하는 '용기 있는 언론인상(Courage in Media)'을 받았다. 현대사회의 다양한 문제를 고발하고 재조명하되 충분히 흥미로운 서사를 통해 그렇게 하는 에거스의 특기는 이 책 『전쟁 말고 커피』를 통해서도 여지없이 드러난다. 커피가 전 세계에서 가장 사랑받는 상품성 작물이 되기까지의 역사와 젊은 '흙수저' 사업가의 흥미진진한 사업성공기가 어우러지는 가운데, 나는 예멘이라는 나라가 처한 상황에 대해 그 어느 신문기사를 읽었을 때보다 큰 관심을 갖게 되었다.

그렇게, 이 책을 통해서 커피가 또 한번 소통의 물꼬를 트는 역할을 하게 된 건 아닐까 하는 생각이 든다. 흥미진진한 모험담을 즐기고 싶은 독자들도, 숨겨진 역사적 사실에 흥미를 느끼는 독자들도 모두 예멘의 모카항에서 온 커피를 통해 즐거운 시간을 보내시길 바란다.

강동혁

지은이 데이브 에거스

미국 문학계에서 가장 힙한 작가이자 통념을 뛰어넘는 독창적인 문예계간지 《맥스위니스》의 편집장. 일리노이대학교에서 저널리즘을 전공했고, 1993년 친구들과 함께 잡지 〈마이트〉를 창간했다. 이후 여러 종의 잡지와 단행본을 출간하는 소규모 출판 그룹 맥스위니스를 이끌며 미국 문학계에 문화혁명을 일으키고 있다. 2000년 자전적 이야기를 담은 『비틀거리는 천재의 가슴 아픈 이야기』를 발표하며 화려하게 데뷔했고, 소설 『왕을 위한 홀로그램』 『괴물들이 사는 나라』 『무엇은 무엇』, 논픽션 『자이툰』 등을 썼다.

옮긴이 강동혁

서울대학교 영문학과와 사회학과를 졸업하고 동 대학원에서 영문학 석사학위를 받았다. 옮긴 책으로 『이 소년의 삶』 『올드 스쿨』 『밤의 동물원』 『일곱 건의 살인에 대한 간략한 역사』 『레스』 『아이 엠 필그림』 『신비한 동물 사전 원작 시나리오』 『우리가 묻어버린 것들』 『타인의 외피』 등이 있다.

문학동네 세계문학
전쟁 말고 커피

1판 1쇄 2019년 5월 31일 | 1판 2쇄 2019년 7월 16일

지은이 데이브 에거스 | 옮긴이 강동혁 | 펴낸이 염현숙

책임편집 정혜림 | 편집 황도옥 이현정 임선영
디자인 김현우 최미영 | 저작권 한문숙 김지영
마케팅 정민호 정진아 함유지 김혜연 박지영 김수현 | 홍보 김희숙 김상만 오혜림
제작 강신은 김동욱 임현식 | 제작처 상지사

펴낸곳 (주)문학동네
출판등록 1993년 10월 22일 제406-2003-000045호
주소 10881 경기도 파주시 회동길 210
전자우편 editor@munhak.com | 대표전화 031) 955-8888 | 팩스 031) 955-8855
문의전화 031) 955-3576(마케팅) 031) 955-8861(편집)
문학동네카페 http://cafe.naver.com/mhdn | 트위터 @munhakdongne
북클럽문학동네 http://bookclubmunhak.com

ISBN 978-89-546-5664-1 03900

www.munhak.com